"开放的思想"丛书 第一卷

# 人性的曙光：
## 对话前苏格拉底思想家

The Dawn of Humanity
Dialogues with the Pre-Socratic Greek Philosophers

李华平 著

世界知识出版社

### 图书在版编目(CIP)数据

人性的曙光：对话前苏格拉底思想家 / 李华平著. —北京：世界知识出版社，2018.1
ISBN 978-7-5012-5682-2

Ⅰ.①人… Ⅱ.①李… Ⅲ.①苏格拉底（Socrates前469—前399）—哲学思想—思想评论 Ⅳ.①B502.231

中国版本图书馆CIP数据核字（2018）第015872号

| | |
|---|---|
| 责任编辑 | 罗养毅 |
| 特邀编辑 | 狄安略 |
| 责任出版 | 赵　玥 |
| 责任校对 | 陈可望 |

| | |
|---|---|
| 书　　名 | 人性的曙光：对话前苏格拉底思想家<br>Renxing De Shuguang: Duihua Qian Sugeladi Sixiangjia |
| 编　　著 | 李华平 |
| 出版发行 | 世界知识出版社 |
| 地址邮编 | 北京市东城区干面胡同51号（100010） |
| 网　　址 | www.ishizhi.cn |
| 电　　话 | 010-65233525（编辑部）　010-65265923（发行）　010-85119023（邮购） |
| 经　　销 | 新华书店 |
| 印　　刷 | 北京京华虎彩印刷有限公司 |
| 开本印张 | 710×1000毫米　1/16　28印张 |
| 字　　数 | 452千字 |
| 版次印次 | 2018年3月第一版　2019年6月第二次印刷 |
| 标准书号 | ISBN 978-7-5012-5682-2 |
| 定　　价 | 48.00元 |

版权所有　侵权必究

# 出版说明

我们生活在一个中西文化交融碰撞的时代，东西方的先哲们以不同的方式剖析人性、解释世界，而不同时空中的文明间也有很多思想文化上的共通之处，如重视道德、追求科学、强调理性等。未经审视的人生是不值得过的。人们今天还在代代相传地传诵和纪念那些令人敬重的先贤，不是因为他们的权位和财富，而是因为他们的学识和思想，是因为他们对人类文明的进步所做出的卓越贡献。在人类历史的夜空中，他们犹如一颗颗散落着的熠熠生辉的繁星，永远闪耀着启迪后人、泽被万世的智慧之光。而对于正在加速进化的中国来说，只有秉承中国优秀传统文化，开放包容地吸纳世界各民族的优秀文明成果，用全人类的智慧武装国民，才能屹立于世界民族之林。

先哲思想中的人文关怀能提升阅读者的修养和境界，然而阅读经典时，艰涩的大部头专著令人望而生畏，普及性的读物又往往浮光掠影。在当今名著阅读遇冷，人文研究深闺"象牙塔"的情况下，"开放的思想"丛书的作者李华平先生凭借自己的才华和想象力，以超越时空的"对话"形式深入浅出地对东西方百余位先贤哲人的思想观点进行了诠释和解读。作者和那些先哲们在一起，聆听教诲，参与辩论，与这些思想大师、文化巨人进行灵魂深处的交流的同时，也展示了自己对世界、人生的深邃思考。

丛书内容精练、语言通俗易懂，富于哲理，把高深的理论通俗化，大师的思想精华化，可谓"博采众长"，"集思广益"。在对话中，作者也具有很强的批判和自我批判意识。"可爱者不可信，可信者不可爱"，作者对这些思想家们持有取舍的疑信态度。一问一答的思辨过程中，夹杂着疑问与批判，碰撞出思想的火花。那些生活在遥远时代和地域的思想家似在咫尺，作者向他们的提问直击自己乃至广大读者心中的很多疑惑，而大师们的回答则鲜活质朴而又耐人寻味，友好的交锋中透露着机智诙谐。一场心灵的时空旅行过后，人们豁然开朗。

著作是作者二十余年来对哲学、刑法学、政治经济学、国际关系学等学科笃志研究、积累撰写而成的。作者著有《超越2012——世界危机与人类的选择》

# 人性的曙光：对话前苏格拉底思想家

《论天下》《跨越时空的对话》《改造中国》《中国之路》《宇宙是活的》《思想二十年》《大国论》《智慧年代》《人性的曙光》《梵之音》等多部著作，引发较大的社会反响，在读者中具有一定的影响力。其中，《论天下》于2013年2月被中共中央外宣办指定为其公务员考试三本必考书之一，而另外两本分别是史学大家钱穆先生的《国史大纲》和著名哲学家冯友兰的《中国哲学简史》，足见李华平先生著作的理论深度和现实价值。

作者勇于创新，大胆挑战。著作对于世界著名思想家思想的介绍和解读，涵盖政治学、哲学、历史学、经济学、物理学、化学、生物学等多领域学者的学术思想和研究成果。这种长时段、多领域、跨领域的研究冲破了彼此不同的各个学科之间的藩篱，展示了作者多年所积累的丰富的阅读量和渊博的知识储备，也体现了社会科学和自然科学在人类的发展进步和前途命运问题上的共通和共鸣。看似"班门弄斧"的研究，实际达到了"举一反三""触类旁通"的广度和深度。

作者与时俱进，关注现实。著作把握现当代西方科学研究的学术前沿，如对哲学家福柯、物理学家霍金、经济学家保罗·克鲁格曼、环境学家拉伍洛克等人的思想观点进行了评析和介绍。作者研究历史上对人类产生过影响的思想家的观念及其发展历程，同时对国家的进步与发展深刻关切。"古为今用，洋为中用"，任何一个国家的文明都是世界文明的不可分割的有机组成部分，任何国家的发展也都需要思想的开放、视野的扩大、观念的更新，需要批判地吸收历史上起过重要作用的其他国家的文化和思想。

列宁曾说："只有用人类创造的全部知识财富来丰富自己的头脑，才能成为共产主义者。"民族文化的发展离不开世界文化，回顾人类文明历程不难发现，人类经历了从原始的闭塞、孤立、分散逐步向开放、依存和联系的世界转变的过程。再先进的民族文化，其发展与繁荣也不能舍弃对世界文化营养的汲取。

在新的时代，人类思想的交流在时间和空间上、深度和广度上都达到了空前的速度和规模。了解和学习世界各国、各民族的先进文化，可以让我们博采众长，知古鉴今。唯有在思想和智慧层面占据人类之巅峰的民族才有可能成为先进民族，拥有知识的国民自然也是现代社会得以发展进步的基石。熔中外文化之长于一炉，碰撞出绚烂夺目的火花，这个时代赋予了我们广阔的舞台，也赋予了我们传承和创新的历史使命。

# Introduction

We are living in an era of cultural collision and cultural fusion between China and the West. Sages of the past, both from China and the West, went to great lengths to explore the substance of human nature and tried to understand the world surrounding them. Civilizations in different space and time share some commonalities in belief and culture, like emphasizing moralities, pursuing science, and cherishing rationality, among other things.

A life without self-reflection is not worth living. Today, people remember and pay tribute to those sages of the past, not because of their power and wealth but due to their knowledge, thoughts and the outstanding contribution they made to the progress of human civilization. On the dark sky of human history, they are like scattered shining stars that guide the later generations with their wisdom.

China is experiencing exponential changes. Only by inheriting the excellent traditional Chinese culture, learning with open-mindedness from other cultures, and changing the mind of our citizens with wisdom from the whole world can we stand firmly in the family of nations.

The thoughts of sages of the past, especially the human solicitude in their works, can help the readers improve their inner wellbeing. For most people, however, reading those big and indigestible classic books is a daunting challenge. On the other hand, those interpretative books about classics tend to fall short of depth.

Today, people lost their enthusiasm to read classics and humanities research is confined to the Ivory Tower. Under such a circumstance, Mr. Li Huaping authored the Open Thought Series with his unmatched talents and imagination. By conducting "dialogues" with 100-plus sages and philosophers both of the east and the west, the author travels back to history and make in-depth interpretations of their thoughts with simple language. In this series of books, the author "sit" side by side with those sages and philosophers, "listen" to their preaching, and "engage" in their debates. Through in-depth exchanges with those philosophical and cultural giants, the author shares his profound views on the world and life. This series of books is outstanding with its succinct content and simple language, by which the author interprets those abstract and philosophical theories and makes the quintessence of classics more understandable to ordinary readers. In this process, the author is open and inclusive to very diverse arguments.

In these dialogues, the author shows his strong inclination toward critical thinking and the awareness of self-criticism. As one saying goes, those that look nice might not be trustworthy while those that are trustworthy might not look nice. The author does not take the arguments of sages for granted but scrutinize them with critical thinking. With a One Question One Response format, the author's skepticism and critical thinking generate many sparks of thought. The author did a great job by narrowing the distance between the readers and those great thinkers who once lived in the remote past. He asks them questions that have long baffled him and possibly many like-minded readers. The "responses" from these great thinkers, on the other hand, are simple but thought-provoking. In these generally friendly exchanges, readers can detect the wit and wisdom of the sages and the author. What an enlightening journey!

This series of books is based on the author's painstaking researches on philosophy, criminology, political economy, and international relations in the past two decades. The author has published a list of influential books including *Beyond 2012: the World Crisis and Choices of Humankind, Under the Heaven, Dialogues with History, Reforming China, The Chinese Road, The Universe is Alive, My Thinking in the past Two Decades, On Big Powers,* and *The Era of Wisdom* etc. In particular, *Under the Heaven* was designated by the Central Office for International Publicity as one of the three must-read books for civil service exam while the other two books are respectively *The Guideline of Chinese History* by Mr. Qian Mu and *A Short History of Chinese Philosophy* by Feng Youlan, a famous Chinese philosopher. Such an honor attests to the theoretical contributions and practical values of Mr. Li Huaping's works.The author is an innovative and courageous challenger. In this series of books, he introduces and interprets the thoughts of some world-class thinkers, straddling a wide range of disciplines including political science, philosophy, the history, economics, physics, chemistry, and biology, etc. The author's research focuses on the long history and is interdisciplinary indeed. By so doing, he helps break the fences among different disciplines. Such a methodology attests to his tremendous amounts of

# 出版说明

reading and extensive knowledge on the one hand and demonstrates the shared concerns for the progress and fate of the humankind by social sciences and natural science on the other. At first glance, the author's research seems unprofessional. As it turns out, however, he tremendously extends the scope and depth of his research through inference and analogy. The author is sensitive to the trend of this era and the reality. He concentrates on the latest academic development in the west. For example, he introduces and comments on the thought of Foucault (a philosopher), Hawking (a physician), Paul Krugman (an economist) and Lovelock (an environmentalist). Focusing on the thoughts of those thinkers who once influenced the trajectory of humankind and with an eye on the evolution of their ideas, the author is deeply concerned with the progress and development of China. As one saying goes, we should adapt ancient things for present purposes on the one hand and learn from foreign countries for China's benefits on the other. The culture of each nation is an integral component of the human civilization. Only through emancipating the minds, broadening the perspectives, refreshing the ideas, and critically learning from the cultures and thoughts of other nations that once made a difference in history can one country develop itself.

Lenin once argues that one cannot become a Communist without assimilating the wealth of knowledge amassed by mankind. The culture of a nation cannot separate itself from the human civilization. In retrospect, we can see the evolution of human civilization from the closeness, isolation, and dislocation of the primitive era to the openness and interdependence of today. The culture of a nation, no matter how advanced it could be, must nourish itself from the positive elements of the world culture; otherwise, it cannot develop and prosper. We are entering a new era, in which idea exchanges among the people are becoming unprecedentedly extensive, in-depth and instant. We should know more about and learn from the advanced cultures of other nations. By so doing, we can borrow the merits of others and then better understand both the history and ourselves. Only those nations that enjoy the world-class thoughts and wisdom can become pacesetters in the world. The development and progress of modern society would become impossible if the nationals of a country are kept ignorant. This new era endows us a promising prospect to integrate the Chinese and foreign cultures and enjoy the abundant fruits of cultural collision. It is also our historical mission to inherit and refresh our culture.

# Biography of the Author

Li Huaping was born in Shuyang County, Jiangsu Province in 1965. He got the bachelor of laws from the Political Education Department of Nanjing Normal University in June 1988. In January 1991, he got a master degree of laws from the Law Department of China University of Political Science and Law. He once worked for the General Office of the CPC Central Committee and Xinhua News Agency, among other things. As a lawyer, Li Huaping is also a member of China Law Society.

With academic interests in a list of fields like political science, the history, philosophy, jurisprudence, criminology, religious studies, intellectual history, sociology, natural science, and archeology etc., he has published over 20 articles on some Chinese Social Sciences Citation Index journals like *Tribune of Political Science and Law, Legal Science, Science of Law, Law Science Magazine* etc. One of his magnum opuses is *Several Issues on Human Rights: A Perspective from Philosophy of Right*.

Li Huaping is the author to a list of books, including *Reforming China, The Chinese Road, Beyond 2012: The World Crisis and Choices of Humankind, Under the Heaven, Dialogues with History, My Thinking in the Past Two Decades, The Universe is Alive, On Big Powers: A Dialogue with History, The Era of Wisdom,* and *Open Ideas* (15 Volumes).

# 序一：普及·探索·开放

李华平先生出的书已经有十几本了，我曾经为他的《跨越时空的对话》写了序。如今，他写的十五卷本"开放的思想"丛书又将问世，他希望我为他的这本宏卷写序，我欣然答应。

这十五卷本的新书也是采用"跨越时空的对话"的方式，作者采用这种方式写的书已经是第五本了。用现代人和历史上著名人物对话的形式国外也有，但在中国是颇为罕见的，尤其是涉及政治领域的话题，更多人视为危途，不敢涉及。另外，这种写作形式，要求作者通晓历史人物的观点，平生经历。一两个历史人物比较好写，像本书那样涉及200来个著名历史人物，其博学之深，不是胸中深有把握的，一般人是不敢涉足的。

通观这十五本的巨著，我感觉体现了这六个字精神：普及、探索、开放。

首先是普及。我曾经翻阅过李华平先生的《智慧年代——访谈20位古希腊哲学家》，在20万字的书里，访谈了20位古希腊哲学家，把握了他们的主要思想观点，介绍了他们的平生经历，阅读了60本文献资料，使得我们读者能在一本20万字的书中概括了解了20位古希腊哲学家的思想，这不是一本很好的普及读物吗？人的知识分为两种：一种是专业知识，另一种是非专业知识。对于非专业知识，涉及面非常广，一个人的时间有限，不可能深入涉及，这就需要普及。"开放的思想"，可以引人入胜的方式解决知识的普及问题！

其次是探索。探索就是"探求真理"，被采访的著名历史人物都对人类做出过巨大贡献，可以说，他们在探求真理的漫漫长路上迈进了一大步，但谁都不能说他们已探求到了真理。在当时已经探求到的真理中，在今天看来，有的还有些价值，有的已经缩了水，有的已经被推翻。"开放的思想"可以用今人的眼光来审视历史人物的贡献。历史不断前进，不断在发展，历史就是探求真理的试金石。

**人性的曙光：对话前苏格拉底思想家**

  最后是开放。纵观中国的历史，基本上是属于闭关锁国的历史。"自力更生、奋发图强"深入人心。改革开放近四十年来，对西方先进文化的引进，也更看重在科学。对西方的社会科学，更多是防范。事实证明，西方的自然科学远远胜于中国的传统自然科学；就是西方的人文科学诸如哲学、政治学、社会学、经济学、法学、伦理学、心理学等，也比中国传统的儒学更深入、更科学。作者在这十五卷与历史著名人物的对话中，更多的是介绍西方的人文科学，让人们更了解他们的历史成就。

  李华平先生是中国政法大学的毕业生，中国政法大学的毕业生中主要从事文学写作与思想研究的是很少见的，我为他感到骄傲！

  是为序。

2017年12月1日

# 序二：我思，故我在

## 一

人，是地球上大脑最发达、情感最复杂的动物。人的大脑神奇无比：它大约由140亿个神经元组成，尽管质量只占人体的2%左右，但血液循环量占心脏排出量的20%左右，氧气消费量占全身的20%左右，葡萄糖的消耗量占到了25%左右。人的大脑，掌控着人体的一切，是宇宙中结构和功能最复杂、最精细、最完美、最奇妙的一种物质和一种高级生命形式；它与物质结构、宇宙演化、生命起源三者并列，被认为是困扰当今人类的四大科学之谜。科学家推测：有朝一日，我们搞懂了人的大脑，就能明白人的大脑在人类的思维、情感、理性和爱情等方面的潜力和限制。只有真正搞懂了人的大脑，人类才可以彻底明白自己究竟何以为人。这个问题，不仅是一个科学问题，也是一个哲学问题。人的大脑，之所以如此神奇，是因为它有能力产生思想。思想，是人脑特有的智能，是高级思维活动，是思索，是探究和发现，是感悟和知觉，是认知。

人，因思想而存在，因思想而有尊严。人类的进化史，是一个一个的人、一颗颗杰出的灵魂和一个个"理性思维的英雄"（黑格尔）凭借理性思想的巨大能量深入人的内在，深入大自然和社会的内在，甚至深入上帝的内在，不断思索、发现、肯定、否定和认知普遍性、本质和规律的历史进程，其精髓，无疑是思想的进化史。没有思想，就没有文化，就没有历史。没有了思想，人和阿狗阿猫相比实在没什么区别。所以，完全有足够的理由这样说：思想，就是人的本质，是人生命现象的内核。正因为能思想，人才不同于地球上一切的其他和其他的一切；正因为思想的差异，个人与个人之间才可能存在本质的、非现象的或者说内在的、非外在的"辨识度"或"识别度"。这个人才有可能区别或类似于那个人，

## 人性的曙光：对话前苏格拉底思想家

才出现了不一样的你、我、他，或志同道合的你们、我们、他们。人与思想之间的这种神奇的生理张力，决定了每个人都与思想共存共亡，每个人都必然拥有思想的权利，而且与生俱来，除了死亡，不能被剥夺。

自然界的神秘、无限和客观纯粹，养育了无数伟大的思想，或者说，伟大的自然科学思想。人文界不如自然界那么客观纯粹，自古以来，不但人神混杂，而且人妖难辨。所以，迄今为止，尽管古今中外先哲辈出，但人文思想却五花八门，如汗牛充栋，令人眼花缭乱，且不说良莠不齐。一方水土养一方人，养一方文化，养一方历史，养一方思想。思想是自由的，不自由的思想，先天不足，注定畸形；思想是宽容的，容不得批判和怀疑的思想，注定愚妄；思想是开放的，他山之石，可以攻玉，自我封闭的思想，注定萎靡；思想是独立的，失去人格的独立，必然丧失思想的独立，为达到某种目的（特别是对权力或资本）有意（刻意）或无意（无知痴愚）地谄媚、吹捧、效忠，或者阿谀奉承、盲目愚崇，都无疑是一种精神的贿赂或思想的自我奴化，注定是灵魂的犯罪或堕落。任何一种思想，无论从哪里来，只要是自由、宽容、开放、独立的，只要恪守人类文明的底线，尊重人的生命、财产、平等和自由，不损害人的尊严，不损害人追求幸福的权利，不损害人类的和平共存与发展，都可以与人共享，都有理由与其他的思想共存。相反，任何一种思想，再博大精深，再神秘莫测，再自命不凡，如果背离了这个大方向，逆天理而行，也只能是离经叛道的胡思乱想。

思想是人的本质，思想的本质则是理性，理性是思想的正常状态，或者说，是思想正常的存在方式，是求知、求真、求善、求美，是理智、是格物致知，是万物与我为一，是阿伦特终身捍卫和倡导的不甘于"平庸之恶"的批判性思考。伟大的理性思想，成就人类的文明和福祉。反之，逆天理而行、离经叛道的胡思乱想，酿造的必然是人类的灾难；换言之，思想也会有"非理性"或"不理性"的时候，也存在假、恶、丑。尤其是在强烈的内在欲望或强大的外界刺激下，难免偏离正常态而"走火入魔"。人，会因为思想所具有的这种负面存在而变得片面、偏执、抑郁、任性、冲动、狂躁、堕落、残暴和失去理智，有时甚至禽兽不如。正是从这个视角和从这种意义上，我们有理由期冀：未来的教育，一切教育，

## 序二：我思，故我在

无论是基础教育还是大学教育，其最崇高最简洁的宗旨，就在于自幼培养学生有足够的能力去辨别"有人是否在胡思乱想""有人是否在胡说八道"或者"有人是否在不讲道理"。

必须在这里提醒的是，此处我所说思想的"非理性"或"不理性"，不等同于西方哲学史上所谓的"非理性主义"或"反理性主义"。我个人以为，现代西方哲学思想，或者说19世纪末和20世纪以降的西方哲学思想，与其说（貌似）是批判和否定传统理性主义的哲学思想，不如说是一种坦诚直面人类精神危机，勇敢潜入（甚至乐此不疲，恋恋不舍，流连忘返，乐不思蜀）现实世界中非理性、非逻辑（或者说偶然、无序、不可知，甚至荒诞）的泥潭，企图超越自古希腊到欧洲近代启蒙时代所形成的理性主义传统的哲学思想；不如说是一种填补传统理性主义不足并使之更接地气的一种哲学思想；不如说是自文艺复兴到19世纪，三百年"浮士德精神"的继续延伸和更精致的自我突破；不如说是欧洲的"艺术浮士德"向"哲学浮士德"的时代转换。

## 二

人，因思想而有价值；思想，因人的困惑而催生。人的困惑，永远是思想的猎物，永远是思想最直接的对象或客体。

人的困惑，不外乎在于对自身存在的困惑和对自身以外存在的困惑，不外乎存在于人活着所必须去想、必须去做的那些事儿：吃喝拉撒、衣食住行、学习工作、爱恨情仇、喜乐哀怒、人情世故、谈婚论嫁、生儿育女、七情六欲、生老病死；不外乎存在于由上述这些人的基本生存活动所不断衍生出来的政治、经济、军事、外交、法律、宗教、人伦道德、科学探索和发现、艺术、教育、医疗、自然生态保护等一系列貌似错综复杂晦涩深奥的各种人与人之间的社会关系、人与自然的关系；用极简主义来抽象概括，从根本上讲，人的困惑不过就是——人性和欲望的困惑。

笼统归纳，人类发展史上有六次关于人的伟大发现：第一次人的发现，是发

## 人性的曙光：对话前苏格拉底思想家

生在古希腊的"智者运动"。普罗泰戈拉的著名命题"人是万物的尺度"是这一运动最好的思想表述，人第一次被重视，走进了世界和社会的中心，这是有史以来人类自我意识的第一次觉醒。第二次人的发现，是在14—16世纪的欧洲。中世纪的欧洲，天主教的存在是通过否定人的独立存在和人性的存在而存在的，经过文艺复兴和人文主义者（薄伽丘、但丁、彼特拉克、达·芬奇、米开朗琪罗、拉斐尔等）的思想洗礼，特别是通过马丁·路德宗教改革（"信仰自由"和"君权神授"）的思想解放运动，才第一次把人的命运从主宰一切的神权中拯救出来。第三次人的发现，也在欧洲。通过近代欧洲的思想启蒙运动（孟德斯鸠、伏尔泰、狄德罗、卢梭、康德、霍布斯、洛克等），以"天赋人权"取代"君权神授"，用"法治"取代了"人治"，用"民主"取代了"专制"，这种被称为以理性为基础的社会制度第一次把人的生命、财产、平等和自由从至高无上的君权中解放了出来。第四次人的发现，是"女性的重新发现"。远古时代的女性，曾经拥有过一段值得荣耀和骄傲，而且漫长又辉煌的悠悠岁月；在"知母不知父"的母系氏族时代，作为女性，特别是作为母亲，不但是一种荣耀和骄傲，也意味着权力和地位；距今大约10万—30万年前，人类就进入母系氏族时代，一直延续到距今大约1万年前的新石器时代早期，人类才从"女阴崇拜"过渡到"男根崇拜"，由此逐渐演化成了几乎全世界所有民族都经历过的歧视、压迫和奴役女性的男尊女卑习俗和制度。所以，所谓"女性的重新发现"主要就是废除各种男尊女卑习俗和制度，提倡男女平等和一夫一妻制，简单地说，就是把女人从男人特有的夫权统治中解救出来。第五次人的发现，是未成年人的发现。未成年人是民族和人类的未来，"少年智则国智，少年富则国富，少年强则国强，少年独立则国独立，少年自由则国自由，少年进步则国进步"（梁启超）；所以，对未成年人的受教育权、人身权、身心健康权等权利的重视和特殊保护，已逐渐成为人类文明社会的共识。简而言之，就是把未成年人从容易受侵害的弱势地位中援救出来，其中也包含了把未成年人从父母无微不至的担忧和过度监护中援救出来。第六次人的发现，是安乐死的发现。虽然迄今为止安乐死尚未被世界上多数国家的法律所承认，但从大趋势上看，越来越多的人觉醒并意识到，赋予病情危重而又无法治愈的病人自愿结束自己生命的权利和自由，是符合人道主义精神和关怀的。或者说，法律应该允许把身患绝症、濒临死亡、处于极度痛苦中的患者或处于不可逆昏迷的植物人从病痛的折磨或丧失尊严中解脱出来。

在这里，我之所以列举人类历史上关于人的六次（也许不止六次）发现，只是为了说明和强调上述发现中的任何一个发现，都属于对"人的外在"的发现，完全不同于人对自己内在的认识。或者说，完全不同于人类对自我内在的发现，即对人性和对人的欲望以及对人的内在理性化的认识和发现。这种对人的内在的发现，虽然由来已久，且渐行渐深，但远未嵌入人心，尚未被充分和全面认知，仍有漫漫长路要走。尼采说过：生活是一面镜子，我们努力去做的第一件事，就是从镜子中辨认出自己。

人有自己的天性，这无须溯源到遥远的人类历史起点，也大可不必像霍布斯、洛克或卢梭那样，去假设某种"自然状态"。人性，迄今为止，如此不尽如人意，如此反复无常，已然是一个不争的事实；人性，姑且放下东西方思想中由来已久的"性恶论"和"性善论"之争，说白了，只是一种存在的可能性，或可能性的存在。就像一个空瓶子，你往里装什么就是什么，借用萨特的话语，无非是"存在先于本质"，也可以类比弗洛伊德"三我"中的"自我"；人性，就像一枚硬币一样，至少有正反两个面，恶的一面和善的一面。这种二元结构可以这样被诠释：人性，既有堕落也有升华的天性；在一定强度的压力或诱惑驱使下，人性是经不起考验的，恶也是有能力铤而走险的，如休谟所言，自私与人性是不可分割的；同样，在一定温度的滋养中，人性不是不可以战胜自我，通过内心的自我审判或升华，散发出爱的气息和善的光芒。尼采说，自由的人可能为善也可能为恶，犹如歌德笔下浮士德所做的坦诚表白：有两个灵魂在我胸中，总想分道扬镳，一个怀着浓烈的情欲，以她的卷须紧紧攀附着现世；另一个却拼命想超凡脱俗，高飞到崇高的神圣之地。

人的欲望，是达成某种目的的冲动和渴望，它受享乐原则支配，既是人的原始生理本能，也是动物性在人身上的体现，犹如凯恩斯所说的"动物精神"，时常以一种非理性和无意识（下意识或潜意识）的心理或行为显现，是一种发自内

## 人性的曙光：对话前苏格拉底思想家

心深处且难以自控的对事对物的强烈向往。人性无时无刻不受欲望的驱使，人生所经历的一切，真或假、苦或乐、爱或恨、悲或乐、喜或愁、美或丑、贪婪或廉洁、文明或野蛮、公正或偏激、希望或失望、战争或和平、特权或平等、自由或奴役、人治或法治、民主或专制……无不根源于欲望的强度和大小，无不根源于对欲望的满足和不满足。佛祖释迦牟尼，于人的灵魂深处，洞察到了人有贪、嗔、痴（三毒）；儒家学说中，且不论孔子的"饮食男女，人之大欲"，荀子着眼人的自然本性，提出人"生而好利""生而好色""生而有耳目之欲"；亚当·斯密，在经济和金钱层面上，揭示了人的贪婪和利己主义本性；弗洛伊德，深入性的王国，发现了"力比多"无处不在的秘密，并把由此产生的欲望归类于"三我"中的"本我"；叔本华和尼采，甚至玩世不恭地断定，生命的本质就是意志，即一种贪得无厌的欲望和创造本能，意志高于认知和理性；韦伯，以一个社会学家的魄力和淡定，将人的欲望量化为三样东西：金钱、权力和名望；马斯洛，则从生理和心理需求出发，有条理地把人的欲望从低到高分为五个层次：生理需求、安全需求、爱和归属感需求、尊重需求、自我实现和自我超越需求……

假如人性是一辆汽车，那么，欲望就是发动机。没有发动机的汽车指定是一堆废铁，正如禁欲主义总是把人性搞得半身不遂一样。人类历史上，无论是宗教的还是世俗的，无论在古代希伯来或古希腊，还是在古印度，不问是欧洲的中世纪，还是东方的皇权社会，禁欲主义无不试图以"灭人欲"来教化和驯服人性，从而宣扬自诩伟大的精神力量和高尚的道德境界。一如叔本华所言：人是利己的，欲望的满足总会受到各种挫折，所以，"世上唯有人的痛苦最深……每一部生命史都是痛苦史……生命整个地根本地就是痛苦"；所以，"人只有在彻底摆脱强烈的欲望冲动时才能获得根本的解放"。然而，事实胜于雄辩，禁欲主义，不但没有如愿以偿，反而适得其反，被长期压抑和高度浓缩的欲望，犹如星星之火，在阴暗之中集聚起洪荒之力，暗度陈仓，不但扭曲和伤害人性自身，也扭曲和危害社会，直到暗无天日，在非人道的悲鸣声中土崩瓦解。

承认——事实上也不得不承认——欲望是人性的发动机，并不等于必然承认欲望可以信马由缰、肆无忌惮、为所欲为，并不等于否认欲望极度膨胀后所产生

## 序二：我思，故我在

的破坏力和杀伤力；相反，调节欲望的方向，节制欲望的任性，多一点儿理性和文明，少一点儿野蛮和残暴，这才是承认欲望合法性存在的初衷和终点。一辆汽车，既需要轮子和发动机，当然也需要方向盘和刹车板。

如果把调节欲望和节制欲望看作是一个欲望不断接受理性监护的过程，那么，自律和他律就是促使欲望变得理性化的两座重要桥梁。

自律，是自尊、自重和自爱，是个人的自我约束、自我纠错和自治，是自我的良心发现和觉悟，是抵制或控制躁动于自己内心的某种异常欲望的一种正能量。在道家那里，就是"无为"；在儒家思想里，就是"慎独"，就是孔子的"仁、义、礼"，孟子的"仁、义、礼、智"，董仲舒的"仁、义、礼、智、信"；用王阳明的心学来解读，就是"知行合一，格物致知"；在佛语里，就是"修为"或"修行"；也可以说就是弗洛伊德"三我"中的"超我"；用康德的话说，就是"纯粹理性"，就是自己给自己立法，自律者方得自由。福柯，曾经这样诗情画意地描述过人的内在世界：灵魂如同一叶小舟，被遗弃在浩瀚无际的欲望之海上，忧虑和无知的不毛之地，知识的海市蜃楼或非理性的世界中；这叶小舟完全听凭疯癫大海的支配，除非它能抛下一只坚实的铁锚——信仰，或者扬起它的精神风帆，让上帝的呼吸把它吹向港湾。

他律，是一种来自个人自身以外的力量和游戏规则，是强加于个人之上，人人必须遵守的外在约束和底线，一旦被冲破，将受到惩戒。自律，是一种软约束，比如良心、教育（理念和知识）、道德伦理或者信仰（世俗的或宗教的），而且每个人的自律方式和自律能力也千差万别，对于那些自制力低弱、容易原谅自己或者侥幸心理强大的人来说，对于那些利欲熏心、不知廉耻和乐于铤而走险的人来说，自律显然是软弱无力的；但是，这丝毫不影响自律作为一种调节和节制欲望的方法而存在，而且是一种最常用的重要方法。相对自律而言，他律是硬约束，比如法律（法治），它不但有国家的强制力或社会的公信力做后盾，而且可以通过理性的立法和公正公开的司法程序形成一个可预期的制度体系，从而合理有效地实现调节欲望和节制欲望的目标。正如孟德斯鸠所说：法律的制定是为了惩罚人类的凶恶悖谬，所以，法律本身必须最为纯洁无垢。

## 人性的曙光：对话前苏格拉底思想家

**我崇尚《道德经》！我也尊崇《论法的精神》！**

除了自律和他律，还有一样与欲望息息相关的东西值得一提，这个东西众所周知、人人躲不过去，而且只有人才感知得到，它就是大名鼎鼎的"死亡"。死亡，是一切欲望的最后终结，正如出生是一切欲望的开启。死，是一个生理过程，每个生命从出生就开始，每分每秒，都走在通向死的过程中；亡，是消亡，是生命肉体的从有到无，是人走向死亡过程的终端。人的生命只要没有消亡，就一直在向死的方向活着，在向死的路上存在着（"在场"），并且通过意识（只能通过自我意识）能够去真实感知到自我的存在感（类似于贝克莱的"存在就是被感知"，也类似于王阳明的"心外无物、心外无事、心外无理"）……这就是海德格尔所谓的"向死而生"。海德格尔说："向死而生的全部意义在于，当你无限接近死亡，才能深深体会生的意义。"思考和认识死亡，不但可以消除或减弱对死亡的恐惧，还可以让人强烈感受生的欲望，而且可以激发人内在积极的生命活力，看淡或拒绝诱人的各种物欲，释放精神和灵魂深处的正能量，敬畏和珍惜生命的理性存在，并以这样一种客观和乐观的态度去唤醒对生与死的觉悟，坦然面对死亡，乃至蔑视死亡：生命的喜悦之处在于不必重来！

让人性和欲望向理性靠拢，并接受理性的监护，我相信这高于一切，应该是人类自身的终极关怀。我想说的是，所谓的人类思想和人类文明，不过就是为了调节和节制那些无所顾忌的、来自人内心深处的、有违天理、膨胀过头的欲望。

追溯过去，人类的发展历史，始终是一个以人（个人、组织、民族或国家乃至全人类）为中心，为了不断满足人的欲望升级，无限向外、向他人（个人、组织、民族或国家）和向自然界扩张，掠夺他人和自然资源的历史。自工业革命和科学革命以来，特别是近一百年来，更精准地说，近50年来或近20年来；自从发明了蒸汽机、发电机和计算机以来，特别是发明了互联网、物联网、大数据和人工智能以来；人类的主流文化，不仅离上帝越来越远，而且深深沉沦于一个"着魔的时代"，一个着魔于科技、享乐、消费和冒险的时代。在日新月异的所谓科技创新、逐利资本的推波助澜和激烈的竞争制度的合谋刺激下，人类的物质生活和物质文明貌似蒸蒸日上。与此同时，人的欲望也水涨船高，亦步亦趋，芸芸众

## 序二：我思，故我在

生对金钱、权力和名望的追逐，对消费、享乐和奢侈的膜拜，越发不可收拾，物欲横流，甚至巧取豪夺，不择手段。在如此膨胀的欲望驱使下，人性却越来越脆弱，越来越无常，越来越经不住享乐主义的诱惑和机会主义的刺激，浮躁偏激，失去了应有的内敛和平衡，抛弃了与自然万物的和谐，忽略了宝贵的简单淳朴和良知信仰，欲壑难填，铤而走险，总是有意无意徘徊在或者"向善"或者"向恶"的十字路口。

假如真有这么一天，科技可以让人长生不死，永远年轻美貌，而这只有少数人花大钱才能办到，或者说，这个世界不公正到如此地步，连死亡面前的人人平等都化成泡影的时候，那么，人一定会因此而疯狂。科技、金钱和权力一定会绞尽脑汁狼狈为奸，试图摇身一变成为主宰这个世界的新上帝。倘若真的有那么一天，恰如霍金和马斯克所担心的那样，未来已来，人工智能远远不再只存在于科幻小说和科幻电影中。如果新版或更新版的"阿尔法狗"具备了超人类的自学能力、思考能力、语言能力和创造能力，除了下围棋足以打败人类之外，六亲不认杀一个回马枪，调过头来秒杀人类，超越令人类毛骨悚然的核武器，那么它将成为人类的最后宿命和真正终结者……这绝非危言耸听，我们确实正处在尽情享受欲望所创造的人类物质文明之中，我们确实也陷入了被膨胀的欲望绑架的高度危险和殃殃病态之中。也许我们还记忆犹新，犹如一百年后《人类简史》的作者赫拉利是一位非凡的怪才一样，一百年前，一位德国的青年中学历史教师——斯宾格勒，头顶第一次世界大战的浓浓硝烟，躲在慕尼黑一个漆黑的贫民窟里，在昏暗的烛光下写出了一本轰动世界的奇书《西方的没落》。在书里，斯宾格勒铿锵有力地忠告和预言：世界上所有的文化和文明都是有生命的，都有生老病死。

存天理节人欲，倡导或保留理性的和向善的欲望，节制或去除偏执的和向恶的欲望——或许，我们应该这样去诠释"存天理灭人欲"，还朱熹一个公道；或许，这样的诠释方可再次打开人类的脑洞，冷静下来，与时俱新，尽可能放下傲慢偏见、砸碎禁锢枷锁，以古为师、以人为师、以心为师、以自然为师，用坦诚和理性去面对人类共同的困惑、共同的现实、共同的利益和共同的未来。"面向事物本身"（胡塞尔），在求同存异、以和为贵的氛围中，借鉴和融合古今中外不同

## 人性的曙光：对话前苏格拉底思想家

的思想文化，和而不同，变"向外"为"向内"，或者说，平衡"向外"和"向内"的方向，以每个人的自身和人类的自身为目标，向每个人的内心和人类的内心求救；通过对人的本质和思想本质的进一步思考，通过对人性和人的欲望更深入的认识，通过对人性和人的欲望的理性调节和节制，通过不断改良和完善自律和他律，通过加深对死亡与存在的探索和觉悟，通过开放的思想和思想的开放，在思想文化范畴里，在意识世界里，呼唤一种更理性、更和谐、更有幸福感、更具包容性、更适合人类共同生活和可持续发展的生存理念，重构一个新的理性的人类思想的命运共同体，促进人的全面发展。

福柯说过，知识分子的工作不是为了改变他人的政治意愿，教导他人去做什么，而是要通过自己专业领域里的分析研究，一直不停地对设定为不言自明的公理提出疑问，动摇传统的心理习惯、行为习惯和思维习惯，解构熟悉的和被认可的事物，重新审视规则和制度，并在此基础上重新问题化，从而完成一个知识分子的使命和一个公民的责任。

沉思，就是缄默加思考；沉思，高于纯粹的行动。亚里士多德说，唯有沉思的生活才是最有价值的生活。或许上述我的这一番自言自语，太滑稽荒诞，太浪漫可笑；或许现在就是改变方向，调转船头的时候了。

永远铭记，古希腊奥林匹斯山上德尔斐神殿里的那块石碑，上面写着：认识你自己！永远不要忘却，苏格拉底常挂在嘴边的那句话：我除了知道我无知这个事实外，一无所知！对于未来，我们也许真的不能停止《人类简史》中赫拉利的那个弱弱诘问：人类究竟想要什么？变成什么？

或许，四百年前的笛卡尔是对的：征服你自己，没必要去征服整个世界。

"我相信，一切事物的价值必将重新评估。"（尼采）我相信，人类终将能够被思想的理性和理性的思想收养。

我相信，这个世界的善良。

## 三

人的本质是思想。思想的本质是理性，思想的对象是人的困惑。人，当之无愧，就是思想的主体。每一个人，都是自己思想不容置疑的天经地义的唯一主体，都是一个一个活生生的当仁不让的思想者。每一个人，其人格的独立和平等，顺理成章就是思想的存在前提，或者说，是思想存在之存在。

在此，我很乐意引一段弘一法师的弟子丰子恺先生在《我与弘一法师》小自传里说过的话。鉴于言之有理，所以拿来分享，本想从先生的文字中"取其精华"，琢磨再三，感觉还是引原文为好，原汁原味的，更生动鲜活，更利于表达其本意：

"我以为人的生活，可以分作三层：一是物质生活，二是精神生活，三是灵魂生活。物质生活就是衣食。精神生活就是学术艺术。灵魂生活就是宗教。'人生'就是这样的一个三层楼。懒得（或无力）走楼梯的，即把物质生活弄得很好，锦衣玉食，尊容富贵，孝子慈孙，这样就满足了。这也是一种人生观。抱这样人生观的人，在世间占大多数。其次，高兴（或有力）走楼梯的，就爬上二楼去玩玩，或者久居在里头，这就是专心学术文艺的人。他们把全力贡献于学问的研究，把全心寄托于文艺的创作和欣赏，这样的人在世间也很多，即所谓'知识分子''学者''艺术家'。还有一种人，'人生欲'很强，脚力很大，对二层楼还不满足，就再走楼梯，爬上三层楼去，这就是宗教徒了。他们做人很认真，满足了'物质欲'还不够，满足了'精神欲'还不够，必须探索人生的究竟。他们以为财产子孙都是身外之物，学术文艺都是暂时的美景，连自己的身体都是虚幻的存在。他们不肯做本能的奴隶，必须追究灵魂的来源，宇宙的根本，这才能满足他们的'人生欲'。这就是宗教徒。世间就不过这三种人。"

坦率地说，我基本认同丰子恺先生的说法。或许换一种角度，见仁见智，还可以这样说：人活着有三种不一样的状态：第一种是世俗活着，世俗思考；第二种是世俗活着，超世俗思考；第三种是超世俗活着，超世俗思考。放眼人世，第

人性的曙光：对话前苏格拉底思想家

一种人多，第二种人少，第三种人是"奇葩"。在我看来，三者各有各的格调和品位，不宜论高下，更不可妄论贵贱和好歹，贵在愿意不愿意，贵在选择不选择，贵在"己所不欲勿施于人"（孔子）。人生百态，众生芸芸，说简单也简单，捏吧捏吧，挓一挓，人世间，不过这三种。

尼采（1844—1900年），除了是一个疯狂热爱生命的德国思想家、哲学家、诗人，还是一个作曲家、文学评论家和语言学家，他也说过一句掷地有声的话，直截了当，不拐弯不抹角："没有真理，只有诠释。"

歌德（1749—1832年），众所周知，是一位杰出的德国大文豪，但他在大学学的是法律。他除了是一位小说家、剧作家和诗人，还是一位画家、科学家和思想家。在他著名的长篇诗剧《浮士德》里，歌德借魔鬼靡菲斯陀之口，说了这样一句话，既蕴涵了厚重和矜持的浮士德精神，又彰显了诗的气息和浪漫："尊贵的朋友，所有的理论都是灰色的，而生活这棵金树是绿色的。"

莱辛（1729—1781年），德国启蒙运动时期的著名剧作家、美学家、文艺批评家，虽然他不是哲学家，但留下了一句很有哲理的话：对真理的追求比对真理的占有更可贵。

笛卡尔（1596—1650年），法国著名的哲学家、物理学家、数学家、神学家，被誉为"解析几何之父"和"近代科学之始祖"。他的墓碑上写着："笛卡尔，欧洲文艺复兴以来，第一个为人类争取并保证理性权利的人。"对于人和理性，他这样说过："只有服从理性，咱们才能成为人。"

或许，我不一定喜欢这四个人，但我一定喜欢这四句话。

# 四

"开放的思想"丛书是学弟李华平三十年磨一剑，呕沥心血写成的一部大书。这部书根基于这样一个大构想：从远古到中世纪再到现代、从地中海到日本海、从大西洋到太平洋、从欧洲大陆到亚洲大陆再到美洲大陆、从印度半岛到西伯利亚……通过分析解读比较不同地域、不同时期、不同类别的各种不同思想，

## 序二：我思，故我在

通过穿越时空的思想对比和碰撞，围绕着人和思想的本质、人性和欲望、自律和他律、死亡与存在等古老且永恒的问题，解构和重构一幅人类的思想版图，玩味"平行空间"中不同思想文化的殊途同归和异曲同工之妙，澄清被人为夸大（或曲解）的不同地域思想文化之间、古今思想文化之间、物质世界与精神世界之间的差异性、排斥性和对抗性，去除不同思想文化之间的隔阂、鄙视、妄自尊大和妄自菲薄，发现人类精神世界里的"思想文化纠缠"。

例如，古代中国老子（公元前571年—前471年）的"道"，古希腊赫拉克利特（公元前535年—前475年）的"逻各斯"（logos）和古印度释迦牟尼（公元前465年—前385年）的"菩萨思想"，这些不同地域的远古思想之间真的就不存在任何值得关注的共性和交集吗？

又例如，伴随当代物理学"暗物质""暗能量"和"量子纠缠"的发现，人的"意识"已不再是一种与"物质"相对立的存在，如果把"意识"放在"量子态"去分析，"意识"其实就是"物质"的一种；既然通过"量子纠缠"，"意识"和"物质"已经可以握手言和，那么，"唯心"和"唯物"为什么就不可以谈情说爱呢？

预览全书，古今中外几百位思想家昂首挺立、栩栩如生，复活在一篇篇既充满思辨又丰富多彩的访谈之中，历历在目。作者李华平作为一个穿越古今的记者，从头到尾穿梭其中，秉承"去政治化""去功利化"和"去主义化（去体系化）"的本色，摘下人类鼻梁上沉重的有色眼镜，冲破固化和僵化的语言、概念、逻辑和结构的枷锁，还原思想的本质，回到思想家本身；掰开揉碎，用自己独特的评判视角和话语腔调，无拘无束、海阔天空地大胆解构和细心重构，与每一位思想家平等对话，促膝谈心，开怀论道。

"开放的思想"，无论解构或重构，都不意味着否定过去的一切和一切的过去，而是一种与时俱新和不断与时俱新的思想意识，或者说，是一种对与时俱新和不断与时俱新的善意提醒或呐喊；也可以说，是换一个角度看世界。就像德里达所理解的那样，解构主义（后结构主义）不是要取代结构主义，更不是要取代哲学史上存在已久的逻各斯和形而上学传统，也取代不了……它只是反中心、反权威、反二元对抗，是一种反观或反省人类思想文化和人类文明的思想意识。

**人性的曙光：对话前苏格拉底思想家**

二十多年前，我在德国学法律读博士的时候，听过导师海因·科茨教授的课。导师是德国著名的法学大家，在私法和比较法等领域建树颇丰。记得他在课堂上这样说过：比较法，不是别的，就是研究比较分析不同的国家和地域，在处理同样或类似的人与人之间的纷争上，法律理念和技术运用的优劣，互为借鉴，寻求一个相对理性的、合乎逻辑的、公平正义的解决问题的方法。

我深信，"开放的思想"丛书的作者李华平，正是怀揣"忧天下之忧"和为人类"排忧解难"的一片苦心，敲开了古今中外几百位思想家的大门，与不同时代、不同地域、不同流派的思想家谈天说地；数十年如一日，放眼纵横，鸟瞰时空，神游万里，思接千年，活像串珠子一样，日积月累，把散落在人类思想海洋里的一颗颗耀眼的珍珠，用理性之光贯穿成一串串向真向善向美的念珠；边走边思，边思边想，启迪思索，开启民智……一路自弹自唱，弘扬"独立之精神，自由之思想"（陈寅恪）。

感谢华平对我的信任，邀我给"开放的思想"写序。寥寥数千字，东拉西扯，左支右绌，岂能承受洋洋百万言之重。

思想，是爱智，是思想者的智慧欢愉（毕达哥拉斯），

思想，是思想者坚持不懈的批判和怀疑（福柯），

我思，故我在（笛卡尔），

谨此，

向所有的，逝去的和活着的，

尤其向，为人和人类的苦难、福祉和命运"操心"的思想者，致敬！

必须的！

2017年深秋　北京

# 序三：独立与自由：学术进步之源泉

作为华平的老师，我知道他一直在从事着某种研究工作，但因我忙于修订自己的刑法专著，以便出版社及早出版，加之身体方面的原因，也就没有过细关注他的研究工作，自然也就谈不上对他的研究给予什么指导。每想到这，作为老师，心中不免有些淡淡的遗憾。

我与华平属于忘年之交，亦师亦友，情同手足。他请我给他推出的15卷本"开放的思想"丛书作序，我非常高兴。华平的学术起点是历史与哲学，其研究生时期的方向是刑法，但他从未把自己的兴趣与研究局限在某个具体的领域。他的研究涉及哲学、法哲学、刑法学、人类学、思想史、历史学、宗教学、社会学。即便是对于非常专业化的自然科学他也认真学习过、研究过、思考过。他出版的《宇宙是活的》，就是一个证明。这本书涉及基因理论、双螺旋理论、相对论、量子力学，如果不具有一定的自然科学功底和学术勇气，是不敢下笔的。

与华平接触久了，了解也便多些。我发现华平天资聪慧，尤其是博览群书，过目不忘。他的勤奋与刻苦，更是惊人，三四十年如一日，天天看好几万字的书，每天都推出一两篇文章，令人叹为观止。他的视野非常广阔，人们看他的著作，就如在读一部百科全书，内容涉及古今中外，上下五千年，纵横千万里。但知识的丰富性远不是华平著作的最大特点，他著作的最大特点就是时时处处都能体现出一种独立思考的精神。他不唯书、不唯权威，不人云亦云，不趋炎附势。他每个字都是在讲"理"，彻底的理性主义精神贯彻其著作的始终。华平的著作肯定存在许多不正确之处，但没有一处不是他认真而独立思考的产物。撒谎与谄媚，是学术的天敌，华平一直对此深恶痛绝。我希望他继续坚持这种独立思考的精神，逐步完善他的学术体系，去修正那些经不住历史和时间检验的结论，为思想界贡献出具有卓越影响力的精品力作。

**人性的曙光：对话前苏格拉底思想家**

　　我与华平的研究虽然侧重点不同，但我们信奉的学术精神是相同的，那就是独立、自由、理性、开放。我依托这种精神在刑法学方面提出了我的法人犯罪论、人权防卫论、犯罪构成系统论等理论体系。我的刑法理论，受到国内外学者的高度重视和赞扬，并被翻译成英、日、俄、法四国语言，法兰西共和国总统给我授予骑士荣誉勋章，是肯定，是鼓舞，更是鞭策。耄耋之年，我依然笔耕不停，一日不敢懈怠，生命不息，研究绝不停止。有生之年，看到自己的学生茁壮成长，那份欣喜与安慰发自心田。我希望华平也能用这种精神，把他的研究推到一个又一个历史的高峰。

　　最后，我要强调指出，中国已经进入一个空前美好的时代，改革、开放、自由、民主、包容、理性、多元化。我曾经说过："自由是科学的本性，创新是科学的生命，没有自由，科学将沦为奴婢，没有创新，科学将枯萎死亡。"一切最优秀的科学著作，都是当今时代的产物，吾辈并期盼后生们能高举新时代之大旗，创造出更多优秀的作品，为民族之复兴，为全人类的之进化与繁荣，做出自己应有的贡献！

2018年9月6日于北京静斋

# 目 录

出版说明 …………………………………………………… 1
Introduction ………………………………………………… 3
Biography of the Author …………………………………… 6
序一：普及·探索·开放 ………………………… 江　平　7
序二：我思，故我在 …………………………… 周潞嘉　9
序三：独立与自由：学术进步之源泉 ………… 何秉松　23

第一章　人性的曙光
　　　　——对话荷马 ……………………………………… 1
第二章　历史退化论
　　　　——对话赫西俄德 …………………………………18
第三章　哲学之源
　　　　——对话泰勒斯 ……………………………………33
第四章　"阿派郎"：万物的本原
　　　　——对话阿那克西曼德 ……………………………47
第五章　"世界仿佛在呼吸……"
　　　　——对话阿那克西美尼 ……………………………63
第六章　"数"：万物的根本
　　　　——对话毕达哥拉斯 ………………………………74
第七章　宇宙是独一无二的
　　　　——对话塞诺芬尼 …………………………………98
第八章　"人不能两次踏进同一条河流"
　　　　——对话赫拉克利特 ……………………………115
第九章　"万变皆是幻觉"
　　　　——对话巴门尼德 ………………………………149
第十章　心灵才是"第一推动"

　　　　　　——对话阿那克萨戈拉 …… 167

第十一章　民主与国家之命运
　　　　　　——对话伯里克利 …… 189

第十二章　宇宙的矛盾与矛盾的宇宙
　　　　　　——对话芝诺 …… 206

第十三章　"爱"与"争"的变奏曲
　　　　　　——对话恩培多克勒 …… 230

第十四章　西医之魂
　　　　　　——对话希波克拉底 …… 263

第十五章　万物的本原："原子"和"虚空"
　　　　　　——对话德谟克利特 …… 276

第十六章　"努斯"：并非第一推动力
　　　　　　——对话阿凯劳斯 …… 301

第十七章　论存在之无限性
　　　　　　——对话麦里梭 …… 308

第十八章　气是物质性与精神性的统一体
　　　　　　——对话第欧根尼 …… 320

第十九章　论感觉与思想
　　　　　　——对话阿尔克迈翁 …… 334

第二十章　"人是万物的尺度"
　　　　　　——对话普罗泰戈拉 …… 340

第二十一章　天下无真理
　　　　　　——对话高尔吉亚 …… 358

第二十二章　法律是对自然的破坏
　　　　　　——对话安提丰 …… 371

第二十三章　正义就是强者的利益
　　　　　　——对话塞拉西马柯 …… 384

第二十四章　自由的胜利
　　　　　　——对话希罗多德 …… 391

参考文献 …… 415
著后记：人生与思想 …… 418

# 第一章 人性的曙光
## ——对话荷马

## 引 子

众多民族流传至今的诗词文化，很多宣泄的是失恋之后的痛楚，或是官场失意后的沮丧。一些所谓有点境界的诗词，往往不过是些针砭时弊的暗讽隐喻，或者是对统治者抒发出的一些不痛不痒的牢骚。而荷马的史诗，在叙述一个又一个精彩故事的同时，也在进行着关于宇宙、自然、神灵与人类关系的哲学思考。

在荷马的笔下，人非人，而是神，他们不仅拥有神的形体，还拥有神一样的品德和天赋。在荷马的笔下，神亦非神，而是人，他们不仅拥有人一样的形体，也同样与人一样，或智慧超凡，或愚钝透顶，或良善无比，或凶残至极。总之，神就是人，人就是神。人与神共享一个世界，为欲望和利益而战，也为欲望和利益进行着各种各样的组合。

荷马被称为西方文化第一人，西方文化之所以有今天，必须感谢希腊人，而最需要感谢的就是荷马。荷马将告诉你我，不理解神灵就不理解人，不理解人就不理解神灵！

## 一 "荷马"名字的由来

**记者：**

你的名字，听起来怪怪的。

**荷马：**

奇了怪了，非常正常的一个名字，怎么到了你的耳朵里，就成了一个怪怪的符号。

## 人性的曙光：对话前苏格拉底思想家

**记者：**

我一听到你的名字，大脑里就会浮现出非洲的一种动物，它们的名字就叫河马。在我们中文中，与你的名字读音一模一样。

**荷马：**

一种动物？有意思。

**记者：**

西方学者中有人说，你这个名字是"人质"的意思，就是说你大概本是俘虏出身；也有人说这个名字含有"组合在一起"的意思，就是说你的名字"荷马"暗示你的《史诗》原本是由许多散篇传说组合而成。

**荷马：**

你是什么意思？

**记者：**

古希腊有不少城市以你的名字命名，但是也有人怀疑在这个世界上，是否真有一个叫作"荷马"的人。

**荷马：**

就是你怀疑吧。简直是个笑话，你不是很敬佩柏拉图、苏格拉底吗？柏拉图、苏格拉底不仅对我的存在毫不怀疑，还明确肯定我就是《伊利亚特》和《奥德赛》的作者。

**记者：**

我看过柏拉图的《理想国》，柏拉图借苏格拉底之口说你们这些云游诗人不过就是一些无病呻吟的模仿者，他说你们创造出来的艺术形象都是虚构出来的，都是假的。他还直言不讳地说你们的作品对于那些没有受过相关教育、缺乏精神抵抗力的人来说，有百害而无一利。

**荷马：**

苏格拉底不会欣赏任何东西，不会欣赏任何人。我要说的就是不管他如何评价我，他都无论如何也不能否定我的存在。

**记者：**

这倒也是。

**荷马：**

我建议你再去拜访一下公元前5世纪的历史学家希罗多德和再晚一点的历史学家修昔底德，他们都是这个观点。你是一位病态的怀疑主义者。我问你，天上有一个太阳，你不怀疑吧？

**记者：**

你还真不要抬杠，太阳不过是一颗发亮的恒星，天上这样的星星还真不是一颗，有无数颗。

**荷马：**

算你狠！有问题尽快说吧。我是个盲人，靠说戏唱诗讨人喜欢混饭吃，与你靠提供点生意上的信息，撮合撮合关系就能赚钱不一样。如果你真的怀疑，我就来与你谈谈我写的两本书吧。我说说，你听听，估计就会水落石出，真相大白的。

## 二　一再重复为什么

**记者：**

看你的《伊利亚特》和《奥德赛》，有一个非常不好的感觉。

**荷马：**

什么感觉？

**记者：**

这种感觉不只是我一个人有，好多人都有。

**荷马：**

说嘛，无所谓的。

**记者：**

作为一部文学作品，如何写，前前后后是很有讲究的，最起码是不应该前后重复，凑字数吧。

**荷马：**

你啥意思？我听不懂，总觉得你看问题怪怪的。

**记者：**

你的作品，好多内容一再重复出现，许多形容词也反反复复地出现，很多

# 人性的曙光：对话前苏格拉底思想家

场景也一再重复，许多短语套话，如"飞毛腿阿喀琉斯""人之主宰""死人垂首""凌晨启，玫瑰指"反复出现，你对阿伽门农装备的描写与对帕里斯的描写如出一辙。有人统计过，你的两本书中，有三分之一的内容是重复的。这对一部文学作品来讲，无论如何，都是不应该的。

荷马：

你接着讲，说完后我再来解释。

记者：

可以被你用来创作的故事很多很多，为什么要有那么多的重复呢？这一点，让人觉得不舒服。

荷马：

你可能有很大的误解。你是个自由型的作家，要时间有时间，想做什么就做什么，你可以从从容容地来研究你的作品，但是，我不行。

记者：

那你是个什么样的作家呢？

荷马：

我根本就不是作家。我只是到处给人讲故事、唱赞歌的吟游诗人。我是个文盲，只会凭记忆信马由缰、靠嘴巴信口开河而已。

记者：

你的意思是说，你只是用嘴讲，而不是用手写？

荷马：

是的。我是个盲人，也是个文盲，我怎么写？

记者：

那这些故事怎么会流传下来？

荷马：

我怎么能知道呢？那肯定是有人在我唱的时候，把我唱的东西记载下来。

记者：

哦，原来如此，我知道了。你的意思是说，无论是你的《伊利亚特》还是《奥德赛》，都是你用说唱形式口头讲解的一些东西，而且是一边走一边讲。这样一来，你就不可能有闲暇时间来整理你的诗。

**荷马：**

我要用我的歌唱去获取我养家糊口的钱财，我没有时间去斟酌自己的诗篇。同样，听的人也是变来变去。没有人去关心我是不是重复。

## 三 《伊利亚特》

**记者：**

我多少次猛咬后槽牙，下狠心把你的两部史诗好好读一遍，但就是始终未能如愿。我承认你的文笔非常漂亮，遣词造句丰富华丽。我想通过阅读你的作品，把自己的文学水平提高一下。我时常写作，但是我的文笔常常感觉干枯，也有点乏味，一谈起文学性，我就只能自惭形秽了。

**荷马：**

你不用太过谦虚，谦虚过度就是虚伪，你有什么想法就直说，有什么问题就直接问吧。

**记者：**

好，既然《伊利亚特》是你创作的，请你介绍一下这部史诗的内容。

**荷马：**

你对我还是不相信。好，我就给介绍一下我的第一部作品，也就是《伊利亚特》吧。

**记者：**

愿意洗耳恭听。

**荷马：**

从前，在小亚细亚西部沿海，有特洛伊人建立的一座王都，这座城市的名字叫伊利昂[①]，特洛伊人是东方许多部族的霸主。当时在希腊地方的强大部族总称为阿凯亚人，有时在史诗中也称为阿尔戈斯人或达那亚人，阿凯亚人以迈锡尼的国王阿伽门农为首。伊利昂城的王子帕里斯乘船到希腊，受到斯巴达国王墨涅拉奥斯的款待，但他把墨涅拉奥斯美貌的妻子海伦骗走，带回伊利昂城。阿凯亚人

---

[①] 即特洛伊城，《伊利亚特》也称《伊利昂纪》。

非常气愤，便由墨涅拉奥斯的哥哥阿伽门农倡议，召集各部族的首领，共同讨伐特洛伊人。他们调集1000多艘船，渡过爱琴海去攻打伊利昂城，历时9年都没有把这座王都攻下来。到了第10年，阿伽门农和阿凯亚部族中最勇猛的首领阿喀琉斯争夺一个在战争中掳获的女子，由于阿伽门农从阿喀琉斯手里抢走了那个女俘，阿喀琉斯愤而退出战斗。由于阿凯亚人失去了最勇猛的将领，他们无法战胜特洛伊人，一直退到海岸边，抵挡不住伊利昂城主将赫克托尔（帕里斯的哥哥）的凌厉攻势。阿伽门农请求同阿喀琉斯和解，请他参加战斗，但遭到拒绝。阿喀琉斯的密友帕特罗克洛斯看到阿凯亚人将要全军覆灭，便借了阿喀琉斯的盔甲去战斗，打退了特洛伊人的进攻，但自己却被赫克托尔所杀。阿喀琉斯感到十分悲痛，决心出战，为亡友复仇。他最终杀死赫克托尔，并把赫克托尔的尸首带走。伊利昂国王普里阿摩斯（赫克托尔的父亲）到阿喀琉斯的营帐去赎取赫克托尔的尸首，暂时休战，为儿子举行了盛大的葬礼。这就是我《伊利亚特》这部史诗的主要内容。

## 四 《奥德赛》

**记者：**

你所说的跟我了解的差不多。

**荷马：**

什么意思？

**记者：**

没别的意思。那第二部史诗《奥德赛》说了什么呢？

**荷马：**

《伊利亚特》只写到赫克托尔的死为止。你知道虽然赫克托尔被杀死，可是围绕伊利昂城的战争还继续打了很久。后来阿喀琉斯被帕里斯用箭射死，阿凯亚人之中最勇猛的首领埃阿斯（名声仅次于阿喀琉斯）和最有智谋的首领奥德修斯争夺阿喀琉斯的盔甲，奥德修斯用巧计战胜了勇力超过他的埃阿斯，使得后者气愤自杀。最后奥德修斯献计造了一只大木马，内藏伏兵，特洛伊人把木马拖进城，结果阿凯亚人里应外合，攻下了伊利昂城，结束了这场经历10年的战争。离开本国很久的阿凯亚首领们纷纷回国，奥德修斯也带着他的伙伴，乘船向他的故乡伊塔克出发。从这里就开始了以奥德修斯在海上的历险为中心的另一部史诗《奥德赛》的故事。

**记者：**

很有意思。劳驾继续讲下去。

**荷马：**

奥德修斯回乡的旅程很不顺利，在海上又漂泊了10年。天神们在奥德修斯已经在海上漂游了10年之后，决定让他返回故乡伊塔克。这时奥德修斯在家中的儿子忒勒马科斯已经长大成人，出去打听他长期失踪的父亲的消息。伊塔克的许多人都认为奥德修斯10年不归，一定已经死去。当地的许多贵族都在追求他的妻子佩涅洛佩，佩涅洛佩则百般拒绝他们，同时还在盼望丈夫能生还。奥德修斯在这10年间经历了许多艰难险阻：独目巨人吃掉了他的同伴，神女喀尔刻用巫术把他的同伴变成猪，又要把他留在海岛上；他又到了环绕大地的瀛海边缘，看到许多过去的鬼魂；躲过女妖塞壬的迷惑人的歌声，逃过怪物卡律布狄斯和斯库拉，最后女神卡吕普索在留了奥德修斯好几年之后，同意让他回去。奥德修斯到了菲埃克斯人的国土，向国王阿尔基诺斯重述了过去9年间的海上历险，阿尔基诺斯派船送他回故乡。那些追求他妻子的求婚人还占据着他的王宫，大吃大喝。奥德修斯装作乞丐，进入王宫，设法同儿子一起杀死那一伙横暴的贵族，和妻子重新团聚。

**记者：**

最终是个大团圆。

**荷马：**

是的。与你们中国的好多神话故事一样。

## 五　神话的价值

**记者：**

听来听去，似乎都是一些很普通的故事，但是有一点我不明白。

**荷马：**

你有什么不明白只管说嘛。

## 人性的曙光：对话前苏格拉底思想家

**记者：**

你在书中所写的特洛伊战争的故事，已经被许多历史学家三番五次的考证所证实，也就是说确有其事。例如，德国考古学家谢里曼和英国考古学家伊文斯通过多少年的挖掘考证，就一口咬定阿伽门农是真的，阿喀琉斯是真的，海伦是真的，那个神奇的木马是真的，血腥的屠杀也是真的……总之，一切都是真的。

**荷马：**

本来就是真的嘛！我是一个盲人，从来就不看书，不看报，让我胡编乱造，弄出那么多故事情节出来，还真难为我了。说句心里话，我还真没有那么大的本事。跟你不能比！

**记者：**

你什么意思？似乎我在胡编乱造方面比你略胜一筹似的。不过，文学性的东西，虽来源于现实，但与现实又不完全一样。大多是个中真假难辨，编编造造，也在所难免。

**荷马：**

你说的话对一般的文学作品是没错的，但若套到我的书上，就错了。我说的都是实际发生的故事，为了吸引人，让更多的人给我多掏点钱，我难免会有时候多用了点文学的手法，如夸张一点，渲染一下，煽情一下，添点油加点醋什么的。

**记者：**

你把那么多的神灵拉到你的故事中来，让你的故事听起来像个大神话似的，这些是不是也属于文学加工？好多文学家都喜欢这样做。最近我在看我们中国有名的文学家曹雪芹写的《红楼梦》，他一开始就用了好多神叨叨的神话故事。他与你确有一拼。

**荷马：**

你们东方作家特别喜欢用神话故事，什么盘古开天辟地、后羿射日，什么精卫填海、夸父追日、嫦娥奔月……我想，这些作家们之所以喜欢用这些神话故事，原因不外乎这样几个方面：有的人用神话故事是为了迁就普通人的阅读水平，在你们那里，只有少数人有机会接受教育，绝大多数人无缘上学，在这种情况下，要想自己的作品被普通人所接受，就必须用普通人看得懂的形式，神话故事最好不过了。有的人用神话故事是为了让人信以为真，你们东方人，崇尚古人而不相信当代人，"述而不作，信而好古"是你们的传统。因此要想让普通人相信你说的话，就必须说这些东西是古人说过的。越是更早的人说过的东西越更像真理。自然，有人用神话故事是为了让自己的东西更加好看，形象生动、栩栩如生的东西总比那些生硬呆板的东西好看。

**记者：**

似乎并非只有我们东方是这种情况吧，德国哲学家卡尔·雅斯贝尔斯在他的那本《历史的起源与目标》中提出，人类存在着一个所谓的"轴心时代"，这个时代就是历史上的宗教和哲学时代，苏格拉底、亚里士多德、柏拉图、耶稣、释迦牟尼、孔子……这些伟大的思想家都是在这个时代出现的，你看看，几乎所有的文明在其"轴心时代"之前不都经历过漫长的"神话时代"吗？

**荷马：**

你说的没错，从揭示存在的真相这个角度来评论科学，我们可以这么说，神话时代就是最早的科学时代，即便是在那些看似很离谱的传说和浪漫色彩十足的神话故事中，也往往包含着许多历史真实的颗粒。或许我扯得太远了，我们还是回到原来的议题。对于我们这些搞文学的人来说，用大量的神话来演绎我们心中的故事是一件再正常不过的事情了。

**记者：**

你的书中，每一页都能看到奥林匹斯山上的神灵的影子，这些神长得与人一样，也特别好管闲事。尤其是这些神灵既具有人的善良，也拥有人的狡猾。为了利益，他们之间比人类还要勾心斗角，比人类还要尔虞我诈。

**荷马：**

在我的心目中，奥林匹斯山上的神灵，都是与我们人类一样，都是实实在在地存在。你看见他们也存在，你看不见他们也存在。他们就是自然存在的一部分，同时也是我们人类的影子。在我看来。神、自然、人全是一种东西。

**记者：**

一种东西？

**荷马：**

首先，人与神的来源是一样，都是由最高级别的神或上帝创造出来的。自然

**人性的曙光：对话前苏格拉底思想家**

也不例外。你所熟悉的柏拉图，他把世界上的生物分为四种类型：天上的诸神、飞翔的有翅物、水族、陆地上的生物。无论是柏拉图说的各种神灵，还是其他如人一样的动物，都是由最高层次的神创造出来的。因此我说人神是同源的。其次，神界与人界，都奉行严格的等级制，在我们这儿，宙斯就是我们的皇帝。印度人奉行的是把人分成四大等级的种姓制度，你们中国虽然没有那么露骨，但在实际生活中，你们社会的分化厉害程度一点也不比印度差，凡人分三六九等，职业有三教九流，皇帝就是你们的神。

**记者：**

还有吗？

**荷马：**

当然啦！第三点，从本性上看，人的本性、神的本性与自然的本性，都是善恶并存，但其核心则是恶的。即便是那些伟大得不得了的神，也经常为了一点点的欲望，为了一点点的私利，而大开杀戒。一点也不比人好到哪里去。

**记者：**

柏拉图在他的《理想国》列举了你很多对神灵大不敬的话，例如你说某一个神灵说"宁愿活在人世做奴隶啊，跟着一个不算富裕的主人，不愿在黄泉之下，统率灵魂。"你的诗里还说，某一个神灵，"魂灵儿离开了躯体，它飞往哈德斯的宫殿，一路痛哭着运命的不幸，把青春和刚气一起抛闪"；你说，某一神灵，好像叫什么赫淮斯托斯，"手执酒壶，绕着宴会大厅忙碌奔跑；极乐天神见此情景，迸发出阵阵哄堂大笑"；你还说，某个神灵，"提壶酌酒，将酒杯斟得满满的，丰盛的宴会上麦饼、肉块堆得满满的。"尤其是……

**荷马：**

快点说。

**记者：**

柏拉图还说你曾如此说过宙斯大神，"当其他诸神，已入睡乡，他因性欲炽烈，仍然辗转反侧，瞥见赫拉浓妆艳抹，两情缱绻，竟迫不及待露天交合。"

**荷马：**

我是这么说的啊！有什么不对吗？

**记者：**

那按照你这么一说，似乎天上的神灵与我们人间的凡人是一样了，哪有什么神性可言！

**荷马：**

神性本来就是一种虚构，它与人性本来就是一对同义词。

**记者：**

原来如此。不过话说回来，自然界是我们人类的衣食父母，她何以如神或人一般的险恶？

**荷马：**

所谓自然，无非是那些山水草木，风火雷电，还有什么昼夜更替、四季轮转……表面上人们仅仅看到风和日丽的太平盛世，而很少看到自然的凶险。你或许也了解每天有很多物种灭绝于地球之上，那么是什么造成这些物种的灭绝的呢？毫无疑问就是自然。那狂扫天下的飓风，那撼动地球的地震，那吞灭一切的大火……不知道让多少生灵湮灭消亡。这些所谓的自然，就是人类自身的缩影，就是放荡不羁的上帝，它们所给予世间的善，与其施加于世间的恶比较起来，那简直不可比。

**记者：**

经你这么一提升，一归纳，我大有一种醍醐灌顶的彻悟，你说得对，还真是那么回事。但是至于万物之间，何以具有如此本质性的共同性，会不会与万物之间都具有某种共通的精神性的东西，如人们通常说的"灵魂"有关？古希腊哲学家毕达哥拉斯说过，万物之间都是相通的，让植物、动物、人类以及那些似乎并没有生命的存在之间相通的，是存在于万物之中的精神，这种精神或者说灵魂可以在各种物种之间相互转移，互通共享。

## 六　灵魂不死：更是一种不幸

**记者：**

我以前一直以为，你所生活的时代，希腊人总相信人死后灵魂是不死的，这是为了寻求某种心灵上的安慰，而在看过你的《奥德赛》以后，才感觉似乎并非那么

# 人性的曙光：对话前苏格拉底思想家

回事。

**荷马：**

你的感觉没有什么不对，相信灵魂不死，对我们来说，并非是一种慰藉，而是一种不得不接纳的痛苦和不幸。

**记者：**

根据希罗多德在《历史》中的记载，似乎埃及人也是这么看的，与你是惊人地相似，甚至可以说是惊人地相同。

**荷马：**

的确如此。在埃及人看来，人死后，灵魂要经历三千年的轮回才能重新转世做人。其间，人的灵魂要历经陆地上的走兽、水中的鱼类和空中的飞鸟。

**记者：**

其间的历练想必不会一帆风顺吧？

**荷马：**

自然的，在埃及人看来，人的灵魂必须要对其生前所犯下的各种恶行负责。一般人死后，灵魂要经历飞禽走兽几个阶段才能重新做人，而对那些贫苦的人，则非得到阴曹地府里遭受万千苦难，才会有再度为人的可能。

**记者：**

你们希腊人也是如此看法，是吧？

**荷马：**

是啊，在这一点上，我们希腊人与埃及人几乎没有什么区别。大英雄奥德修斯归乡途中，在地府遇到已经故去的阿喀琉斯，他们之间的一段对话，就清楚地表达了我们希腊人关于灵魂不死问题的看法。

**记者：**

请你介绍一下。

**荷马：**

遇到自己心目中的大英雄阿喀琉斯，奥德修斯由衷地表达了自己对他的敬仰："阿喀琉斯，我看从古到今没有比你更幸福的人了；你从前活着的时候，我们阿凯亚战士们对你像天神一般尊崇，现在你在这里又威武地统率着鬼魂们；阿喀琉斯，你虽然死了，你也不必悲伤。"

**记者：**

阿喀琉斯的答复是？

**荷马：**

我会说的。面对奥德修斯的安慰，这位曾经盖世无双的阿喀琉斯说道："光荣的奥德修斯，我已经死了，你何必安慰我呢？我宁愿活在世上做人家的奴隶，侍候一个没有多少财产的主人，那样也比统率所有死人的灵魂要好。"

**记者：**

好死不如赖活着！一个堂堂的大英雄竟然说出这样的话，真让人感到汗颜啊！难怪苏格拉底、柏拉图师徒都主张对你的史诗予以删改呢！

**荷马：**

笑话，我们希腊人都是这么看的。只要能活着，受点苦，受点累，无所谓，到了阴间，再威风，也是毫无意义的。只要有一丝一毫的可能，还是要坚持活着。在那个特殊的地方，灵魂遭受数不尽的磨难，是一种不幸啊，谁不梦想早一点逃离苦海呢！

## 七　傲慢者必亡

**记者：**

犹太教和基督教的《圣经》有云，上帝欲使人灭亡，必先让其疯狂。

**荷马：**

我只听说过奥林匹斯教，也听说过俄尔甫斯教和厄琉息斯秘仪，也偶尔听说过奥菲斯教，但从来没听说过什么犹太教，更没有听说过基督教，但是它们的《圣经》说的这个观点，我是赞成的。

**记者：**

你在《伊利亚特》中塑造的那个超级大英雄阿喀琉斯，令天下无数俊男美女为之折腰，为之神魂颠倒，但我感觉你对此人似乎并非无条件地欣赏，是不是？

**荷马：**

何止不是无条件地欣赏，有时候，我对此人感到发自内心的厌恶。

人性的曙光：对话前苏格拉底思想家

**记者：**

为什么呢？

**荷马：**

此人傲慢、狂妄、血腥、自私、毫无人性……

**记者：**

想不到你对你诗篇中的主人公会有如此的负面评价。

**荷马：**

阿喀琉斯的狂妄、傲慢，最集中地体现在他对特洛伊英雄赫克托尔尸体的侮辱上。

**记者：**

阿喀琉斯是如何做的？

**荷马：**

撇开特洛伊战争的原因不说，特洛伊人已经为他们的过失付出了惨重的代价。阿喀琉斯在决斗中击败了特洛伊人的主将赫克托尔，竟然不顾死者在咽气之前恳求其善待自己遗体的至哀之言，怒骂要让野狗来啃食其尸体……

**记者：**

骂一骂无所谓，问题是他是如何做的呢？

**荷马：**

毫无人性，这个疯子不仅从语言上侮辱死者，在行动上更是让人愤怒。他将赫克托尔的尸体拖在战车的后面，扬鞭驱车狂奔，拖着尸体在地面上扬起漫天尘土。

**记者：**

真是太过分了！这些所谓的赢家，这些所谓的强者，一旦得势，他们往往都会做出疯狂的举动，侮辱失败者，要挟同盟者，并自以为从此老子天下第一，想干什么就干什么……成则王侯败则寇，溥天之下似乎都是这样，谁也奈何不了这些人。

**荷马：**

并非如此，命运之神是公平的。傲慢者，必疯狂；疯狂者，必灭亡。善恶终有报，命运之神，一定会用同等的手段来对待你的。

记者：

是吗？

荷马：

赫克托尔临死之前对阿喀琉斯说："我的乞求没有打动你的心，你是铁石心肠的人。但你要当心神的愤怒！他会轮到你的！"

记者：

这是赫克托尔说的？

荷马：

其实是我说的。

记者：

结果如何？

荷马：

拥有强大力量的那些人，身居高位有权有势的那些人，往往拥有某种疯狂的荣誉感。在这种疯狂的荣誉感驱使之下，他们毫无顾忌地放纵自己私心的膨胀，毫不怜悯失败者的不幸；他们的愤怒、张狂，必然触犯诸神，必然激怒众人，最终的下场就是一个：灭亡，可耻的灭亡！

记者：

强大者之所以会疯狂，原因在于他认为自己无敌于天下。

荷马：

是的，但这是一厢情愿的梦想。强者确实强大，但并非强者时时都强大，处处都强大。强者常常也有致命的弱点，而这些弱点往往是可以令其一击致命的弱点。阿喀琉斯虽然刀枪不入，但他最终还是痛苦地死于毒箭，就是明证。

## 八　认识你自己

记者：

我们之间越谈越近了。

荷马：

你听说过"认识你自己"这句话吗？

## 人性的曙光：对话前苏格拉底思想家

**记者：**

这句名言是泰勒斯提出来的，此人是古希腊七贤之一，哲学家，数学家，天文学家，是著名的学术团体——米利都学派的创始人，亚里士多德说他是自然科学的创始人。至于是谁把"认识你自己"这句话刻到阿波罗神庙前，这个我倒没有考证过，因而就不得而知了。

**荷马：**

泰勒斯是哲学史第一人，他在哲学上的最大贡献，就是他开创了对宇宙万物多样性中统一性的研究，提出水是万物的起源；相传他还准确预测了公元前585年出现的一次日食，这也足见他在科学上的造诣。不过这些只是顺便说说。我要说的是，认识自己，绝非易事，路径也因人而异，万千法门，各有归宗。

**记者：**

愿闻其详。

**荷马：**

有人恨不得把人切成肉丁，剁成肉酱，放到显微镜下，放大一千倍、一万倍进行观察，去弄清楚人是由多少斤血、多少斤水、多少块骨头、多少斤肉所组成。用你们的话讲，这种方法叫作物理学方法。有人通过研究人的一言一行，甚至去研究人的梦来把握人的性质，这就是心理学方法。有人……

**记者：**

不说别人了，就说你吧。

**荷马：**

我的方法显然与这些人不同，这些人用的是化整为零、由表及里的研究方法。我的方法是把人放到大自然的天平之上，放到与神灵的关系之中去把握人类，是化零为整、见微知著的整合式研究方法。我研究神就是研究人，研究大自然就是研究神，同样，研究大自然也就是研究人类了。

**记者：**

我知道你的意思，研究神灵，认识神灵，就是为了认识人类自身。

**荷马：**

看来你是明白了。

## 附：荷马简传

荷马（Homer，约公元前9世纪—前8世纪），古希腊盲诗人，他根据民间流传的短歌综合编写了两部关于特洛伊战争的长篇叙事史诗《伊利亚特》和《奥德赛》，两部作品也被合称为《荷马史诗》，并在很长一段时间里影响了西方的宗教、文化和伦理观。《荷马史诗》内容非常丰富，无论在艺术技巧或者历史、地理、考古学和民俗学方面都有许多值得探讨的东西。它在西方古典文学中一直享有最高的地位，被公认为人类古代最伟大的史诗。

# 第二章 历史退化论
## ——对话赫西俄德

## 引 子

我们的主人公是一位神话学家,亚里士多德曾经说过,"爱好神话的人,在某种意义上便是喜欢智慧的人,即哲学家。"神话学家在告诉人们各种新奇故事的同时,也启迪人们从事哲学上的思考。或许正是因为这个原因,西方一些学者常常把赫西俄德视为第一位前苏格拉底哲学家。

赫西俄德是西方最古老的神话著作《神谱》(*Theogony*)的作者,他以神话故事的形式,告诉了人们万物一体的道理。他在另一本著作《工作与时日》(*Works and Days*)中提出历史退化论,更值得我们认真思考,这个观念时刻在拷问着当代人对达尔文主义进化论的信仰。

## 一 农民作家

**记者:**

很多人认为,你是古希腊第一位个人作家。

**赫西俄德:**

这种说法不准确,在我之前还有荷马,我最多排第二。

**记者:**

很多人并不认为存在荷马这样一位诗人,他们认为广泛流传的两部史诗《伊里亚特》和《奥德赛》是好多人拼凑起来的东西,荷马更像是一个假言托事的符号。而你就不同了,绝大多数人都认为《工作与时日》《神谱》是你的作品。所以,绝大多数人都认为你是古希腊真正的第一位个人作家。

## 第二章 历史退化论——对话赫西俄德

**赫西俄德：**

谢谢人们对我的抬爱。

**记者：**

12世纪拜占庭有一位学者兼诗人，叫约翰·泽泽斯（John Tzetzes），他曾在著作中说，根据亚里士多德的说法，你赫西俄德只比哲学家毕达哥拉斯早一代人。如此一推算，那么，你的出生时间和主要活动时间，大约是在公元前7世纪以后。作为当事人，你说一下，你出生的大概时间到底是在什么时候？

**赫西俄德：**

泽泽斯的说法明显是错的。如果他看过我的《工作与时日》，就不应该认为我是公元前7世纪以后出生。我的书里说的那些情况，明显属于公元前7世纪以前的事。如果我出生在公元前7世纪以后，那些事情是不可能出现的。我的出生时间至少比他说的早一个世纪。

**记者：**

在这一点上，你应该最具发言权。无论是亚里士多德，还是泽泽斯的说法，都是不准确的。

**赫西俄德：**

谢谢你的理解。

**记者：**

写作是一件既需要闲暇，也需要财富的事情。在公元前8世纪上半叶那个时候，你就能够著书立说，足以说明你的家庭至少是一个小康之家。我感兴趣的是，你的父亲是一个什么样的人？

**赫西俄德：**

我的父亲是一位农民，我的家乡在中希腊波俄提亚（Boeotia）一带。我的父亲原来并不在这里，他原籍是小亚细亚的爱奥尼亚境内的殖民城邦库麦城（Cyme）。我的父亲是一位标准的农民，但是，在种田之余，他还经常驾船出海，搞一些海外贸易。尽管如此，也很难维持家庭的生计。为摆脱可怕的贫困，我的父亲离别了故土，迁居到希腊的大陆波俄提亚一带，我记得，我们家最早的村庄是阿斯克拉村（Ascra）。到了这里，我的父亲继续种田，还养了不少牲口。农闲时候，他就像以前一样，驾船出海，做点生意。日积月累，积累了一定的财富，使得我们成为一个小康之家。如果没有父亲的勤奋，我也就不可能得到一个很好受教育的机会。

## 二　家丑不可外扬

**记者：**

听说你曾经和你的亲兄弟打过官司，有这事吗？

**赫西俄德：**

我有个兄弟名字叫佩耳塞斯（Perses），我们之间确确实实打过官司。

**记者：**

手足之间为什么要对簿公堂呢？

**赫西俄德：**

人为财死，鸟为食亡，都是钱惹的祸。

**记者：**

愿闻其详。

**赫西俄德：**

我的父亲去世以后，我的兄弟因为遗产问题和我发生矛盾。他通过贿赂官府，拿走了大部分遗产。鉴于手足之情，我也没有说什么。

**记者：**

后来呢？

**赫西俄德：**

后来，他游手好闲，贪图享乐。他把分得的遗产挥霍一空之后，就回家求我救济。

**记者：**

你救济他了吗？

**赫西俄德：**

当然了。但是，他的胃口太大，一当我对他不予理睬，他就挑起诉讼，来折腾我。

## 第二章 历史退化论——对话赫西俄德

**记者：**

你是作家，你的兄弟是个无赖，你还真不一定是他的对手。

**赫西俄德：**

还倒不是。但无论如何，我认为我的兄弟不应该挥霍遗产，应该好好做人。我之所以要写《工作与时日》这首长诗，目的就是要劝世人好好做人。

**记者：**

有了遗产，你是不是才因此获得了闲暇，从事写作的呢？

**赫西俄德：**

可以这么说。有了父亲的遗产之后，我并没有认为自己是个有钱人。我依然像父亲一样，做一个本分的农民，过着勤劳朴素的生活。

**记者：**

你的父亲经常泛舟大海，到处做生意，你也做过生意吗？

**赫西俄德：**

没有，这是我与父亲不一样的地方。我是一个宅男，我愿意待在家乡，不想东奔西跑，也从来没有乘船到大海游玩过。

### 三 我没有见过荷马

**记者：**

你说你特别喜欢待在家里，是个宅男，很少到外面游玩？

**赫西俄德：**

没错。

**记者：**

有人说，你曾经到外地去参加一次与荷马的诗歌比赛。

**赫西俄德：**

经你这么一提醒，我想起来确实去过一个叫欧波亚（Euboea）的卡尔克斯城（Chalcis）。

**记者：**

你去哪里干什么呢？

## 人性的曙光：对话前苏格拉底思想家

**赫西俄德：**

当时我们的国王安菲达玛斯去世了，依照惯例，政府应该为他举行葬礼，并举行各种各样的比赛，其中的一项就是诗歌比赛。

**记者：**

听说你在诗歌比赛中获了大奖？

**赫西俄德：**

是获奖了，礼品是一尊三角鼎。

**记者：**

这个鼎现在还在吗？

**赫西俄德：**

开玩笑。我已经离开人间好多年了，我怎么能够知道这个三角鼎现在还在不在呢？总之，在当时，我把三角鼎献给安放在赫利孔山上的缪斯女神。我想通过献祭，感谢缪斯女神，感谢她赐予我智慧，指引我走上诗歌创作的道路。

**记者：**

你是个知恩图报的人呐。

**赫西俄德：**

应该如此。

**记者：**

有一种说法，想和你确认一下。

**赫西俄德：**

什么说法？

**记者：**

我刚才提到的泽泽斯先生在他的著作中说，你曾经与荷马举行同场诗歌比赛。这个比赛，就是在你所讲的欧波亚王安菲达玛斯去世的葬礼上举行的。据说死者的兄弟担任比赛的评判主席，他的名字叫潘尼德斯，最终，他把奖品颁给了你。理由是，你赫西俄德教人以勤劳和智慧，而荷马却宣扬战争和残杀。总之，泽泽斯振振有词说，你与荷马是同台参加过诗歌比赛的。根据我掌握的信息，都说你与荷马PK过。你和那么有名的大诗人进行同台比赛，而且还获奖，足以证明你是一个了不起的诗人。

**赫西俄德：**

哎，这种说法有问题。获奖是没有问题的，三角鼎也是没有问题的。但是，我从来就没有见过荷马，当时我的竞赛对手肯定不是荷马，而是别的什么人。至于到底是谁，说实话，我真的记不清楚了。

## 四 生死有命

**记者：**

修昔底德说，有一个神秘的神谕说，你赫西俄德必然会死在某个特定的地方。

**赫西俄德：**

他说我注定要死在什么地方呢？

**记者：**

修昔底德说，神谕里讲，你赫西俄德必然会死在一个名字叫作尼米亚（Nemea）的地方。

**赫西俄德：**

修昔底德说的没错，我确确实实是死在一个叫尼米亚地方。这一点，我可以证明。

**记者：**

那修昔底德所讲的神谕，是真是假呢？

**赫西俄德：**

是真的。

**记者：**

你知道这个神谕吗？

**赫西俄德：**

我知道。在卡尔克斯城参加完诗歌比赛以后，我去了一趟德尔菲神庙，并求了一个神谕。这个神谕说我会死在一个叫作尼米亚美丽的宙斯圣林里。当时，我知道亚哥利斯（Argolis）有一个地方叫尼米亚。当时，为了避开这个地方，我去了罗克里斯（Locris）的俄诺埃（Oenoe）。

**记者：**

你既然再也不去尼米亚，那说明神谕有问题，不准确。

**赫西俄德：**

听我继续说，在俄诺埃，我得到了我的朋友菲古斯的两个儿子安菲法尼斯和盖纽克托的热情款待。

**记者：**

这不挺好嘛。那怎么会说你死在尼米亚呢？

**赫西俄德：**

你别急嘛，听我慢慢说。在他们家中，我的两个朋友竟然怀疑我勾引他们的妹妹，便将我杀死，抛入海中，三日后我的尸体被海豚驮到岸边，最终被葬在俄诺埃。

**记者：**

如此说来，那个神谕是胡说八道。

**赫西俄德：**

不是这么回事。我怎么也没有想到，在这个地方，也有一个尼米亚的宙斯庙。原来，神谕里所讲的宙斯庙，在这个地方竟然也有。由此可见，神谕之所以称为神谕，的确有其神奇之处啊！

**记者：**

这完全是巧合嘛！

**赫西俄德：**

你可以这么认为。但在我看来，这是命运所定，不可违抗。

## 五　万神一家

**记者：**

你的《神谱》据说很难看。

**赫西俄德：**

很难看？什么意思？

**记者：**

看不懂呗！

## 第二章 历史退化论——对话赫西俄德

**赫西俄德：**

看不懂，就不看了呗。

**记者：**

好多人说你是西方第一位前苏格拉底思想家，研究西方思想，你这条河是绕不过去的。所以，尽管知道你的书不好懂，但人们还是希望通过研究能探窥门径。

**赫西俄德：**

谢谢你们对我的著作和我思想的关注。

**记者：**

你可否将你的著作《神谱》的内容简单地介绍一下？

**赫西俄德：**

可以。我这本书是一部长诗，它包括三个部分：第一个部分是宇宙谱，第二个部分是神谱，第三个部分是英雄谱。宇宙谱谈的是宇宙演化。神谱写的是关于神的家族的历史，在这些神中，宙斯是中心，还有另一个神，叫克罗诺斯，是另一个中心。

**记者：**

宙斯，我非常熟悉，但克罗诺斯，我不了解。英雄谱写什么？

**赫西俄德：**

在英雄谱里，我写的是英雄的家族史。这些英雄，一半是神，一半是凡人。

**记者：**

你写这本书，想表达什么思想呢？

**赫西俄德：**

我无非是讲神话故事，没有什么太多的考虑。但有一点心得，那就是：从宇宙到神灵，从神灵到半人半神的英雄，似乎都来自一个家族。

**记者：**

你的意思是说，所有神灵都是一家人？

**赫西俄德：**

是的。

**记者：**

也就是说，整个宇宙的产生具有某种内在的一致性？

人性的曙光：对话前苏格拉底思想家

**赫西俄德：**

我有这种心得，也就是感觉。但总体讲，我不像那些哲学家动不动就上升到追究世界的统一性的高度，我无非就是在讲故事嘛。

# 六　宙斯：众神之王

**记者：**

在你的神灵体系中，我感觉你处处把宙斯放到至高无上的地位。你为什么要这么安排呢？

**赫西俄德：**

在我们那个时代，希腊流传着三种宗教。

**记者：**

哪三种？

**赫西俄德：**

就是奥林匹斯崇拜、俄尔甫斯教和厄琉息斯秘仪。

**记者：**

奥林匹斯崇拜？这是一种什么宗教呢？

**赫西俄德：**

那就是奥林匹斯教呗。它崇拜的对象，就是宙斯、阿波罗和雅典娜这些神灵。

**记者：**

俄尔甫斯教派和厄琉息斯秘仪，以谁为崇拜对象呢？

**赫西俄德：**

它们崇拜的对象，一个是德墨忒尔，一个是狄俄尼索斯。

**记者：**

很显然，你们希腊的宗教是多元化的，崇拜的对象也是五花八门。

**赫西俄德：**

如此混乱的体系，不仅扰乱天宫，也扰乱人间。荷马把宙斯塑造为天上人间至高无上的统治者，并把其他教派所崇拜的神灵都降到宙斯臣仆的地位。这一点，我是非常赞同的。

**记者：**

你的意思是说，在这一点上，你继承了荷马，而非你的首创？

**赫西俄德：**

是的。这本来就不是我的首创，我只不过是继承了荷马，更系统化地安排了希腊诸神的体系。在这里，宙斯成了万王之王，万神之神。

**记者：**

很显然，经过你与荷马的设置，希腊的宗教已经出现了一神教的苗头了。

**赫西俄德：**

本来就应该如此。

## 七 从黄金时代到铁器时代

**记者：**

我读过你们西方哲学家卡尔·波普尔写的一本书，书的名字叫作《开放的社会及其敌人》。

**赫西俄德：**

他说什么？

**记者：**

波普尔说在西方人中，你是第一个提出历史决定论的人。

**赫西俄德：**

他是什么意思呢？

**记者：**

所谓历史决定论，就是对历史发展方向到底是进化还是退步做出明确表示的一种说明。在我们这个时代，普遍认同你们西方人达尔文提出的进化论，认为历史是越来越进步，越来越美好。你是不是也是这个观点？

**赫西俄德：**

我在《工作与时日》中明确地提出，历史的发展是一代不如一代，一天不如一天，一年不如一年。总之，是越来越退化。

## 人性的曙光：对话前苏格拉底思想家

**记者：**

可否请你系统地介绍一下你的历史退化理论？

**赫西俄德：**

可以。在我的著作中，我将历史分为五个时期。

**记者：**

哪五个时期？你能不能先你所处的时期说起，再往前推？

**赫西俄德：**

当然可以。在我对历史的划分中，我所处的时代，是铁器时期，是历史上最糟糕的时代。在这个时代，让人难以容忍的苦力劳动，登峰造极的自私是一种普遍的现象，人类堕落到了极点，是整个历史发展线条中最糟糕的时代。

**记者：**

往前推呢？

**赫西俄德：**

往前推是英雄时期，也就是特洛伊战争发生的那个时期。在那个时期，半人半神的英雄们在特洛伊和第比斯进行血腥的战争。虽然有战争，但是，也比铁器时代要好。

**记者：**

再往前又是什么时期呢？

**赫西俄德：**

再往前为青铜时期。在那个时期，各个种族凶暴、好战，自我毁灭。

**记者：**

再往前是不是比青铜时期稍微好一点呢？

**赫西俄德：**

当然是了。再往前是白银时期，是宙斯和年轻一代朝气蓬勃的神灵统治的时代。在那个时期，与之前的时期相比，人们失去了原先那些受尊敬的品德，奢侈、傲慢开始成为社会的主流，但远比青铜时期要好。

**记者：**

按照你的逻辑体系，再往前推，应该是人类最好的时期。那是一个什么时期呀？

**赫西俄德：**

那是人类发展的最好时期，我把它命名为黄金时期。在黄金时期，人们是无病无灾，衣来伸手，饭来张口，人们不需要劳动，就能够获得一切所需要的东西，这是人类最幸福的时期。在这里，古老的神灵统治着人类，人们幸福无比。

**记者：**

很显然，你的理论属于历史退化论。

**赫西俄德：**

退化就退化吧，历史本来就是如此。我相信，到了你们的这个时代，肯定还远不如我所在的这个时代呢。

## 八　宇宙的诞生与演变

**记者：**

你是如何解释宇宙的产生的呢？

**赫西俄德：**

如果你愿意，我可以给你讲一讲。

**记者：**

请讲。

**赫西俄德：**

在世界之初，首先出现的是卡俄斯（Chaos）。

**记者：**

何谓卡俄斯？

**赫西俄德：**

就是混沌。

**记者：**

何谓混沌？

**赫西俄德：**

一种无秩序的存在，类似某种黑夜的东西。

# 人性的曙光：对话前苏格拉底思想家

**记者：**

请继续讲。

**赫西俄德：**

接着出现的是宽广的土地，就是大地之母盖亚（Gaia）。在大地之上，屹立着巍峨的奥林匹斯雪峰，雪峰之巅，居住着那些永远都不会死的各种神灵。

**记者：**

你的意思是说，大地之上是奥林匹斯雪峰，雪峰之上，居住着永生的神灵。

**赫西俄德：**

是的。当然了，与这挺拔的山峰相对应的是大地之下幽暗的塔耳塔洛斯（Tartarus）。

**记者：**

接着呢？

**赫西俄德：**

然后，混沌中，产生了黑夜之神厄瑞波斯（Erebus）和黑暗女神倪克斯（Nyx）。厄瑞波斯和倪克斯又生下了以太之神埃忒耳（Aether）和白昼女神赫墨拉（Hemera）。

**记者：**

盖亚是众神之母啊。

**赫西俄德：**

是的。她还孕育了天空之神乌拉诺斯（Uranos）、海洋之神蓬托斯（Pontus）和山脉之神乌瑞亚（Ourea）。大地之神盖亚还和天空之神乌拉诺斯生下了海洋之神俄刻阿诺斯（Oceanus）。

**记者：**

你讲的这些神话故事，听起来很费劲。但是我感觉，你是在借助神话的语言，来阐述宇宙的产生，并做出某种解释。

**赫西俄德：**

或许是吧。我们这些爱讲神话的人，也不能仅仅停留在讲神话上。如果能够借助神话，思考宇宙方面的大事，自然更好。

## 九　海洋之神俄刻阿诺斯

**记者：**

很多研究西方哲学的人，都认为泰勒斯是西方第一位哲学家，是他提出水是万物之源。但是也有很多资料说，把海洋和水视为万物根源的思想，是你提出来的。

**赫西俄德：**

我不知道你说的泰勒斯是何许人也。但是，在我那个时代，甚至是我之前的荷马时代，很多人都认为海洋和水是万物产生的根源。也就是说，这个观念并不新奇。

**记者：**

那荷马是怎么说的呢？

**赫西俄德：**

你研究过荷马的史诗，应该比我清楚啊。

**记者：**

他的史诗那么厚，到现在我也没有认真地通读过。

**赫西俄德：**

荷马在《伊利亚特》中是这么说的，俄刻阿诺斯是围绕大地的江河之神，是万物之源。荷马说，从俄刻阿诺斯的深水伟流那里，确实流出了全部的江河、全部的海洋和全部的东西。在荷马看来，俄刻阿诺斯是秩序井然的宇宙背后最终的力量，是一切有生命的东西所赖以生存的神。

**记者：**

荷马真的讲过这样的话？如此说来他比泰勒斯更早提出水是万物之源的啦？

**赫西俄德：**

没错，在我们那个时候有一种宗教叫奥菲斯教，也持有类似的看法。

**记者：**

不说奥菲斯教了，你是怎么看的呢？

人性的曙光：对话前苏格拉底思想家

**赫西俄德：**

我在《神谱》中是这么说的：海洋之神俄刻阿诺斯是天神乌拉诺斯和地母盖亚的儿子，他又是大海女神忒提斯（Tethys）的丈夫，三千位海洋女神的父亲。

**记者：**

看到你的这些话，我想起后代一位哲学家赫拉克利特所提出的"一切皆流，无物常在"的思想，也容易让我把泰勒斯所提出的水是万物本源的思想与你的观点联系在一起。

**赫西俄德：**

联系不联系是你的事情，我只不过是在讲神话故事，顺带讲一些哲学方面的思考。

# 赫西俄德简传

赫西俄德（Hesiod），是公元前8世纪末至前7世纪初一位古希腊诗人，原籍小亚细亚，出生于希腊波俄提亚（Boeotia）境内的阿斯克拉村。赫西俄德以长诗《工作与时日》《神谱》闻名于后世，被称为"希腊训谕诗之父"。《工作与时日》包括许多忠告和理智的东西，它鼓励人们热忱地工作生活，反对休闲和不公正。《神谱》描写的是宇宙和神的诞生，对家谱学来说它是一部很有意思的作品。一些古典作家认为《列女传》也是赫西俄德的晚期作品。其内容是传说时代国王和英雄的家谱，这部长诗大多数已经失传，只有少数章节留存。

# 第三章 哲学之源
## ——对话泰勒斯

## 引 子

人们常说苏格拉底是西方第一位哲学家,其实这种说法并不准确。本篇介绍的这位才是西方第一位哲学家,他叫泰勒斯。传说在达马西亚做雅典执政官的时候,泰勒斯第一个得到"贤者"之名。西方的史书一般把泰勒斯称为希腊"七贤"之一。公元3世纪哲学史家第欧根尼·拉尔修的著作《名哲言行录》(The Lives and Opinions of Eminent Philosophers)记载说,泰勒斯死得很幸福,他是高寿而终。传说那一天是节日,他正在观看一场竞技比赛,饥饿干渴让泰勒斯倍感虚弱,烈日把泰勒斯晒得晕了过去,这位据说是千古名言"认识你自己"真正提出者的哲学家,从此再也没有醒过来。"水是万物的本原"是泰勒斯标志性哲学命题。

## 一 哲学能赚钱

**记者:**
苏格拉底有一个徒孙名字叫亚里士多德,你知道吗?

**泰勒斯:**
著作等身,一代贤哲啊。不愧是苏格拉底的学生——柏拉图教出来的好学生。不过,你为什么提到他?他与我有什么关系呢?

**记者:**
亚里士多德说你在哲学家中是有钱人,在有钱人中你是哲学家。既当个哲学家,又能当个有钱人,该是一件多么惬意的事情啊!

人性的曙光：对话前苏格拉底思想家

**泰勒斯：**

我之所以很有钱，首先是因为我出身好，我的父亲就是一个奴隶主，他手下有好多奴隶为他干活，因此我们家里不差钱。

**记者：**

其次呢？

**泰勒斯：**

什么是哲学家？哲学家就是智慧的拥有者，如果能充分利用好我们的智慧，赚钱不应该是一件很难的事情。我就是利用了哲学家的智慧赚了不少钱的。

**记者：**

这个我很感兴趣，我做梦都想做一个既有钱又有思想的人，快说说。

**泰勒斯：**

智慧和知识是有用的，智慧的价值更是无限的，我用智慧干了好多有益的事情。

**记者：**

举例说说。

**泰勒斯：**

例如，我们的吕底安国王率领军队出征波斯，因哈里斯河河水太深无法架桥，军情万分火急，一时间国王和将士们束手无策，我急中生智让士兵们开挖一条人工河，把哈里斯河的河水予以分流，这样一来，原来是一条河，现在变成两条河，河水自然浅了不少，桥很快就架起来了。

**记者：**

还有呢？

**泰勒斯：**

例如，埃及人一天到晚想知道金字塔的高度，但绞尽脑汁就是想不出什么好方法。当时我正在埃及旅游……

**记者：**

是你帮助他们解决的？

**泰勒斯：**

我选择一天的某一个时刻，在这个时刻，我的身高与影子的长度是相同的，这时候只要测量出金字塔影子的高度，就可以知道金字塔本身的高度了。

**记者：**

有点水平。再例如？

**泰勒斯：**

再例如，人们对日食很恐惧，人们都把日蚀视为某种神秘的现象。但在我看来，这是一种自然现象。公元前585年5月28日的那场日食，就是我提前若干年预测出来的，这也是智慧在起作用啊！再例如，我曾经制作了一个仪器，让人们在海上航行时一边航行一边也能知道彼此的距离。我还指导水手们如何应用小熊星星座来导航，这对他们出门远洋航行非常有好处。再例如……

**记者：**

我服了你了，你还是讲讲你是如何利用你的智慧一夜致富的吧。

**泰勒斯：**

看来你是穷怕了。拥有智慧而贫穷，那就与拿着一个金饭碗到处乞讨没有什么区别。一个哲学家，可怜巴巴一辈子，穷得要死，还真让人怀疑他的智慧是真是假。

**记者：**

一定要实事求是，不要讲故事。

**泰勒斯：**

当然是。我曾经利用自己掌握的天文学知识，预测到来年的橄榄会有一个很好的收成，而其他人都不看好。于是我拿出手头的一小笔钱租赁下米利都和附近所有的榨油机。由于当时没有人和我竞争，租赁费特别低，可以说低得可怜，几乎是不要钱。到了收获季节，橄榄大丰收，突然间需要很多榨油机，于是我就把这些榨油机租出去，想想真痛快！当时我是想要多少钱就多少钱。我一夜暴富就是这么来的。因此，只要我们用好智慧，想赚多少钱就能赚多少钱。不过赚多少钱对我们这些哲学家来说并非目的所在。

## 二 因为科学所以哲学

**记者：**

德国思想家恩格斯在《自然辩证法》一书中，说你是"最早的希腊哲学家，

# 人性的曙光：对话前苏格拉底思想家

同时也是自然科学家"，是这样吗？

**泰勒斯：**

恩格斯显然对我是礼敬有加啊！哲学的首要研究内容就是关于宇宙世界的本质、命运和归宿。何谓宇宙？在你们汉字里四方上下就是"宇"，就是空间；古往今来就是"宙"，就是时间。

**记者：**

是的。

**泰勒斯：**

因此，谁如果想成为一名哲学家，就首先得成为一名科学家，就得研究时间，就得研究空间。如果我对自然科学一窍不通，那就根本不可能成为一个哲学家。如果你有志于把哲学作为一种职业，首先就得精通科学，这是搞哲学的前提。

**记者：**

我记得你提出过"水是万物的本原"这个哲学命题，还真不知道你搞过什么自然科学研究，你有什么科研成果呢？

**泰勒斯：**

你真是只知其一，不知其二了。

**记者：**

愿听指教。

**泰勒斯：**

首先，我是古希腊第一位天文学家，我准确地预言出了公元前585年5月28日在小亚细亚发生的那一次日食，你要知道在公元前六七百年那个时代，能够知道某一种天文现象存在一定周期性规律的人，是凤毛麟角的，是屈指可数的。不是人间超人，是不可能有此功力的。我还写过几本书，其中一本名字叫《航海星象学》，是用叙事诗体写出来的。

**记者：**

厉害！还有吗？

**泰勒斯：**

还有，也可以说是其次吧，我还是一位数学家。

**记者：**

数学家？你提出过什么原创性的数学命题没有？比如什么数学定理啊、公式啊，等等。

**泰勒斯：**

当然有，而且很多啊。

**记者：**

说来听听，我很好奇。

**泰勒斯：**

1.圆周被直径等分，是我提出的。2.两条直线相交时，对顶角相等，是我提出的。3.等腰三角形的两底角相等，是我提出的。4.如两个三角形的一边和两邻角彼此相应和相等，则这两个三角形完全相等，是我提出的。5.内切半圆周的三角形是直角三角形，这也是我提出的……

**记者：**

不可能吧，这些以前我可是闻所未闻啊。

**泰勒斯：**

你凭什么说不可能？你去翻翻第欧根尼·拉尔修的《名哲言行录》，你去翻翻帕普斯的《数学汇编》，你去翻翻欧德谟斯的《几何史》，你就不会怀疑了。

## 三 万物皆因水而来

**记者：**

我相信你说的是真的。据说你有一句传世格言："水是最好的"，你说这句话意味着什么？

**泰勒斯：**

在人们的记载中，"希腊七贤"每个人都有一句格言，"水是最好的"确实可以归到我的名下，严格来说，如果把这句话改一下，或许能更加准确地代表我的意思。

**记者：**

如何改呢？

人性的曙光：对话前苏格拉底思想家

**泰勒斯：**

改为"水是万物的本原"，这句话的真实含义就是：水是万事万物的本原，地则是一个圆筒或圆盘浮于水之上，天上是水，地下也是水，万物生于水而最终归于水，水是万物永远不变的本原。

**记者：**

在古希腊时代，人们看待万物，都是就事论事，很难做出什么综合性的归纳。你的说法，确实是一个历史性的飞跃啊。

**泰勒斯：**

你小看我们希腊人的智慧了，企图在世界的多样性中寻找统一性的人比比皆是。我只是其中之一而已，或者说我的做法吸引了人们的眼球，而其他人的研究则无人关注，故很多人便默默无闻了。

**记者：**

我想知道你这个命题背后的一些东西，例如，你是如何得出这个结论的？

**泰勒斯：**

来自于神话，你应当知道，古希腊的神话说，是海洋之神——奥克安诺创造了万物。古代埃及和古代巴比伦的神话说，世界之初，一切皆水，水为万物的原始形态，万物皆由水而产生。

**记者：**

神话如此说，你就如此说？

**泰勒斯：**

也不尽然。还有就是来自观察，根据我的观察，万物莫不是以潮湿的东西为滋养的原料，并依靠这些带水的物质而得以存活，还有万物的种子莫不带有水分。因此，根据这些观察，我们就不难得出这样的结论。

## 四　大地浮在水上

**记者：**

你说水是万物的本原，难道我们能说大地和土也是由水构成的？

**泰勒斯：**

毫无疑问，既然我们说水是万物的本原，也就是说万物都是由水所构成的，也最终将复归于水。那么大地和土自然也是由水构成的。

**记者：**

那我问你，大地是浸泡在水里，还是漂在水上的？

**泰勒斯：**

大地是漂在水上的，大地静止不动，而水则漂流不定。

**记者：**

那大地是什么形状的？

**泰勒斯：**

像盘子一样，是扁平的。

**记者：**

大地是扁平的？不过现代科学早已证实由大地构成的地球是圆球状的，这是连小学生都知道的常识。

**泰勒斯：**

那是后来。我那个时候能够推测大地是一个像盘子一样扁平的东西已经不错了。再说，盘子不也是圆的嘛！

**记者：**

好了好了。我们再说点别的。据说你还根据你的理论对地震做了解释。

**泰勒斯：**

是的，我刚才已经说过，水是流动的，大地是不动的，但是一旦水动起来，大地自然也会随着水的运动而相应动起来，这就是地震。

## 五　地中海是我家

**记者：**

你的所有理论似乎都建立在水是万物的本原的基础上，天下有那么多的东西，如土，如气，如火，如……你为什么要单单把水作为万物的本原呢？

人性的曙光：对话前苏格拉底思想家

泰勒斯：

你是知道的，我的家在米利都，你知道米利都在什么位置吧？

记者：

在爱琴海东岸，伊奥尼亚一带，小亚细亚西部沿海一带。

泰勒斯：

是的。你发现什么？

记者：

全是海，全是水，水是主旋律。

泰勒斯：

是的，在我生活中，水的影响太重要了，农业离不开水，工业离不开水，对外贸易离不开水，就连我们小时候整天也是在水里玩。

记者：

我小时候也是如此，整天在水里玩耍，衣服经常是湿漉漉的。

泰勒斯：

水的地位如此重要，就连做梦也都在水中进行，这必然会在我的科学与哲学活动中体现出来。最起码是重要因素之一吧。

# 六　赫西俄德的《神谱》

记者：

置身于海洋之间，必然会对你的哲学产生影响，这一点我相信。还有别的因素吗？

泰勒斯：

有。

记者：

那是什么？

泰勒斯：

古希腊的神话故事。

**记者：**

说说。

**泰勒斯：**

我们古希腊有一位伟大的作家，他的名字叫赫西俄德，在我之前一两百年，此人写了好多作品，他的《神谱》我是常看的。

**记者：**

什么内容啊？

**泰勒斯：**

《神谱》说，宇宙本来是混沌一片，后来从中分出天神乌拉诺斯和地神盖亚。天神与地神结合后生出儿子海洋之神俄刻阿诺斯和女儿海洋女神忒提斯。在我们希腊的神话中，这一对海洋之神被当作创造万物的祖先。此外，神灵们对着起誓的见证物也是水神，也就是那个被诗人们歌颂的冥河之神斯提克斯。很显然，我对水的感情，自然与这些神话传说有关。你明白吗？

**记者：**

还有吗？

**泰勒斯：**

有，除了我们本土的神话外，还有外来的神话——古代巴比伦神话。

## 七 古巴比伦神话

**记者：**

你说的古代巴比伦神话具体是指哪些神话呢？

**泰勒斯：**

古诗的名字是《奴玛·埃立希》（*Enuma Elish*），经过历史学家研究，这首古诗是用古巴比伦的阿卡德文编写的，创作时间是公元前15—前14世纪……

**记者：**

不说这些背景知识了，快说内容吧。

**泰勒斯：**

这首诗是描写宇宙太初年代景象的，我读你听：

人性的曙光：对话前苏格拉底思想家

在上天还未被提及，

下地还未被想到，

那时只有天地之父，

太初的阿普苏（Apsu）和摩摩（Mummu），

以及万物之母提阿玛特（Ti'amat），

混合着各自的水流。

那时候，沼泽还未形成，

岛屿还无处可寻；

神灵还没有出现，

既未获有名称，

也未确定身份；

在这混流当中，

后来才被造出了神灵，

才出现了拉牧（Lahma）和拉哈牧（Lahamu），

并且获得了名称。①

**记者：**

细细品味你朗诵的古诗，隐隐之中觉得作者要表达的意思，是说水是构成万物的重要元素，甚至是唯一的元素。还有别的因素吗？

## 八 观察与常识

**泰勒斯：**

还有很多很多，不胜枚举。但主要就是来自我的直接观察了。你看看：万物都以湿的东西为滋养物，而且热本身就是从湿气里产生，并靠潮湿来维持的。万物的种子都有潮湿的本性，而水则是潮湿本性的来源。动物的精子都是湿润的，植物的种子离开潮湿也是发不了芽的。还有，无论是天上的太阳和星辰，还是大气、泥土，都从水演变而来，水蒸发以后，可以变成气，而最精致的水则成为

---

① 转引自汪子嵩等著：《希腊哲学史》，第1卷，人民出版社，2014年，第135—136页。

火，水一旦变得坚硬些，就会成为土壤，因此，在构成万物的各种元素中，水最为活跃，也最为基本。正是立足这些认知，我才大胆得出水是万物的本原这个结论的。

## 九　磁石、琥珀也有灵魂

**记者：**

亚里士多德说你经常把玩和研究磁石、琥珀等小玩意儿。

**泰勒斯：**

我是科学家，一个研究自然的科学家，什么好玩研究什么。

**记者：**

那你研究磁石和琥珀有什么新发现呢？

**泰勒斯：**

磁石能够吸引金属粉末，琥珀能够吸引纸片。

**记者：**

你如何解释这种现象？

**泰勒斯：**

磁石和琥珀之所以能够吸引东西，是因为它们有灵魂。

**记者：**

灵魂？什么是灵魂？神叨叨的。

**泰勒斯：**

所谓灵魂，就是一种运动的能力，一种不仅能自己运动，而且能驱动其他物体运动的能力。

**记者：**

你是说，磁石和琥珀之所以能够吸引其他东西，是因为磁石和琥珀内部拥有一种能够运动、因而也能够驱使其他事物运动的能力？那我问你：这种能力是事物本身内部天生就拥有的，还是外来的呢？

**泰勒斯：**

天生有之。

人性的曙光：对话前苏格拉底思想家

**记者：**

依照你的说法，我们能不能这样认为：既然连磁石、琥珀这些明显是非生命的东西都拥有灵魂，那么，天下万物就都拥有了灵魂，也就是万物有灵喽？

**泰勒斯：**

可以这么说。

**记者：**

确认吗？

**泰勒斯：**

基本确认。

**记者：**

那我问你，你一会儿说水是构成万物的本原，也就是说水是万事万物的本性，一会儿你又说万物都拥有灵魂，那么，你是如何看待灵魂与水的关系呢？

**泰勒斯：**

灵魂存在宇宙之中，灵魂能够凭借自己的能力驱动水去形成万事万物，具体说，就是去形成诸如磁石和琥珀这些东西，因此灵魂自然也就深深地潜藏在万事万物之中了。

**记者：**

灵魂通过水形成万事万物，灵魂存在于万事万物之中，水成为一种中介了，是不是？

**泰勒斯：**

可以这么说。但不管你怎么认为，万事万物都拥有灵魂，这个观点是我始终坚持的。

**记者：**

在一般人的理解中，所谓灵魂，就是心灵，就是精神，就是生命，既然万事万物都拥有灵魂，就说明万事万物都拥有生命，都拥有精神。你的后辈哲学家——德谟克利特就认为石头也具有灵魂，因而石头也就是活的。

**泰勒斯：**

你说的没错，自然万物都有生命，一切形式的物质都有感觉和思维的能力，都具有情感能力。

## 十 "天上"与"脚下"

**记者:**

也是。哲学与科学发展到一定程度,这个问题自然迎刃而解了。不说也罢。最后一个问题是……

**泰勒斯:**

随便问。

**记者:**

你的学生,也就是那个柏拉图,在他的《泰阿泰德篇》中披露了这样的一件事,说你的色雷斯女奴曾经看到你因为夜间观察星星而失足跌入井中,这位姑娘对你说:"泰勒斯,你连脚下的路都看不清,谈何知晓天上的事情呢?"有这事吗?我觉得那个姑娘说得对,一个连脚下的事情都搞不定的人,怎么能够搞定宇宙的事情呢?

**泰勒斯:**

一个每天都在关注宇宙的人,未必就能够时时关注脚下的事情;但是一个把自己的全部精力用于关心脚下事情的人,是永远也搞不定宇宙的!

**记者:**

言之有理!你这句话套到处理家庭问题上似乎也是对的。一个哲学家能够看透日月星辰,但未必搞定父母妻儿们的琐事。但是,一个把全部精力都用于处理家长里短的人,是永远成不了哲学家的。

**泰勒斯:**

哈哈!正是。

# 泰勒斯简传

泰勒斯（Thales，约公元前624年—前546年），古希腊科学家、哲学家，希腊最早的哲学学派"米利都学派"（也称爱奥尼亚学派）的创始人。希腊"七贤"之一。泰勒斯出生于希腊港口城市米利都，据说曾游历埃及，跟当地祭师学习，曾利用日影来测量金字塔的高度，准确地预测了一次日食。泰勒斯试图借助经验观察和理性思维来解释世界。他提出了水的本原说，即"万物源于水"。泰勒斯还是个多神论者，认为世间充斥神灵。

# 第四章 "阿派郎":万物的本原
## ——对话阿那克西曼德

## 引 子

我们的主人公阿那克西曼德是"哲学史第一人"泰勒斯的学生。他著有古希腊第一部哲学著作《论自然》,也是第一个明确使用"本原"这个哲学范畴的人。阿那克西曼德也是个天文学家、地理学家,同时还是个发明家,他制作过日晷,装置过天体仪,还绘制过地中海一带的地图。阿那克西曼德也是一位军事家,黑海沿岸某个米利都殖民地的首领正是此人。

如果说泰勒斯是西方第一个哲学家的话,那么阿那克西曼德就是西方第一个开始对宇宙万物的构成与生成原理进行深入研究,第一个提出物质概念,并以著作形式进行阐述的哲学家了。"阿派郎"是阿那克西曼德哲学的关键词。

## 一 一位将军

**记者:**

泰勒斯是你们时代著名的哲学家、科学家,想必你应该知道吧?

**阿那克西曼德:**

怎么能不知道呢?他是我的老师,我是他的学生、继承人,也是他的朋友。他是一个典型的学者,一个十足的书生。

**记者:**

难道你不是?

**阿那克西曼德:**

泰勒斯和我一样,都是米利都本地人,我们都不是一般人家,都出身贵族。

人性的曙光：对话前苏格拉底思想家

**记者：**

历史学家希罗多德的说法与你似乎不一样。

**阿那克西曼德：**

他怎么说？

**记者：**

希罗多德说，泰勒斯的父母虽然都是贵族，但并非本地人。

**阿那克西曼德：**

他们来自哪里？

**记者：**

来自迦南，也就是你们希腊人所说的腓尼基。他们的祖上可能在政治上犯了什么错误，结果被发配到你们那个地方。

**阿那克西曼德：**

也就是被流放或者说被放逐的贵族呗。

**记者：**

你与泰勒斯认识，应该是你说得更准确一点吧。

**阿那克西曼德：**

你隔了好几千年再来问我，我也记不清了，还是以历史学家说的为准吧。

**记者：**

扯远了，说你吧。

**阿那克西曼德：**

泰勒斯自幼就是一个书生，而我则喜欢打打闹闹，也很少因为仰望星空而掉到坑里去。

**记者：**

听说你当过兵。

**阿那克西曼德：**

当过兵？你小看我了。

**记者：**

怎么讲？

## 第四章 "阿派郎":万物的本原——对话阿那克西曼德

**阿那克西曼德:**

我的祖先从事的工作是负责管理国家的祭祀业务。

**记者:**

就是烧香磕头呗。

**阿那克西曼德:**

说得倒是轻巧!烧香,磕头,在我们那个时代,这可是最重要的事情。香烧好了,头磕好了,国家的事情也就办好了。不管怎么说吧,我的父母都属于国家高级干部,管理的都是国家的大事。因此,看待国家的事情,我们就不能混同于一般的老百姓。

**记者:**

你似乎干过什么惊天动地的大事?

**阿那克西曼德:**

我带过兵,打过仗,尤其是我还率领过国王的部队远征黑海,在黑海沿岸建立了一个隶属于我们国王的殖民地,我是殖民地的领袖,相当于总督,一把手。

**记者:**

你说得挺玄乎,有证据吗?

**阿那克西曼德:**

我在那块殖民地可是家喻户晓的人物,人们都很敬重我,给我塑像,这些雕像你们后来有不少人都看过啊!

**记者:**

那说明不了任何问题,因为也有好多考古学家说,一块刻有"阿那克西曼德"名字的石头上的雕像并不是你,与你不一样。

**阿那克西曼德:**

那是什么人?

**记者:**

是一位花钱建这个雕像的人。

**阿那克西曼德:**

不可能吧。

人性的曙光：对话前苏格拉底思想家

**记者：**

其实这些都无关紧要。对我来说，你是一位科学家，更是一位哲学家。我不关心你建立了多少个殖民地，我更关心你到底提出过什么新的思想。

**阿那克西曼德：**

明白。

## 二 "科学地理学之父"

**记者：**

听说过你追随过荷马？你是个科学家和哲学家，他是个诗人，而且是个眼睛看不见任何东西的盲诗人，你们的共鸣点在哪里？

**阿那克西曼德：**

你想多了，我只不过是喜欢他的诗而已，他是一个诗人，喜欢他的诗不能说就是追随吧。不过我想知道，你是如何知道这件事的？

**记者：**

好多人都这么说。

**阿那克西曼德：**

谁啊？

**记者：**

别人我就不提了，天文学家、数学家、地理学家托勒密，你知道吧？

**阿那克西曼德：**

知道啊，托勒密怎么说？

**记者：**

托勒密说你是绘制世界上第一张地图的人。不仅如此，就连近代和现代的好多哲学家都对你取得的成就给予非常高的评价。他们说你是"科学地理学之父"呢。

**阿那克西曼德：**

有点过奖了。

**记者：**

不过，关于你绘制的那张地图，也有人说绘制得很一般。

## 第四章 "阿派郎":万物的本原——对话阿那克西曼德

**阿那克西曼德:**

谁?

**记者:**

希罗多德说过,但他没有明确说你,他只是说你当时一般性的地图绘制情况。

**阿那克西曼德:**

哦!说来听听。

**记者:**

希罗多德写的那本著名的《历史》是这么说的:"在这以前有多少人画过世界的地图,但没有一个人有任何理论的根据,这一点在我看来,实在是可笑的。因为他们把世界画得像用圆规画的那么圆,而四周则环绕着俄刻阿诺斯(海洋)的水流,同时他们把亚细亚和欧罗巴画成一样大小。"希罗多德说的对不对?

**阿那克西曼德:**

我们那个时代与你们现在这个时代不一样,除了圆规和直尺,我们什么都没有,能画到那样的程度,就算不错了。其实,我的科学研究成果远远不止这些……

**记者:**

还有什么说说看。

**阿那克西曼德:**

我发明过日晷指时针。

**记者:**

干什么用的?

**阿那克西曼德:**

我把这个东西安放在斯巴达,用来测定冬至和夏至以及昼夜平分点;地中海一带地震多,我也用这个东西预测地震。

**记者:**

还有呢?

**阿那克西曼德:**

我还发明过计时器,是用来报时用的。

## 三　不怕出丑

**记者：**

你出版过书吗？

**阿那克西曼德：**

出过。

**记者：**

出过什么书？

**阿那克西曼德：**

大概有《论自然》《大地概况》《论恒星》《天球》，等等。

**记者：**

发行量如何？赚钱吗？

**阿那克西曼德：**

你不是开玩笑吧？在我们那个时代，人们是不愿意出书的，而且也无法通过出书赚钱。为什么呢？写书就是把自己的科学研究成果公布于世，让别人去评判，一旦你说错了就等于出丑，会很尴尬的，还谈什么赚钱。

**记者：**

但你把这些研究成果公布出来了，也就是出书了，勇气可嘉啊！

**阿那克西曼德：**

相对而言，我是不怕出丑的。不过，以前人们表达哲学思想用的是神话，而我用的是散文。如果说我与别人有什么不同，这大概就是不同之处吧。

## 四　"阿派郎"为何物？

**记者：**

你的老师，也就是那位泰勒斯，把万物的本原归于水，你是他的学生，也是他的继承人，你对他的观点如何评价？

## 第四章 "阿派郎"：万物的本原——对话阿那克西曼德

**阿那克西曼德：**

泰勒斯的观点显然是不对的。

**记者：**

为什么？

**阿那克西曼德：**

在我们希腊人心目中，宇宙中最普遍的对立就是冷和热，干和湿，而泰勒斯等人所说的四种元素，即水、火、气、土正好具有这四种特征。

**记者：**

怎么讲？

**阿那克西曼德：**

水是冷和湿的，火是热和干的，气是热和湿的，土是冷和干的。

**记者：**

明白，接着说。

**阿那克西曼德：**

泰勒斯把水说成是万物的本原，很明显这种说法要比说某种神灵是万物的本原实在得多。但是，如果以水为万物的本原，有很多道理说不通。

**记者：**

不通在什么地方？

**阿那克西曼德：**

无论是你把四大元素中的任何一种说成是万物的本原，你都无法自圆其说。每种元素仅仅具有相互对立的两种性质中的一个方面，因此，你就无法解释由这些元素构成的事物的另一面的性质是如何来的，难道是从天上掉下来？同样，你也很难去解释四大元素之间何以能够相互转化。

**记者：**

这倒也是。

**阿那克西曼德：**

泰勒斯说水是万物的本原，水的本性是冷与湿，按照常理，由水构成的事物必然也都是冷和湿的。而实际上，宇宙万物显然并不都是冷和湿的，而是有热的，也有干的，这就说明，泰勒斯的说法肯定有问题。说四大元素的任何一种是

**人性的曙光：对话前苏格拉底思想家**

宇宙万物的本原，都会面临这个问题。

**记者：**

是的。

**阿那克西曼德：**

经过反复思考，我觉得构成事物的基本元素，或者叫本原，不可能是以事物自身的某种存在形式而出现，它一定是一种与所有形式不同的东西。

**记者：**

无论是水、火、气、土，依照你的观点，一切具体的物质形式，都不能作为世界的本原，你的观点是不是这个意思？

**阿那克西曼德：**

正是！唯有超越这四种元素的那种东西才是世界的本原。

**记者：**

那事物的本原到底是一种什么样的东西呢？

**阿那克西曼德：**

这种东西就是"阿派郎"（apeiron），如果我们用"阿派郎"涵盖这四种元素而又不是其中的任何一种，就可以自圆其说了。

**记者：**

我关心的是，"阿派郎"具体是什么意思？

**阿那克西曼德：**

"阿派郎"是根据读音拼出来的词组，其意思就是某种没有固定形态或固定性质的原始物质，也即是"无定形""无规定""无限制""无界定"，这种东西本身是不生不灭、无穷无尽、无边无际的。

**记者：**

你说来说去，我还是不明白，所谓的"阿派郎"到底是什么？

**阿那克西曼德：**

就是哲学家们经常说的那个概念"物质"，通俗一点，就是一种由小到大，可以全方位向四面八方无限扩展的物质，像云像雾又像雨。这种"无限"，其性质包含但远远不限于四大元素所具有的性质，这样一来，它们彼此之间的相互转化，也就很好解释了。

**记者：**

我读过亚里士多德的《物理学》，这本书也多次提到"阿派郎"这个概念，但在列举这个概念的提出者时，亚里士多德提到泰勒斯，提到赫拉克利特，提到恩培多克勒，提到阿那克萨戈拉，但就是没有提到你。似乎这个概念与你无关。

**阿那克西曼德：**

第一，泰勒斯没有提过世界的本质是"阿派郎"，他只说过"水"是万物的本原，亚里士多德可能张冠李戴。至于赫拉克利特等人则都是在我后面出生的人，他们或许是发展或者继承了我的思想，他们说过这个概念，不能代表我没有说过啊。第二，亚里士多德什么都研究，什么都不精，好多东西你不能以他说的为准，他说我没有说过"阿派郎"这个词，你就相信我没有说过这个词了？笑话，我写了那么多的书，你随便翻翻就知道了。

**记者：**

你的那些书，我没有都看过，我猜弄不好亚里士多德也没有都看过。

**阿那克西曼德：**

你这么一说，或许有些道理。亚里士多德或许根本就没有看过我的书，所以就只好随口说说了。

## 五 "无限"是神圣的

**记者：**

说来说去，你这个"阿派郎"，就是"无定形""无规定""无限制""无界定"，简单来说，就是"无限"的意思啰。那我问你：你为什么把"无限"这个玄乎乎的东西看作是世界的本质呢？

**阿那克西曼德：**

什么是本质？什么是本原？

**记者：**

我一下子说不清，你说呢？

**阿那克西曼德：**

本质、本原是一回事。所谓本原，就是再也不能从其中产生出任何其他东西的东西。如果本原以外还有一个其他的更根本的东西，那就成为限制原来那个本原的东西，它也就不是本原了。

**记者：**

"阿派郎"，也就是"无限"，符合你说的本原这个概念吗？

**阿那克西曼德：**

是的，所谓"无限"，就是最基本、最终极的东西，从这种东西里不可能再产生出其他的东西来。所以说，"阿派郎"，也就是"无限"，符合本原的定义，"无限"是唯一的最根本性的东西。因此，我才说"阿派郎"构成万事万物的本原。还有……

**记者：**

还有什么？

**阿那克西曼德：**

作为本原，是不存在生成和毁灭的，无论是生存还是毁灭，都是有终结的，而有终结就是有限制，有限制就不是无限。因此，作为本原的"无限"，还必须是永恒存在，不生不灭，它可以包容一切，支配一切。"无限"，也就是"阿派郎"，完全符合这个要求，除了"阿派郎"，再也没有其他的本原了。

## 六 "阿派郎"的矛盾性

**记者：**

你把"阿派郎"，或者说"无限"看作是万物的本原，确实比你的老师泰勒斯等人把某种具体的元素看作是万物的本原要进步不少。但是，我感觉你的理论中也存在着很多矛盾。

**阿那克西曼德：**

说说看，矛盾在哪里？你的意思是说我无法自圆其说呗。

**记者：**

我问你，物质都是可感觉的吧？也就是万物都是可以看得见、摸得着的吧？

**阿那克西曼德：**

当然，如果不能看得见、摸得着，那就不是物质了。

## 第四章 "阿派郎":万物的本原——对话阿那克西曼德

**记者:**

如果看不见、摸不着,那是什么?

**阿那克西曼德:**

你说是什么?我没有仔细思考过这个问题。

**记者:**

一个东西,如果看不见、摸不着,就不是物质,而是精神性的东西,就像幽灵。

**阿那克西曼德:**

你想说什么呢?

**记者:**

物质是看得见、摸得着的,那么构成其元素的东西,也应该是看得见、摸得着的,是不是?

**阿那克西曼德:**

当然。

**记者:**

你说"阿派郎"是构成物质的元素,那么,"阿派郎",也就是你说的"无限",也应该是看得见、摸得着的吧?那我问你:你看过"阿派郎"吗?它长多少、宽多少,轻、重、高、矮又是多少,它有颜色吗?它有味道吗?

**阿那克西曼德:**

……

**记者:**

我估计你回答不上来,因为你肯定没有思考过这个问题,这就是你理论中"阿派郎"说法存在的矛盾性。有人说,你的"阿派郎"可能是一种精神性的东西,就是某种没有形体的幽灵,但是在我看来,一个东西没有形体,是不可思议的。也有人认为你的"阿派郎"或许是某种更小的生物体一样的东西,有形体,也有精神,但只是因为太过渺小而看不见摸不着。

**阿那克西曼德:**

我是不可能思考这些问题的,有时间你去研究吧。

## 七　无限的宇宙，永恒的运动

**记者：**

你把"阿派郎"视为事物的本原，那么宇宙万物都起源于你说的这种"阿派郎"？

**阿那克西曼德：**

是的。宇宙不是静止不动的，而是处于永恒的运动之中。我说过，"阿派郎"是宇宙万物的本原，"阿派郎"中不断生成一些具有固定形态或固定性质的对立物，首先分离出来的对立物就是冷和热、湿和干。对立物分离出来以后就形成一种涡旋式的运动，涡旋运动中，那些冷而湿的东西比较重，就聚集在中心；热而干的东西比较轻，就散布在外围，形成了一个火球，把冷而湿的东西包围在里面。由于外围的火的影响，在中心的冷而湿的东西的一部分就被烤干而成为地，剩下来那部分还未干的就是水，水又蒸发而成为包围着地的云彩或者雾气……

**记者：**

你的想象力好丰富啊！接着说。

**阿那克西曼德：**

由水蒸发而成的蒸汽的膨胀，导致那些包围在外面的火裂变成为许多像车轮一样的火环，这些火环虽然被大气所覆盖，但每个火环上面总有一个通气的孔道，从这些火环上的孔道所显现出来的火就是我们看到的日月星辰等天体。

**记者：**

有意思！

**阿那克西曼德：**

外围的天体围绕着地而旋转，地就像一个圆柱。

**记者：**

什么东西支撑着这个圆柱呢？

**阿那克西曼德：**

这个圆柱不需要任何东西来支撑，它处于圆形宇宙的中心，它永久地保持平衡而固定不动。

**记者：**

我们人在哪里？

**阿那克西曼德：**

我们就住在圆柱的顶上。

# 八　永恒的轮回

**记者：**

你的《论自然》残篇里面有这样一句话，"万物所由之产生的东西，万物又消灭而复归于它，这是命运规定了的。因为万物在时间的秩序中不公正，所以受到惩罚，并且彼此互相补足。"一会儿命运，一会儿不公正，一会儿又是什么惩罚……到底什么意思呢？

**阿那克西曼德：**

好的，我来解释一下。这段话包括这样几个意思：一个意思是说，万物的本原是无穷无尽的，所以这个世界上除了我们的宇宙外，还会有无数其他的宇宙从本原中不断产生出来。

**记者：**

那么多的宇宙？

**阿那克西曼德：**

是的。另一个意思是说，宇宙万物，包括我们的宇宙，也包括其他的宇宙，都是处于不断的生成与消亡之中。万物产生于本原，最终也将复归于本原。再有一个意思就是说，宇宙万物之所以处于不断的生成与消亡之中，原因在于，在万物产生过程中，相互对立的某一个方面必定会处于优势，处于主导地位，而这对其对立的那一面就是一种不公正，优势或者说主导的那一面必然会受到应有的惩罚，受到应有的报复。你明白了吗？

## 九　人是从鱼"进化"而来的

**记者：**

一家之言，明不明白都是一回事。再请教你一个问题，你说过人是从鱼变来的，这个论点挺有趣，你是如何研究得出这个结论的？

**阿那克西曼德：**

搞哲学的人必须善于观察。

**记者：**

你的意思是说你善于观察。

**阿那克西曼德：**

是的。通过观察，我发现好多昆虫从温暖的腐烂物中跑出来，我也发现人的胚胎和幼小时期的鱼有很多惊人的相似之处。这些观察很容易让我联想到人与鱼的特殊关系。还有……

**记者：**

还有什么？

**阿那克西曼德：**

还有我研究了我们周围许多民族的宗教，例如，我发现叙利亚有一个民族不吃鱼，他们甚至还把海神波塞冬作为自己的祖先来崇拜，这些都容易让我相信人是从海洋里生长起来的。还有……

**记者：**

还有什么？

**阿那克西曼德：**

还有就是诉诸理论的推理，我发现人也应该是从鱼变化而来的。

**记者：**

说说看。

**阿那克西曼德：**

我是从"年幼的人需要长时间的照料和看护"这个基本的事实出发，并用逻辑学中的归谬法推导出来的。

## 第四章 "阿派郎":万物的本原——对话阿那克西曼德

**记者:**

归谬法?

**阿那克西曼德:**

所谓归谬法,也就是从一个给定的假设中推断出某些带有明显错误的结论,从而回过头来证明某个相反的观点是正确的。

**记者:**

你是如何推论的?

**阿那克西曼德:**

我的推导过程和依据是:1.现在的人年幼时离不开长时间的照料,否则就无法存活下去的。2.如果最初的人与现在的人一样的话,人就不可能活到现在。3.在过去人人都自顾不暇,不可能有精力和时间去照顾别人,包括自己的子女。

**记者:**

听起来似乎有些道理。但还没说到和鱼有什么关系。

**阿那克西曼德:**

不管你怎么说,我通过观察和逻辑加工得出这样的结论:最初的人肯定与现在的人不一样,最初的人应该是一种能够自我养活的动物。现在的人就是从过去某种能自我养活的动物进化而来的。

**记者:**

自我养活?你说的是鱼吗?

**阿那克西曼德:**

是的。如果你去看看那些化石,去看看鲨鱼是如何喂养幼仔的,你就会相信,鱼就是那种能够自我养活的动物。人就是从这种动物进化而来的。鱼是我们的祖先,我们必须敬重我们的祖先。一些人竟然吃鱼,我认为是一种极不道德的行为,应该受到谴责。

**记者:**

我们好多人在海洋中游泳,稍不注意就会被鲨鱼吃掉,这如何解释呢?

**阿那克西曼德:**

人毫无疑问应该敬重鱼,但是鱼对我们人类是不是有感情,这就不得而知了!

# 阿那克西曼德简传

阿那克西曼德（Anaximander，约公元前610年—前545年），出生于米利都，古希腊唯物主义哲学家，据传是泰勒斯的学生。据说他曾率领使节团到斯巴达，在那里对斯巴达人展示他的两项伟大发明——日晷与世界地图。他曾经担任过米利都一个殖民地的领袖。他认为万物的本原不是具有固定性质的东西，而是"阿派郎"（无限定，即无固定形式和性质的物质）。"阿派郎"在运动中分裂出冷和热、干和湿等对立面，从而产生万物。著作有《论自然》，已佚。

# 第五章 "世界仿佛在呼吸……"
## ——对话阿那克西美尼

## 引 子

阿那克西美尼是阿那克西曼德的学生,他的出生年代与活动时间十分的不确定,就连他自己也不知道。不过有一点是确定的,在米利都学派的三大哲学家,即泰勒斯、阿那克西曼德和阿那克西美尼中,阿那克西美尼是最年轻的一位,他的哲学核心思想是提出"气"是万物的本原。

## 一 支持僭主,原因何在

**记者:**

在我们一般人看来,所谓僭主,就是指那些依靠阴谋诡计,实现篡位夺权的人。一些历史资料说,你是一个哲学家,但竟然鼓捣你的人民去支持这些僭主,莫非你有求于他们不成?

**阿那克西美尼:**

我可以说有求于他们,也可以说无求于他们。

**记者:**

自相矛盾,如何解释?

**阿那克西美尼:**

容我慢慢给你解释,相信你会明白我的意思。

**记者:**

但愿如此。

人性的曙光：对话前苏格拉底思想家

**阿那克西美尼：**

我的老家是希腊伊奥尼亚地区的一个城邦国家——米利都。

**记者：**

泰勒斯、阿那克西曼德好像都与你是老乡？

**阿那克西美尼：**

一点不假。西方哲学或者说欧洲哲学正是从我们这里开始的。泰勒斯、阿那克西曼德都是这个地方的人，他们是我师辈、祖师辈。

**记者：**

你说米利都，这与你支持僭主统治又有什么关联呢？

**阿那克西美尼：**

你知道，我们米利都位于富饶的弥安德河入海口附近，地理位置得天独厚，是小亚细亚南部弗里吉亚出口贸易的中心。米利都整个城市不大，人口不过6万多，但在公元前8世纪到公元前6世纪，却向外建立了40多个殖民地。

**记者：**

这么多殖民地？

**阿那克西美尼：**

是的。米利都因此积累起了巨大的财富，成为这个地区原材料和制成品的贸易集散中心，也成为从爱琴海到小亚细亚内地的通道，海运、对外贸易和手工业生产蒸蒸日上，红红火火。鼎盛时期，它的管控范围，北到黑海，东到美索不达米亚，南到埃及，西到南意大利……

**记者：**

这么厉害。

**阿那克西美尼：**

历史学家希罗多德说："米利都人是海上的霸主"，他还说，米利都是"伊奥尼亚的花朵"。但是……

**记者：**

但是什么？

**阿那克西美尼：**

我们米利都虽然是伊奥尼亚地区各个城邦的首领，但各城邦仅仅是个松散的联盟。虽说有个伊奥尼亚联盟，但大家基本上都是各管各的，井水不犯河水，各有各的主权。

**记者：**

是这样？如果是这样，万一遇到外敌入侵怎么办？

**阿那克西美尼：**

你问的对，平时没事还好，一旦遭到外来侵略的时候，大家一盘散沙，无法组成一个统一的整体，大家都会遭殃的。

**记者：**

所以你鼓励大家团结？

**阿那克西美尼：**

是的，为了把大家团结起来，我的老师泰勒斯就苦口婆心地劝说大家支持僭主的工作，同心同德，一致对外，与外来侵略者进行抗衡。

**记者：**

我明白你的意思了。

**阿那克西美尼：**

后来发生的很多不幸的事实也表明，如果伊奥尼亚各个城邦不能团结一致，这个地方必然遭殃，必然沦为人间地狱。你知道，公元前494年，波斯人攻陷米利都，将该城夷为平地，男人大批被屠杀，女人则被俘往波斯首都苏萨。后来就发生了希波战争，自此以后，米利都就一天一天走向衰落。一个国家不统一，就无法抵御外来侵略，随时沦为殖民地，人们就无法安居乐业，我们这些哲学家也就无法从事哲学研究。

## 二 "气"是万物的本原

**记者：**

你是知道的，苏格拉底向来就不赞成哲学家去研究诸如宇宙的本质、树木的用途、石头的性质之类的东西。在他看来，还有很多比这些更加重要的问题需要去研究。

人性的曙光：对话前苏格拉底思想家

**阿那克西美尼：**

苏格拉底有他的看法，我有我的看法。我认为真正的哲学首要的问题就是去研究宇宙的本原。

**记者：**

那你认为宇宙的本原是什么呢？

**阿那克西美尼：**

首先，我的观点与我的老师阿那克西曼德一样。

**记者：**

怎么个一样啊？

**阿那克西美尼：**

那就是：自然的本质是"一"，是某种无限的东西，与我老师说的"阿派郎"差不多。

**记者：**

那你的观点与你的老师有没有不一样的地方？

**阿那克西美尼：**

当然有不一样的地方。

**记者：**

快说说。

**阿那克西美尼：**

我所说的"一"和"无限"，不是某种不定型的东西，而是某种非常确定的东西。

**记者：**

到底是什么？

**阿那克西美尼：**

那就是"气"，在我看来，"气"是宇宙的本质。

**记者：**

怎么讲？

**阿那克西美尼：**

一切生成的东西——已经是或者将要是的东西，还有神和那些神圣的东西，以及其他由它所产生的东西，都是由"气"而成为现实存在的。"气"的形式是这样的，当"气"均匀分布时，它是看不见的，但是，冷、热、湿和运动，却能使它显露出来。它总是处在运动中，不然，如果没有运动，变化的事物也就不可能了。

**记者：**

你的观点就是：你我的灵魂都是"气"，火是稀薄化了的"气"，这"气"使我们结成整体，整个世界也是如此。我们这个世界是被"气"和气息所包围着的。因此，"气"是宇宙的本质。

**阿那克西美尼：**

是这个意思。

## 三　稀散与凝聚

**记者：**

从本原中如何产生出万物来？在你之前，似乎基本上没有什么人能予以解释。

**阿那克西美尼：**

泰勒斯试图解释过。

**记者：**

泰勒斯认为水是万物的本原，但是，他并没有说明白万物是如何从水中产生的。阿那克西曼德是你的老师，虽然提出万物是由本原产生，最终又复归于本原的思想。但是，这种产生和复归是如何进行的呢？他也没有说清楚。他除了提出由"阿派郎"分离或者分散出冷和热等对立外，也没有其他更具体的说明。

**阿那克西美尼：**

确实如此。

**记者：**

你认为万物的本质是"气"，不知道你能不能据此把万物的产生做出更具体的解释？

**阿那克西美尼：**

当然可以。在我看来，万物的本原是"气"。"气"在种类上是不确定的，与阿那克西曼德所讲的"阿派郎"有点相似。"气"的性质是以其所具有的具体特性而定，万物都由"气"的凝聚或稀散而产生。

**记者：**

怎么讲？

**阿那克西美尼：**

是这样的，当"气"浓缩时，最初生成的是大地、土，它是扁平的，因而，为"气"所支撑。至于太阳、月亮和其他星辰，都是从地里产生的。因此，太阳也是土，这是由于它运动得比较迅速，才获得了最大的能量。

## 四 大地浮在"气"上

**记者：**

泰勒斯认为，万物的本原是水，所以，大地是浮在水上的。阿那克西曼德认为，万物的本原是"阿派郎"，大地像一个圆柱，它的四周都是"阿派郎"。

**阿那克西美尼：**

我认为，万物的本原是"气"，所以，大地是浮在"气"上的，正像一片树叶在空中飘浮一样。

**记者：**

大地是什么样子啊？

**阿那克西美尼：**

大地是扁平的，这是它保持静止不动的原因。大地并不撇开"气"，而是像盖子一样盖在上面，"气"在它下面，扁平的物体看来都是这样的。由于它们具有抵抗力，即使风也不能吹动它们。"气"因为在它下面挤成一堆，有足够的地方来变换位置。

**记者：**

说大地被"气"围绕着，似乎和说它被"阿派郎"围绕着一样。

**阿那克西美尼：**

差不多。

**记者：**

那你如何解释日月星辰等天体的形成的呢？

**阿那克西美尼：**

日月星辰等天体都是燃烧着的火，它们本身就像大地一样都是土。日月星辰好像是罩在大地头上的小毡帽那样在大地上面旋转，也像是钉在水晶体上面的钉子那样。太阳下沉，并不是沉到大地下面，而只是绕到遥远的高山背后去了。这些日月星辰的旋动，只是由于凝聚的"气"有一种推动的力量将它们推到一定的轨道旋转着。

## 五　世界也在呼吸

**记者：**

看你的著作残篇，经常会有一种前后矛盾的感觉。

**阿那克西美尼：**

怎么讲？

**记者：**

你把"气"说成是万物的本原，也就是说，万物产生于"气"，这时候的"气"，是物质的东西。就是说，"气"的本质应该是物质的。

**阿那克西美尼：**

是的，我是这么说的。

**记者：**

但是，你又经常把"气"同呼吸、灵魂甚至是神这些词混在一起使用，这到底是怎么回事？

**阿那克西美尼：**

噢，这个问题可以从两个方面来解释，一方面，所有人都能观察到这样一种现象……

**记者：**

什么现象？

人性的曙光：对话前苏格拉底思想家

**阿那克西美尼：**

这个现象就是，人呼出的是"气"，吸进的也是"气"。人一旦停止了呼吸，他就会死亡。人也只有在他能够呼吸的时候，生命才存在。所以，根据这些分析，在我看来，"气"就是生命，"气"就是灵魂。"气"和呼吸、生命就是同义词。

**记者：**

既然这么说，说明人的灵魂也是物质性的。但是，你把"气"和神挂起钩来，是怎么回事？

**阿那克西美尼：**

这正是我的另一方面解释。我很少从唯物和唯心的角度谈问题，但你既然这么讲了，我就跟你说一说。"气"本身具有不同的形式。有的热一点，有的冷一点；有的干一点，有的湿一点；有的运动慢一点，有的快一点；再有，它们的颜色和气味是不同的；还有，所有动物的灵魂都是一样的，都是"气"，它比我们身外的"气"要热一点，却比靠近太阳的"气"要冷得多。在动物中，这种冷、热的程度不同，但它们的差异不大，比较接近。

**记者：**

根据你所讲的，你还是偏向唯物主义的。但是，后世一些大学者的解释，跟你所讲的不一样。

**阿那克西美尼：**

你能不能跟我说得具体点？

**记者：**

当然可以。有一个学者叫艾修斯，根据艾修斯对你残篇资料的研究，他说你的理论中，"气"是深入元素和物体的一种力量，也就是能量，而不是某种简单的物质。西塞罗，是著名的政治学家和哲学家，根据他对你的理解，他说，阿那克西美尼所说的"气"，是神产生出来的，是没有范围的、无限运动的，也是没有任何形状的。还有基督教神学家奥古斯丁，说得更直白：阿那克西美尼将万物的原因归根于"气"，但并不否认神，也不是闭口不谈神，他只是不相信"气"是由神创造的，而是因为神是由"气"产生的。这些学者对你的观点的理解，与你本人的理解是不是一样的？

**阿那克西美尼：**

平心而论，我当时还没有从什么唯物、唯心这些角度去阐述我的思想。但我认为产生万物的"气"，有可能是精神上的东西，也就是灵魂的东西。因而，它能运动，有生命，它也是精神的东西。这种观点与我的理论并不矛盾。

**记者：**

看来，一些学者对你的观点的总结，与你也并不矛盾。

**阿那克西美尼：**

他们是怎么总结的？

**记者：**

他们认为，在你的理论中，世界是物质的，物质是能运动的，有生命的，也是有思想的。

**阿那克西美尼：**

这种表达是某种形式的物活论思想。我既不赞同，也不反对。

## 六　关于雷与闪电

**记者：**

据说你不仅是一位哲学家，还是一位气象学家。我想了解你在气象学研究方面，有什么新发现？

**阿那克西美尼：**

同一个名词，在不同的时代，含义是不一样的。

**记者：**

怎么讲？

**阿那克西美尼：**

有人告诉我说，在你们这个年代，气象学是研究天气变化的。但是，在我们那个年代，所谓的气象学，研究的范围大了去了。像什么银河、彗星、雷电、地震、旋风等这些东西及其运动都属于气象学的研究范围。

**记者：**

那么，你是如何解释地震的呢？

人性的曙光：对话前苏格拉底思想家

**阿那克西美尼：**

我已经讲过，世界的本质是"气"。"气"的运动有稀散和凝结两种形式，当大地湿透或者干结的时候，它就裂开了，大块土地落下来，就发生地震。所以，地震总是出现在干旱或暴雨的季节。

**记者：**

你的意思是说，当大地遭遇干燥或雨水浸透时，大块土地掉下来，就是地震。

**阿那克西美尼：**

是这样的。

**记者：**

那么，你如何解释雷与闪电呢？

**阿那克西美尼：**

这个也比较容易解释。在水面上，当桨划破水面时候，就会产生反光，这个反光就是雷电。我们在海面上看见各种各样的亮光，这个亮光就是闪电。

**记者：**

有点听不懂，请你细细的解释一下。

**阿那克西美尼：**

我的老师阿那克西美尼曾经说过：风撕破云层，产生雷鸣，裂口扩大，点亮了黑暗，那就是闪电。而我则把这个比作桨划过海面时所发生的反光，也就是说风撕破云层，就产生雷鸣，裂口扩大，点亮了黑暗，就是闪电。

**记者：**

你这种解释，有点别别扭扭。

**阿那克西美尼：**

不管怎么说，我也只能解释到这种程度。此外，我还想告诉你，当天空中的"气"浓厚起来的时候，便产生了云；进一步凝聚时，就下雨了。雨在下降时冻结起来，便是冰雹；水里结合了部分"气"时，就下雪了；当太阳光照在浓厚的云上时，便产生了彩虹；云总是暗的，因为光照在它上面，不能穿透它。

**记者：**

你对风、雨、雷、电以及地震的种种解释，我已说过，听起来总有点别别扭扭。但是，概括地讲，你还是企图通过你的关于"气"的凝结和稀散做出解释，一以贯之，依然是你的思维模式。

**阿那克西美尼：**

也可以这么说，也应该如此。

---

# 阿那克西美尼简传

阿那克西美尼（Anaximenes，约公元前570年—前526年），古希腊哲学家，米利都学派的第三位学者，是阿那克西曼德的学生、朋友和继承人。阿那克西美尼的理论被称为"物质一元论"，这个理论认为，世界上的任何东西都是由一种物质组成的，这种物质便是"气"。阿那克西美尼的理论后来由赫拉克利特发展成为哲学界的重要分支，但也遭到巴门尼德的批评。

# 第六章 "数"：万物的根本
## ——对话毕达哥拉斯

## 引 子

泰勒斯无疑是西方哲学第一人，但有一个人与其基本齐名，甚至可以说不相上下，他就是毕达哥拉斯。据说，"哲学家"一词的第一发明人就是毕达哥拉斯。在毕达哥拉斯之前，米利都学派的哲学家们总是希望从某种具有固定形体的特殊东西中，寻求世界的统一性，即便是阿那克西曼德笔下的"阿派郎"，虽然被赋予某种不确定性，但终究还是难以逃脱"有某种固定形体"的范畴。但是，毕达哥拉斯就完全不同了，他提出了"数"的概念，"数"不是具有任何固定形状的东西。此时的"数"孕育、造就着万物，并成为世界的主宰，成为万物的本原，成为万物的原则。总之，没有"数"，一切都不存在。

## 一 背井离乡与民主无关

**记者：**

在我的印象中，你是作为意大利南部的一位哲学家闻名于世，但你似乎不是意大利人。

**毕达哥拉斯：**

你的记忆不错。我的家乡是小亚细亚沿海的萨摩斯岛。我是公元前大约570年出生在那个地方。

**记者：**

我看过第欧根尼·拉尔修写的《毕达哥拉斯传》，上面曾经提到说，你的父亲涅萨尔科先生曾经是一位指环雕刻匠，当然，也有一些书说你的父亲是一个商

## 第六章 "数":万物的根本——对话毕达哥拉斯

人,还很富有。哪个说法比较准确一点呢?

**毕达哥拉斯:**

第欧根尼·拉尔修说得比较靠谱。

**记者:**

听说你的家乡在小亚细亚一带,非常繁华。

**毕达哥拉斯:**

萨摩斯是希腊地区伊奥尼亚人建立的殖民地,这个地方和米利都隔海相望,它地处海上交通要道,和地中海的腹地——埃及、黑海地区,以及科林斯等地都有广泛的贸易往来,因此,从公元前7世纪以来,这个地方就是当时地中海地区主要的和最富裕的城邦。

**记者:**

一个地方是否富裕,相信肯定与这个地方的领袖人物有关。

**毕达哥拉斯:**

不错!当时统治萨摩斯的人名字叫波吕克拉底,他实行的是僭主政治。在他的统治下,萨摩斯空前繁荣,波吕克拉底建立了强大的海军,一度统治了尼奥尼亚地区,击败了当时该地区海上强国米利都和列斯堡的联盟,还缔造了当时希腊世界三项伟大的工程。

**记者:**

了不起的人啊!哪三项工程?

**毕达哥拉斯:**

这三项工程一是欧帕利努(Eupalinus)领导凿建的隧道,二是诺厄库斯(Rhoecus)建造的神庙,三是巨大的海港防波堤。在波利克拉底统治下,萨摩斯成为当时希腊世界政治、经济和文化的中心。

**记者:**

这个僭主波吕克拉底赢得了很多人的赞赏,就连伟大的历史学家希罗多德都把他称为"伟大的僭主"。

**毕达哥拉斯:**

希罗多德在他的《历史》中曾经明确说过:"除去叙拉古的僭主以外,希腊中的僭主没有一个其伟大是可以和波吕克拉底相比的。"

人性的曙光：对话前苏格拉底思想家

**记者：**

一个伟大的君主照管着这样好的国家，按道理说是搞学问和创作的很好的地方，而你却在游历埃及之后离开了故乡，移居到意大利的克罗顿去了，这是为什么？

**毕达哥拉斯：**

很简单，波吕克拉底是一个伟大的君主，但是我与他关系一般，我对他的统治不感冒。

**记者：**

资料说在当时的萨摩斯，奴隶主阶级里面有两大派别，一派是民主派，一派是贵族派，彼此斗得很厉害。据说波吕克拉底站在民主派一边，你与波吕克拉底关系不好，一些人推断说你可能与当时的民主派别非常的对立。所以一些人干脆说你的骨子里面，在政治上是反民主的。

**毕达哥拉斯：**

传说的成分太多，波吕克拉底是个僭主，此人贪财、骄傲，狂妄自大，丝毫听不得别人的不同意见，我反对他。此人谈不上是贵族派，也谈不上是民主派。我离开萨摩斯，离开波吕克拉底并不等于说我对萨摩斯的民主派搞的那一套就坚决反对。我离开萨摩斯根本的原因或与哲学有关。

## 二 也是一位政治家

**记者：**

据记载，你离开故乡萨摩斯，来到意大利的克罗顿（Croton）。我想问一下，克罗顿在意大利的什么地方？

**毕达哥拉斯：**

意大利半岛是一个"靴"形，在它的南部"靴"根上，有一个地方叫布鲁提（Bruttii），据说在你们这时代叫卡拉布尼亚（Calabria），克罗顿就在布鲁提地区东岸。

**记者：**

一些资料说，在你来克罗顿之前，这里很落后。而你来之后，克罗顿成为该地区最强大的城邦。据说,还打败了几个强大的邻邦。

**毕达哥拉斯:**

是这样。最起码说在我在的时候,克罗顿还可以。

**记者:**

一些资料把你说得神乎其神,似乎没有你就没有克罗顿的繁荣。一些资料把你称为"皮提亚的阿波罗",有人说你是"许佩玻瑞的阿波罗",有人称你是"医药之神的阿波罗",有人说你是居于月亮中的一个精灵,也有人说你是另一个人形的奥林匹亚神。这些人还说,你向人类显灵,给世俗带来新生活;你把幸福的火花和哲学带给人类,作为神的礼物,这些过去不曾有过,而且是最大的善了。总之,在很多人的眼中,你简直就是给人类带来光明、青春、音乐、诗歌、医药、树木的太阳神阿波罗。

**毕达哥拉斯:**

这些都是文学夸张,你也不必太当真。但是,有一点,当我到了克罗顿以后,我组织了学会,把600多人都培养成了知书达理的文化人。我定期在那里演讲,数千人听我演讲。我组建了大希腊城,供人们听课、居住之用。很多人不回家,听我及我的门徒演讲。这样做,毫无疑问,对当地的社会治安有一定的好处。事实上,也从一定程度上提高了当地人的文化素质。

**记者:**

还有呢?

**毕达哥拉斯:**

我还为当地的人民立法。有了法律,就有了文明,有了秩序,有了自由。这个地方发展起来,就会顺利很多。

**记者:**

你在克罗顿的统治大概有多长时间?

**毕达哥拉斯:**

我在克罗顿掌权的时间很短,前前后后也就20来年。影响也主要在当地,当然了,在西西里岛一带,也有一定的影响。

**记者:**

为什么只有20年呢?既然搞得很好,完全可以持续时间长一些嘛。

人性的曙光：对话前苏格拉底思想家

**毕达哥拉斯：**

任何地方都有利益冲突。在克罗顿同样如此。在这里存在着两派势力，一股就是上层贵族，他们是以库隆（Cylon）为代表；一派是民主派，以尼龙（Ninon）为代表。这些人彼此争斗，他们生活放荡，没有什么原则，根据个人的恩恩怨怨行事。我既不和贵族派联合，也不与民主派联合，我是科学派，是中间派。但是，他们的力量太强大，一旦当他们沉瀣一气、勾结在一起的时候，我就不是他们的对手，所以，我在克罗顿的统治只能结束了。

## 三　路走多了，自然就有了学问

**记者：**

听说你年轻的时非常喜欢到处游历。

**毕达哥拉斯：**

是的。希腊离我的故乡萨摩斯岛很近，我经常到希腊各地去游玩。我曾经拜访过泰勒斯，泰勒斯觉得自己年事已高，就把我介绍给他的学生阿那克西曼德，我亲耳听过阿那克西曼德的演讲，真是精彩绝伦！泰勒斯还劝我像他一样，到埃及去游学。我一开始还不愿意，但到了埃及以后，果然是不虚此行啊。

**记者：**

怎么讲？

**毕达哥拉斯：**

到了埃及以后，我在那里住了很长一段时间。通过与埃及人的接触，我发现埃及人的宗教和数学知识非常发达。

**记者：**

能说具体一点吗？

**毕达哥拉斯：**

从数学的角度看，古埃及人和古巴比伦人一样很早就有了几何学和数学方面的知识。从宗教的角度来看，埃及人有这样一个习惯，他们不允许将毛制品带入神殿，或与人一起埋葬。这里面与他们所信奉的灵魂不灭和轮回转世的思想似乎有一点关联。另外，埃及的祭司们有许多清规戒律，例如，他们不许吃鱼，不许吃豆子，挺有意思。

**记者：**

通过研究你的著作，我能够明显感觉到埃及人的宗教和数学对你的哲学有很大影响。

**毕达哥拉斯：**

现在回过头来看，我之所以愿意离开小亚细亚而到意大利的克罗顿去，与这个地方离埃及比较近，便于我去埃及游学有很大的关联。

**记者：**

人们常说，理解自然，非得多走路不可，对社会的了解，也需要走路。所以，要想成为一个哲学家，除了要读万卷书，还最好要行万里路。

**毕达哥拉斯：**

说的对！路走多了，自然就有了学问。

## 四　死亡之谜

**记者：**

关于你是怎么死的，好多学者一直在研究。

**毕达哥拉斯：**

这些都不是什么了不得的事，不值得花费时间去研究。

**记者：**

或许因为你的去世对毕达哥拉斯学派的影响太大，所以，人们对你如何去世很关注。

**毕达哥拉斯：**

刚才你说，你研究过第欧根尼·拉尔修的书。按道理，拉尔修的书应该记载得很清楚。

**记者：**

我看过拉尔修的书，关于你的死，有几种说法。

**毕达哥拉斯：**

说说看。

人性的曙光：对话前苏格拉底思想家

**记者：**

一种说法是，有一天，你和门徒们在当地最有权势的人米罗（Milo）家里讲学，有一个人因为没有被你收为门徒而心怀不满，一把火就把房子烧了。也有人说，烧房子的人不是那个没有被你收为门徒而心怀不满的人，而是当地的克罗顿人。他们害怕你会成为僭主，欺负他们。总之，有人放火烧了房子，你不得不逃走，在逃走的过程中，你竟然因为一些莫名其妙的原因被他们抓住了。

**毕达哥拉斯：**

什么原因？

**记者：**

拉尔修的书是这样记载的：你在逃走的路上，当遇到一片豆子地时，你就不走了。你说，宁可被捕，也不越过豆子；宁可被杀，也不糟蹋你的学说。这帮人把你抓住，掐住你的喉咙，割断了你的喉管，你就是这么死的。

**毕达哥拉斯：**

挺有意思的。还有什么说法呢？

**记者：**

根据拉尔修的记载，还有另一个说法。说你逃亡到一座摩西神庙里，过了40天，活活被饿死。再一个说法是，当阿格里根特人与叙拉古人作战的时候，你和你的学生，站在阿格里根特人部队的前锋，当两支队伍转变队形时，因为遇到豆子地，没有来得及躲避，结果被叙拉古人杀死了。

**毕达哥拉斯：**

你提到的这些说法，太过细节。说实话，我是怎么来到这个世上，又是怎么离开的，我也记不清了。但有一点，你的说法是对的，那就是我最讨厌闻到豆子的味道，也就是说，我最后被别人杀害，肯定与豆子地有某种关联。至于你提到的，说我在逃跑过程中，被活活饿死，这种说法，是不靠谱的。

## 五 关于地球运行的"第一个推测"

**记者：**

16世纪波兰的哥白尼出版了一本书《天体运行论》，这本书说是哥白尼第一

## 第六章 "数":万物的根本——对话毕达哥拉斯

个提出了"日心说"理论,而据柏拉图说,你的徒弟在公元前好几百年就提出了"日心说",有这事?

**毕达哥拉斯:**

我创立学术团体的目的与柏拉图、苏格拉底不同,他们反对研究自然,反对研究宇宙,而我则认为自然科学研究的价值要远远高于研究什么人啊、政治啊、正义啊等。不了解自然,不了解宇宙,你就根本不可能弄清楚人,你就根本不可能弄清楚政治和正义这些东西到底是什么。

**记者:**

谈"日心说"吧。

**毕达哥拉斯:**

我的学术团队对自然科学的研究涉及数学、天文学、生理学、医学等领域。我知道,公元前5世纪的阿尔克迈翁善于解剖动物,通过解剖,这位仁兄发现了把眼睛和大脑联系起来的视觉神经,同时还发现了把耳朵与嘴巴联系起来的欧氏管。

**记者:**

这么厉害?

**毕达哥拉斯:**

不仅如此,阿尔克迈翁还据此提出了舌头是味觉的器官,大脑是神经的中枢的结论。

**记者:**

厉害!还有别的吗?

**毕达哥拉斯:**

在数学方面,我的徒弟们提出2的平方根既不是奇数也不是偶数,因而首次发现了数学中的无理数。

**记者:**

说"日心说"。

**毕达哥拉斯:**

你们后人都说是16世纪的哥白尼提出了"日心说",稍微博学一点的人说是古希腊亚历山大里亚时期萨摩斯人阿里斯塔克斯(Aristarchos)最早提出了"太阳中心说"。

## 人性的曙光：对话前苏格拉底思想家

**记者：**

阿里斯塔克斯的生卒时间是什么时间？

**毕达哥拉斯：**

大约在公元前310年到前230年。

**记者：**

你是说你的徒弟提出"日心说"的时间比这位阿里斯塔克斯还要早？

**毕达哥拉斯：**

是啊，大约要早好几百年。不过我们不是称"日心说"。

**记者：**

那叫什么？

**毕达哥拉斯：**

"中心之火"，那时候人们普遍认为地球是宇宙的中心，而我的徒弟们通过反复观察提出，地球不是宇宙的中心，地球是绕着宇宙中心的"中心之火"运转的。不仅是地球，还有太阳、月球、行星也都围绕着这个"中心之火"运转，其轨道是最完善、最神圣的几何图形——圆形。你看看，这不是"日心说"是什么？

**记者：**

不完全一样，但能说到这个程度，已经是很了不起了。就连我最敬佩的一位思想家恩格斯都对你的观点发出由衷的赞叹。

**毕达哥拉斯：**

恩格斯怎么说？

**记者：**

恩格斯在他的《自然辩证法》中说，"虽然这火不是太阳，但这毕竟是关于地球运行的第一个推测。"[①]

**毕达哥拉斯：**

谢谢他！

**记者：**

那么，你们是如何得出地球是围绕着"中心之火"运转的呢？

---

① 参见：《马克思恩格斯全集》第20卷，人民出版社，1971年，第527页。

## 第六章 "数":万物的根本——对话毕达哥拉斯

毕达哥拉斯:

最宝贵的东西应该放到最宝贵的地方。在我们看来,火是宇宙间最宝贵的东西,因此,宇宙的中心就应该是火待的地方。所以我们提出了地球是围绕"中心之火"旋转的理论。

记者:

不错。

毕达哥拉斯:

不过……

记者:

不过什么?

毕达哥拉斯:

其实呢,刚才我的说法是有些问题的。

记者:

什么问题?

毕达哥拉斯:

即使在最古老的人类哲学中,也都是认为太阳居于宇宙的中心。

记者:

闻所未闻!

毕达哥拉斯:

如果你去查查菲洛劳斯(Philolaus)的著作,查查柏拉图、阿那克西曼德的著作,你就会相信我说的话。"日心说"古代就并不是少数人的见解,而是一个古老的共识。

记者:

是这样啊?

毕达哥拉斯:

历史的本来面目就是这样。

记者:

据说你的团队对月亮也有一些研究?

**毕达哥拉斯：**

是的。根据我们的研究，月球的外形与地球的外形是一样的。

**记者：**

都是圆形的呗？

**毕达哥拉斯：**

是的。不仅如此，我们还推测，居住在月球上的事物与地球上的事物也是一样的，有植物，有动物，如果说有什么区别的话……

**记者：**

区别是什么？

**毕达哥拉斯：**

月球上的植物和动物要比地球上的大，也更好看。此外，月球上动物的力气要比地球上的动物大五倍，这些动物不排泄废物。还有，月球上的白昼也比地球上的长好长时间。

**记者：**

唔……尽管你说的这些与现代科学并不一致，但不管怎么说，你们能如此认真地研究地球和月亮，也就很不简单了。

**毕达哥拉斯：**

谢谢！

## 六　妒贤嫉能让希腊日暮途穷

**记者：**

看了你很多著作残篇，我的感觉是你对希腊的民主制度似乎很不看好。

**毕达哥拉斯：**

对希腊民主不看好的人有很多，苏格拉底最具有代表性，他还为此葬送了生命。

**记者：**

苏格拉底之死，原因很复杂，不能把他的死简单归结为是因为反对希腊的民主。作为贵族派的一员，你是如何看待希腊民主的呢？

## 第六章 "数":万物的根本——对话毕达哥拉斯

**毕达哥拉斯:**

我已经说过了,我对希腊民主不感兴趣。它的毛病很多,例如:希腊的民主喜欢搞平均主义,他们在选任国家领导人的时候,不是凭能力,不是凭智慧,而是靠纯粹偶然的抽签来决定。你想一想,治理国家这么大的事情,用碰运气的办法来选择领袖领导这个国家,这不是很荒唐吗?关键是……

**记者:**

关键是什么?

**毕达哥拉斯:**

当时古希腊很多城邦通行一种奇怪的法律,这个法律的名字很奇怪,叫《放逐法》(Ostracism)。后人称之为"贝壳放逐法"或"陶片放逐法"。

**记者:**

《放逐法》?这是什么法律呀?

**毕达哥拉斯:**

《放逐法》规定,全体城邦公民必须定期或不定期地投票,决定放逐一个人,只要此人被大部分希腊人不喜欢或认为对城邦有危险,就可以把他"驱逐出境"。你想想,这不是很荒唐的事情吗?在这个社会里,谁最优秀,谁就有可能被驱逐出境。

**记者:**

不可能,聪明的雅典人不可能通过这样的法律。

**毕达哥拉斯:**

一点不假。我的一位朋友叫赫尔谟多罗,他就很优秀。但恰恰因为他很优秀,引起了很多人的嫉妒,因而他就被流放国外去了。

**记者:**

确实很荒诞。但我想,是不是因为你们这些贵族长期以来对民主派不友好,从而招致了他们的报复呢?你们有没有从自身反省过呢?

**毕达哥拉斯:**

在希腊确实有所谓的民主派与贵族派之分。作为我们这一派,包括苏格拉底这些人,不仅为希腊的民主派所反对,也经常为贵族派和僭主们所不容。苏格拉底就曾经因为批评伯罗奔尼撒战争后建立起来的亲斯巴达僭主统治,而遭到这些

人性的曙光：对话前苏格拉底思想家

贵族们的强烈反对。

**记者：**

听你的意思，似乎你不属于贵族派？

**毕达哥拉斯：**

是的。

**记者：**

那你属于哪一派呢？

**毕达哥拉斯：**

在希腊，有所谓的民主派、贵族派和僭主派。他们一切行为的出发点，都是为了一党之私利，这些人俗不可耐，对任何公共利益不感兴趣，对真理不感兴趣。

**记者：**

你是说你与他们不一样？

**毕达哥拉斯：**

是的，我既不属于民主派，也不属于贵族派，更不是僭主派。你刚才说我们是贵族派，也是不对的。我们坚持理性至上，追求的是真理，如果硬要把我们分派的话，我们就是独立的理性派。这点与在科罗顿差不多。刚才我已经说过。我们相信，嫉贤妒能的民主制度一定会葬送希腊。

**记者：**

结局让你说对了！不过，不管是不是与民主制度有关，总而言之古希腊后来真的就衰败了。

**毕达哥拉斯：**

那是必然的。

## 七　数学与哲学

**记者：**

第欧根尼·拉尔修在他写的那本名叫《名哲言行录》的书中，说你是最早提出"哲学"和"哲学家"这个名称的人。不知道拉尔修的这个说法对不对？

## 第六章 "数":万物的根本——对话毕达哥拉斯

**毕达哥拉斯:**

拉尔修的说法我知道。在我之前有没有人提过"哲学"和"哲学家"这两个名词,说句心里话,我还真没有认真考证过。但是,我在我的著作和对学生的讲课中,我多次提到过"哲学"和"哲学家"这些词倒是真的。

**记者:**

我想了解一下,在你看来,什么叫作"哲学",或者什么样的人可以被称为"哲学家"?

**毕达哥拉斯:**

"哲学"和"哲学家",这两个名词的意思说到底就是:"哲学"就是智慧,"哲学家"就是热爱智慧的人。

**记者:**

明白你的意思。"哲学"就是智慧,"哲学家"就是爱智之人。我想问一下,你自己认为自己是位"哲学家"吗?

**毕达哥拉斯:**

不管别人怎么认为,我自认为是"哲学家"。

**记者:**

在我的印象中,你们毕达哥拉斯学派是一个学术团体,就数学方面而言,在古希腊各种学术流派中也是首屈一指的。

**毕达哥拉斯:**

数学的含义非常广泛,它包括数学和其他自然科学,在我们那个时代,可以说分得都很不清楚。我们毕达哥拉斯学派的学徒们不仅要学习数学、几何学,还要学习天文学、物理学等。当然我们最看重的还是数学。

**记者:**

在我的印象中,著名的几何学勾股定理,也就是那个说直角三角形斜边的平方等于两直角边平方之和这个定理,就被称为毕达哥拉斯定理,据说这个定理就是你发现的?

**毕达哥拉斯:**

严格地说,这个定理不是我先发现的,而是我最早用演绎法证明的。据了解,古巴比伦人远在公元前3000年左右就会应用勾股定理了。当然据说到你们这

**人性的曙光：对话前苏格拉底思想家**

个时代，勾股定理已有400多种证明方法。不过，那已是后话了。

**记者：**

哦，那在当时一定是件很轰动的事情吧？

**毕达哥拉斯：**

当然！因为发现这个定理，我曾经举行过百牛大祭，热烈庆祝这个伟大的发现。但是我明确告诉你，我们毕达哥拉斯学派在数学上的贡献远远不止勾股定理。

**记者：**

希望你再介绍一下。

**毕达哥拉斯：**

"数学"这个词是我们最早提出来的。在我们看来，数学研究至少可以分为两个方面。第一是研究多少的，即研究不连续的量，其中研究绝对不连续量的是算术，研究相对不连续量的是音乐。第二是研究大小的，即研究连续的量，其中研究静止的连续量的是几何学；而研究运动的连续量的是天文学。

**记者：**

看来确确实实，在你们那个时代，"数学"概念是非常广泛的。

**毕达哥拉斯：**

刚才我们说了勾股定理是我们首先证明的，三角形的内角之和等于两直角的定理也是我们发现的，正立方体的作图方法是我们发明的。此外，我们还研究了指数的递进数列，发现了算术的、几何的、音乐的等三种比例关系，尤其是我们还发现了三角形平行线、多边形、圆、球和正多面体等的定理。对$\sqrt{2}$是无理数的证明，也是我们首先提出来的。

**记者：**

真是了不起。

**毕达哥拉斯：**

数学是智慧中的智慧。正是通过对数学的反复研究，我们才能从哲学的层面提出"数是万物的本质"这个哲学的核心命题。离开了数学的精密研究，我们是不可能推导出这个哲学结论的。如果说哲学是智慧之学的话，那么数学就是哲学的基础，是智慧学中的智慧。

## 八 "数"是万物的本质

**记者：**

刚才你提到，你哲学的核心是"数是万物的本质"。

**毕达哥拉斯：**

没错，我与我的徒弟们都是这么坚持的。

**记者：**

我想请你介绍一下，为什么你把"数"作为万物的本质看待的呢？

**毕达哥拉斯：**

你们现代人喜欢通过做实验来发现一些规律性的东西，在我们那个时代，还没有做实验的习惯。说穿了，实际上也没有做实验的设备和条件。当时主要采用观察、思考和逻辑演绎来研究问题。但是，我们毕达哥拉斯学派与别人稍有不同，那就是我们还喜欢通过将观察与一些相对来说层次比较低的实验活动相结合的方法来研究周围的世界。我发现，万物之中都存在着某种数量关系，就是通过这些途径得出来的。

**记者：**

这里面有没有一些有趣的故事？

**毕达哥拉斯：**

有一次，我路过一家铁匠铺，铁匠铺里发出一些叮叮当当的声音。

**记者：**

铁匠铺里面的噪声应该很大。

**毕达哥拉斯：**

我听到的不是噪声，我发现了一个天大的道理。

**记者：**

在乱糟糟的铁匠铺里，你能发现什么呢？

**毕达哥拉斯：**

铁匠打铁会发出不同的声音，仔细研究发现，铁锤的重量不同，铁锤打铁发出的音调必然不同，这里或许存在一定的数量关系。

**记者：**

是这样？你还真不愧为一个科学家。

**毕达哥拉斯：**

受到铁匠打铁的启示，我把我的观察用在琴弦上做实验，进一步发现，如果甲弦负重12磅，乙弦负重6磅，两者的比例是2:1时，便发出8度的谐音来。如果两者的比例是12:8时，或者3:2时，便发出5度的谐音来。如果两者的比例是12:9时，或者4:3时便发出4度的谐音来。

**记者：**

你的意思是说，音乐谐音和音程之间也存在着一定的比例关系？

**毕达哥拉斯：**

没错。通过反复观察，我发现，在谐音和音程之间存在着一定的数量比例关系。由此引发我的思考：既然音乐的声音可以归结于"数"，那么，宇宙万物为什么不能归结于"数"呢？

**记者：**

历史证明你的这种做法是很有意义的。米利都学派，也有伊奥利亚学派的哲学家，他们都是从具体的元素出发，去解释世界的本原的，而你则通过数来解释。这背后还有什么别的考虑？

**毕达哥拉斯：**

如果人们把万物仅仅理解为动物、植物、矿物等，那么，米利都学派和伊奥利亚学派的哲学家们，用土、水、气、风、火等元素来解释世界的内在统一性是可以理解的。但问题是，宇宙万物除了这些看得见、摸得着的东西以外，还有正义、理性、灵魂、道德等，这是无法简单用这些物质元素来解释的。但是，这些东西倒可以用"数"来予以解释，这也就是我们之所以提出用"数"，而不是用具体的物质元素来解释世界的又一个原因。

## 九　宇宙秩序："科斯摩斯"

**记者：**

一些资料说，你特别注重对你的学生进行音乐方面的教育？

## 第六章 "数":万物的根本——对话毕达哥拉斯

**毕达哥拉斯:**

是的,因为音乐能够医治人类坏的品行,使人类的心灵恢复到质朴的状态。所以,我认为,向人的感官灌输各种优美的音乐,对人类自身的完善,是一件头等重要的大事。我要求我的学生晚上在入睡之前,用音乐驱除白天精神上的激动和浮躁,以纯化他们躁动的心灵,使之平静下来,而能够处在一种做好梦的状态。早晨醒来以后,我要求我的学生聆听某个人演唱的歌曲或用竖琴演奏的旋律,以去除晚上睡眠时的麻木状态。

**记者:**

杨布利柯在他的《毕达哥拉斯传》中没有骗人。

**毕达哥拉斯:**

我们毕达哥拉斯学派中,很多人都特别注重对音乐的研究。我们深深地感到,音乐的研究,不仅能够用来陶冶人类的情操,也有利于用来发现宇宙世界的秘密。

**记者:**

有点神了吧?听听音乐也能够发现宇宙世界的秘密?

**毕达哥拉斯:**

音乐是各种不同的音调按照某种顺序和谐排列组合的产物。也就是说,各种音调按照一定的音阶顺序比例排列组合,就能够产生优美动听的音乐。同样,在天体上,各个天体之间的距离,也应该是按照一定的比例排列组合的,整个天体就是一个大的琴,如果你认真地听,你就能够听到那和谐极致的天籁之声。

**记者:**

你的意思是说,我们的整个天体,也是由各个不同的星球按照不同的"数"的比例关系所构成的一个有秩序的和谐的宇宙?

**毕达哥拉斯:**

是的。我称这个和谐的世界是"科斯摩斯"。

**记者:**

刚才你提到一个词,这个词叫"科斯摩斯"。我想向你请教一下,这个词是什么意思?

## 人性的曙光：对话前苏格拉底思想家

**毕达哥拉斯：**

这个词原来的意思很普通，就是"秩序"，我把这个词的意思做了改动。

**记者：**

你是怎么改的？

**毕达哥拉斯：**

我用这个词代表世界，代表宇宙。

**记者：**

我看过一些资料说，在你之前的阿那克西曼德和阿那克西美尼就已经用这个词代替世界和宇宙了。

**毕达哥拉斯：**

那纯属谣传，是我第一个用这个词来代表世界和宇宙的。

**记者：**

时间已经过去那么久了，实在难以考证。那请你讲一讲，这个词的核心意思是什么？

**毕达哥拉斯：**

我用这个词来代表世界和宇宙，则表明在我们眼中，世界和宇宙不再是那个混乱不堪的世界，而是一个有内在秩序和内在规律的世界，是一个有机统一的世界。如果说，我与别人有什么不同，根本点就在这里。

**记者：**

明白你的意思了，也有一些资料说，你毕达哥拉斯是第一个听到宇宙世界发出和谐之音的人，是真是假？

**毕达哥拉斯：**

正如竖琴的琴弦由于粗细长短不同，但是它们因为按照一定的比例，因而能够弹出和谐悦耳的音乐。同样，天空中的各个星体，由于大小、形状不同，彼此之间的距离不同，它们之间的不同，也正好合乎一定的比例，正如合乎比例的琴弦，能够弹出优美的音乐一样。那么，同样合乎数的比例的宇宙世界，自然会发出和谐动听的天籁之声。

**记者：**

真的吗？

**毕达哥拉斯：**

当然是真的了。夜深人静之时，我一个人漫步在繁星密布的夜空之下，抬头看天上的星星，有的走得比较慢，有的走得比较快。运动得慢一些的星星，发出比较深厚的音响，而稍快一些的，则发出高昂的音响。如果我再仔细品味，我就会发现各个音响之间，也具有和谐的比例。天籁之声就是这么产生的。

## 十　对立也是万物的本原

**记者：**

亚里士多德在他的著作中，说过这样的一句话，他说你毕达哥拉斯不仅认为"数"是万物的本原，还认为对立也是万物的本原。

**毕达哥拉斯：**

没错，这是我的观点。关于对立的思想，在米利都学派中，阿那克西曼德认为，冷和热、干和湿都是从"阿派郎"中分离出来的。阿那克西美尼也认为，气的稀散和凝聚生成万物。他们的观点中，就包含了对立的思想，但他们从没有提炼出对立的概念和范畴。对立这个概念是我们毕达哥拉斯学派提出来的。

**记者：**

你所讲的对立，应该包括哪些形态呢？

**毕达哥拉斯：**

对立的形态多了去了，它包括：奇和偶、有和无、一和多、左和右、雌和雄、动和静、曲和直、明和暗、善和恶、正方和长方等。至于具体有多少种，有人说10种，有人说8种，有人说6种，这个我认为不重要。

**记者：**

你哲学的最核心的思想是"数是万物的本原"。我想了解一下，从你的这个观点是否也可以推导出"对立也是万物的本原"呢？

**毕达哥拉斯：**

毫无疑问，是能够推导出的。我们讲"数"是万物的本原，而实际上数的本原，也正是一些相反相成的东西。

**记者：**

如何理解？

**毕达哥拉斯：**

"数"中存在着各种各样的矛盾和对立，如一和多就是一个，正方和长方也是一个，还有有限和无限、奇数和偶数等。可见，只要我们认同"数是万物的本原"这个观点，就可以推导出"对立也是万物的本原"这个结论。

## 十一　美德也是一种和谐

**记者：**

你说宇宙中的各个天体之间存在着某种和谐，是不是意味着这些天体中存在某种精神甚至是情感上的感应和默契？是不是意味着这些天体具有某种生命性的东西？

**毕达哥拉斯：**

这是你说的，我没说。或者可能。

**记者：**

这种和谐也适用于人类社会吗？

**毕达哥拉斯：**

是的。人间的美德也是一种和谐，友谊实际上是一种平等的和谐，还有，健康是和谐，善也是一种和谐。

## 十二　身体是灵魂的坟墓

**记者：**

灵魂研究也属于你们研究的范畴吗？

**毕达哥拉斯：**

当然啦。在我们这个学派看来，人是由灵魂和肉体两大部分构成，所谓的肉体是一人一体，当人死亡时，人的肉体自然灰飞烟灭，归于虚无。但人的灵魂则与肉体不同，人的身体不过是其灵魂的住所，或者说是临时小憩的驿站而已。也有人说身体是灵魂的坟墓和囚笼，说法不同，意思都差不多。

**记者：**

玄乎乎的。在你们西方，不少研究者说，你们关于灵魂的说法，是受到当时的一个名叫奥尔弗斯教派（Orphism）神秘教义的影响，所以搞得如此玄乎乎的。也有人说，你多次到埃及游历，埃及宗教对你也有影响。

**毕达哥拉斯：**

一点也不玄乎！在我们看来，当人死亡以后，灵魂就如脱离囚笼的自由人，它可以移居到别人身上，也可以移居到一棵树、一匹马、一头牛身上。

## 十三 灵魂或是物质性的

**记者：**

你的学说多次提到灵魂这个东西，我感觉在你的理念中，灵魂就是那种玄乎乎的精神之类的东西，是不是？

**毕达哥拉斯：**

也不一定。关于灵魂的本质到底是物质性的东西，还是某种精神性的东西，即便在我们毕达哥拉斯学派里面，也有不同的看法。有人说灵魂是纯粹精神性的东西，有些人则不这么看。

**记者：**

愿闻其详。

**毕达哥拉斯：**

在我们中有些人看来，灵魂是从包含在脑髓中的热气生成出来的，而脑髓显然是物质，因此，灵魂是从物质中生成出来的。也就是说，灵魂自然也与生成它的东西非常相似，因而自然也具有物质性的特征了。此外，也有人认为，所谓灵魂，就是类似空气中不断运动的尘埃，这些尘埃，处于永恒的运动之中，即便是在完全没有风的情况下，也是如此。

**记者：**

如此说来，灵魂还真可能是某种物质性的东西了。

人性的曙光：对话前苏格拉底思想家

**毕达哥拉斯：**

至少我是这么认为的。

# 十四　哲学研究与灵魂净化

**记者：**

依你之见，灵魂一会儿待在人的身上，一会儿待在猪的身上，一会儿又跑到刺猬的身上。这相当于一个灵魂，经常是从一个囚笼转到另一个囚笼，从一座坟墓转到另一座坟墓，这岂不是很难保持一个清白的存在吗？

**毕达哥拉斯：**

正是！轮回越多越苦，越是不干不净。

**记者：**

那如何净化自己？我是说灵魂。

**毕达哥拉斯：**

路径千千万，关键是这样几条：一条是修身养性，恪守清规戒律。如：不吃肉；不吃豆子；不要朝着太阳大小便；不要践踏剪下来的指甲和头发；房子里不许有燕子栖息其中；不要用刀或者剑去拨火；起床后要把被单扯平，不要让人觉得有人在床上睡过觉；等等。

**记者：**

真是清规戒律一大套啊！

**毕达哥拉斯：**

我们把体育和音乐看成是净化灵魂的方法。其中体育不仅能够锻炼身体，还能节欲清心、净化灵魂。由于注重体育，我们也关心医学和生理学的研究，学派中好多人后来成为有名的医生。

**记者：**

那么音乐有什么作用呢？

**毕达哥拉斯：**

音乐能够净化灵魂。正如刚才所说，我们正是在对音乐的研究过程中，发现了音乐和"数"的关系，发展了关于"数"的理论，提出了和谐的学说。当然，音乐也是净化灵魂的活动。关键还有一条……

**记者：**

什么？

**毕达哥拉斯：**

那就是研究哲学，哲学是智慧之学，一个伟大的哲学家，自然就应该是灵魂至高纯洁的圣人。

# 毕达哥拉斯简传

毕达哥拉斯（Pythagoras，约公元前580年—约前500［490］年）古希腊数学家、哲学家。毕达哥拉斯生于爱琴海伊奥里奥海域的萨摩斯岛上，据说，因为他反对该岛的统治者波吕克拉底僭主的政权，早年就离开了家乡。传说他游历埃及、巴比伦等国，后定居意大利南部城邦克罗顿。他在这里吸纳、组织了一个秘密社团，称毕达哥拉斯同盟（学派）。该社团要求其成员甘愿为团体而牺牲，平时压制感情、锻炼自治能力，并经常反躬自省，增进道德修养。成员有共同的生活，衣食由社团供应，甚至把科学上的发现也看成是公共的。据说该同盟曾在克罗顿和意大利南部城邦西巴利斯执掌过政权。毕达哥拉斯哲学的核心思想是"数是万物的本原"。

# 第七章 宇宙是独一无二的
## ——对话塞诺芬尼

## 引 子

　　苏格拉底之前的希腊哲学大体上可以分为几个时代,第一代以泰勒斯和毕达哥拉斯为鼻祖,而公元前6世纪和前5世纪之交毕达哥拉斯的死,与公元前494年米利都的被毁,终结了苏格拉底之前古代希腊哲学的第一个时代。随着塞诺芬尼,尤其是巴门尼德、芝诺等人为代表的意大利南部的爱利亚学派走上历史舞台,古希腊哲学进入第二个时代。这个学派的最大功德就是提出了"存在"这个西方哲学中最重要的哲学概念。今天笔者与之对话的是爱利亚学派的第一位代表人物——塞诺芬尼,他的理论可以归结为三个字——"一神论"。

## 一　我只属于我自己的流派

**记者:**

你是一位了不起的大诗人。根据第欧根尼·拉尔修的记载,你写的诗很多,仅仅与你家乡科罗封城和意大利地区爱利亚殖民地城邦有关的诗,就有二千行之多。

**塞诺芬尼:**

严格说来,我是双重身份的诗人,一个身份是游吟诗人……

**记者:**

难道游吟诗人不是诗人?

**塞诺芬尼:**

严格说来,游吟诗人不能算诗人,我们只是在一些贵族们举行的宴会上,去吟诵当时一些诗人,如荷马、赫西俄德的诗,作为一种回报,贵族们给我们一些辛苦费。

**记者：**

钱多吗？

**塞诺芬尼：**

少得可怜，与打发要饭的差不多。当然，我不仅仅是一个游吟诗人，我还搞一些创作。

**记者：**

你非常的博学，思想丰富多彩，这一点是公认的，但是……

**塞诺芬尼：**

你想表达什么意思？直接说，不要吞吞吐吐。

**记者：**

我想说的意思是，虽然大家都公认为你是一位诗人、一位文学家，但是，人们对你的学术身份到底如何定位，确实存在着不同的看法。

**塞诺芬尼：**

人们对我有不同看法，其实是个好事情。对搞学问的人来说，最可怕的是无人关注，无人议论。

**记者：**

有人说，你仅仅是一位诗人，但不是一个哲学家；有人说你是神学家，而持这种观点的人又一分为二，一部分人说你是真正的一神论者，另一部分人说你是主张多神论的神学家。

**塞诺芬尼：**

关于这一点，我想表达一下我的观点，至于是不是一个哲学家，无所谓。我是一位诗人、一位文学家，我早就这么定位。但是，我想告诉你，哲学和文学是密不可分的。一个哲学家，他的哲学思想可以通过各种各样的方式表达出来，哲学论文是一种表达方式，当然，也可以用诗歌，用散文或者用对话来表达。也就是说，一个人是不是哲学家，取决于他的思想是不是与哲学有关，而不在于他所表达的方式是学术论文或诗歌，还是什么别的形式。

**记者：**

我知道你是什么意思。你的意思是说，一个哲学家表达其哲学的方法是多元

### 人性的曙光：对话前苏格拉底思想家

化的。如果一个人的思想是哲学层面的，那他就应该是哲学家，当然，这并不否定他是个文学家或者是个什么吟游诗人。

**塞诺芬尼：**

是的。你还有什么问题？

**记者：**

人们对你是属于哪一个学派，也有不同的看法。

**塞诺芬尼：**

有点意思，有哪些不同看法呢？

**记者：**

当代西方哲学家基尔克和拉文认为你属于伊奥尼亚思想家，哲学家策勒则说你的哲学是属于爱利亚学派，哲学史学家沃格尔甚至说你是爱利亚学派的先驱。

**塞诺芬尼：**

建议你不要老谈西方人的观点，你们中国人有没有对此提出过什么看法的呢？

**记者：**

当然有啦。我们中国的汪子嵩先生等人，在其编撰的《希腊哲学史》中认为你是爱利亚学派的先驱，这是大多数中国哲学家的看法。

**塞诺芬尼：**

对任何一个问题，人们都可以从不同的角度进行研究，这是别人的权利，我不能干涉。但如果你问我属于哪一个哲学流派，我告诉你，我只属于我自己的流派。我的哲学，与毕达哥拉斯不同，与赫拉克利特不同，与巴门尼德、芝诺不同，与任何人都不同。

**记者：**

你跟谁都不同，那你到底属于哪个学派？

**塞诺芬尼：**

哲学的价值在于自成体系，自圆其说。我可以告诉你，我只属于我自己的流派。

## 二 重视体力甚于重视智慧是不公正的

**记者：**

我看过很多资料，说在你们那个时代非常注重体育比赛。我想了解一下，你对这个问题是怎么看的？

**塞诺芬尼：**

我对此不以为然。对那种简单的、来自身体力量的野蛮型的角逐，我从来就不欣赏。

**记者：**

愿闻其详。

**塞诺芬尼：**

体育比赛与歌舞这类活动从其历史起源来看，大都来源于某种祭奠神灵的仪式。在希腊，人们把歌舞和体育这一类活动抬升到非常不应该的高度，这不是一件好事，于国于民都不利。

**记者：**

你这种看法很独特，你似乎认为崇尚体育竞技是一件意义不大的事？

**塞诺芬尼：**

不是我一个人这么认为。据我了解，你们很多后来人也是这么看的。欧里庇得斯（Euripdes）对希腊的奥林匹亚赛会不以为然，伊索克拉底（Isocrates）也认为这类活动毫无意义。

**记者：**

体育运动是一项提高人类身体健康水平的活动，为什么到你眼里，其意义就被严重打折了呢？真有点莫名其妙。

**塞诺芬尼：**

你听我慢慢讲，看看我说的有没有道理。你知道宙斯吗？

**记者：**

宙斯是你们西方统治宇宙的天神，我当然知道了。

## 人性的曙光：对话前苏格拉底思想家

**塞诺芬尼：**

你知道奥林匹亚吗？

**记者：**

当然知道。

**塞诺芬尼：**

奥林匹亚是希腊的一个小地方，宙斯的神庙就建在那里。这个庙靠近奥林匹亚的比萨河边，人们在奥林匹亚举行各种各样的体育活动，一个人如果在赛跑或五项竞赛中得胜，或者在摔跤比赛中得胜，或者在激烈的拳击比赛中获胜，这个人便会在公民中享有极高的荣誉。

**记者：**

体育比赛中战胜了别人，获得应有的荣誉也是应该的，我们现在也是如此。

**塞诺芬尼：**

在我们那个时代，一旦人们在体育比赛中获得胜利，他就会被邀请参加城邦的大吃大喝，还可以拿到各种珍贵的奖品，在人们的眼中这些人简直成了神。国家、社会应当把对智慧的重视放到第一位，人如马一样靠体力去进行比赛，本身意义就不是太大。国家把那些在体力比赛中获胜的人抬高到神的地位，很荒唐。

**记者：**

你的说法有点太极端了。

**塞诺芬尼：**

一点都不极端。一位优秀的拳击手，或者有人在五项竞赛或者角力中获得冠军，或者赛跑得胜，这有什么意义呢？国家一团糟，这种情况依然不会有任何好转，国家的财政空虚也丝毫不会因这些人获得什么大奖而有任何的改善。

**记者：**

体育是体育，政治是政治，社会是社会，你不应该让体育承受太多的社会责任。彼此完全可以相安无事，并行不悖嘛。

**塞诺芬尼：**

如果国家真的像你这么讲的就好了，如果他们对那些智慧之人、思想家与那些依靠体力而风光无限的人予以同等重视就好了嘛。但是，国家不是这么做的，他们把那些靠蛮力比赛获胜的人视为一种神灵，一旦这些人获奖，经常会穿着紫色的袍子大摇大摆走过会场，满身搽着精心调理的香膏，威风无限，不可一世，而对那些帮助治理国家、帮助公民修身养性的智慧之人，却视而不见、置之不理，这就有问题了。

## 三　挑战荷马

**记者：**

在你当时所处的时代，荷马是人们崇拜的对象，人人都以荷马为榜样。而你却把荷马作为批评的对象，你的诗中常常可以看到你对荷马的批评。我想了解一下，这背后到底是什么原因？

**塞诺芬尼：**

这个话说起来比较复杂。

**记者：**

再复杂，也希望你讲一讲。

**塞诺芬尼：**

要想讲清楚这个问题，我们首先得从《荷马史诗》以及赫西俄德的《神谱》是怎么来的讲起，你看行不行？

**记者：**

当然可以！我也希望熟悉一下那段历史。

**塞诺芬尼：**

原始人类是没有宗教的，这个你同意吗？

**记者：**

说实话，我没有认真研究过。你说说看。

**塞诺芬尼：**

原始人类是没有宗教的，是古希腊人创造了最初的宗教。比较起来，它有一定的进步意义。

**记者：**

怎么讲呢？

人性的曙光：对话前苏格拉底思想家

**塞诺芬尼：**

宗教，从某种意义上，反映了人类自我意识的发展，宗教越发达，说明人类对自我意识的认识越深入。

**记者：**

愿闻其详。

**塞诺芬尼：**

古希腊的宗教经历这样几个阶段：第一个阶段是动物崇拜，后来是图腾崇拜、自然力崇拜，再到后来是拟人化神的崇拜。每经过一个阶段，都反映出人类自我意识的向前发展和推进。人类所赋予神的属性越丰富，说明人的自我认识也越丰富。

**记者：**

请举例说明。

**塞诺芬尼：**

比如说，在古希腊神话中，赫菲斯托斯（Hephaestus）原来是火山爆发地区西西里的地火之神，以后又成为火神。由于冶炼离不开火，所以，在手工业发展起来以后，他就成了火神兼冶炼之神。这些神不仅为诸神建造宫殿和兵器，而且还用泥土造出了人间第一个女子，她就是潘多拉（Pandora）。你看看，最早的一个神，仅仅是地火，后来成为包括所有火的火神，再后来变成冶炼之神。可见，内容越来越丰富多彩。

**记者：**

还有呢？

**塞诺芬尼：**

再有海伦，海伦原本是古代米诺斯的植物神，后来成为伯罗奔尼撒一带与农业生产和光明有关系的丰产和光明女神。由于光明和航海的关系，她后来又成为水手庇护者的神祇。这背后，反映了人类自身的属性也在变化。再例如阿波罗，阿波罗本来是爱琴海提洛岛上的阳光之神，原本是一块大石头，后来又发展成为太阳神。再后来，也就是公元前8—前6世纪的时候，随着航海业、医疗业的发达，阿波罗神又演变成负责迁移和航海者的庇护神，后来又成为能够为人类消灾减忧的医神。从表面上看，是神的属性在发生变化，实际上背后反映的是人的内

## 第七章　宇宙是独一无二的——对话塞诺芬尼

在属性在进化。

**记者：**

这与《荷马史诗》有什么关系呢？

**塞诺芬尼：**

这个你还看不出来吗？荷马将这些东西加以提炼和组织，就成了《荷马史诗》。无论是《荷马史诗》，还是赫西俄德的《神谱》，从某种意义上讲，都是对当时人类自我属性认识的一种记载。

**记者：**

于是乎，天神、地神、时间之神、泰坦诸神、独眼巨人、百臂巨人等就出现了，宙斯与奥林匹斯山诸神也就出现了。

**塞诺芬尼：**

是的。在希腊的神话史上，天神、地神、时间之神、泰坦诸神、独眼巨人、百臂巨人等诸神，我们把他们称为旧神体系。后来出现的以主神宙斯为代表的奥林匹斯山诸神，我们则称之为新神体系。新神体系就是由《荷马史诗》以及《神谱》建立起来的。就在这个时候，荷马获得了至高无上的地位，人人都以荷马为榜样。实际上也确实没人敢对荷马的诗说三道四。

**记者：**

那后来呢？发生了什么？

**塞诺芬尼：**

到公元前7世纪末以后，希腊社会发生了很大变化。这些变化对《荷马史诗》以及它所代表的新神体系产生了巨大的冲击。

**记者：**

冲击？体现在什么地方？

**塞诺芬尼：**

其一，从公元前7世纪末以来，出现了一批新人，他们创作了很多有生命力的抒情诗，如赞歌、挽歌、哀歌等。从诗的格律来讲，他们也超越了荷马经常用的扬抑格这种传统格律，抑扬格、扬抑抑格等新的格律体系出现了，新诗歌的形式也开始出现。总之，一句话，荷马原来一尊独大的地位开始受到了挑战。其二……

**人性的曙光：对话前苏格拉底思想家**

**记者：**

其二是什么呢？

**塞诺芬尼：**

在荷马那个时代，人们开始用道德批判的眼光看待荷马神话中的一些事情。例如，在希腊神话中，婚姻制度杂乱无章，如杂婚制、群婚制、对偶婚制等形式长期并存。宙斯娶其妹赫拉为妻，也被认为是习以为常。各种乱伦、强盗、奸淫现象，也被认为是一种英雄主义的象征。但是，到了我们那个时代，人们的观念发生了很大的变化。社会上出现了好多诗人，他们不再简单地用客观主义的办法来描述希腊诸神的乱伦行为和欺骗行为。很多诗人开始用自己的创作劝人行善，而不是去大肆渲染神灵之间的勾心斗角以及各种丑陋的尔虞我诈。

**记者：**

我明白了。到了你所处的时代，人们开始用道德的眼光来看待希腊诸神的所作所为，而作为客观描写这些行为的《荷马史诗》，也自然就成了你批判的对象。

**塞诺芬尼：**

是的。

## 四　神灵："先辈们的虚构"

**记者：**

赫拉克利特说，你是"一个博学但并不真有智慧的人"，你对赫拉克利特的这个评价是怎么看的呢？

**塞诺芬尼：**

赫拉克利特是一个追求完美的人，他对自己对别人都极端苛刻。在他的眼中，毕达哥拉斯是"一个博学但并不真有智慧的人"，他说伟大的赫西俄德是"一个博学但并不真有智慧的人"。他同样说我也是"一个博学但并不真有智慧的人"。我的名字能够和伟大的毕达哥拉斯和赫西俄德这样的人放在一起，我感到很自豪，很满足，我并不感到有什么委屈。

**记者：**

你确实是一个很宽容的人。但说句实话，我原来对你了解不多，因而对赫拉

## 第七章　宇宙是独一无二的——对话塞诺芬尼

克利特对你的评价，也不好说什么。但通过研究你对荷马和赫西俄德关于神的一些看法的评价，我觉得赫拉克利特对你的评价有点不公正，而你对荷马和赫西俄德的许多批判，还是充满智慧的。

**塞诺芬尼：**

谢谢你对我的评价。我对荷马和赫西俄德的批判，主要集中在三个方面。

**记者：**

请你说说，你是如何批判他们二位的呢？

**塞诺芬尼：**

第一点，我不同意他们把人间的很多无耻的丑行都加到诸神的身上。例如，在荷马的诗和赫西俄德的《神谱》中，说那些神灵和人一样，丑陋不堪、偷盗成性、尔虞我诈。我相信，如果神灵也像人一样，如此邪恶丑陋，他们就不值得人们去尊重。或者说，人间的丑行完全可以套到神身上，而这时的神和人，就没有什么两样了，这就等于变相否定神的存在。

**记者：**

那么第二点呢？

**塞诺芬尼：**

第二点，我也不同意荷马和赫西俄德把人间其他的一些庸俗的东西套到诸神身上去。

**记者：**

具体来说是什么呢？

**塞诺芬尼：**

在人类中，只要有三个人，哪怕只有两个人，也要分出三六九等，上下尊卑。无论是荷马，还是赫西俄德，在他们的眼中，神与神之间，也存在着人间的那种"君君、臣臣、父父、子子"的关系，上下级之间等级森严，官大一级压死人。这一点，我认为荷马与赫西俄德对神的一些描写，同样也是对神的大不敬。我不相信神灵之间会发生糜烂不堪的爱情，我也不相信神灵会干一些十恶不赦的犯罪行为，我更不相信一个神会千方百计地去统治另一个神。如果他们真的和世人一样俗不可耐，那他们还能称之为神吗？这种神灵还不如没有好。

人性的曙光：对话前苏格拉底思想家

**记者：**

从逻辑的角度，我同意你的观点。还有吗？

**塞诺芬尼：**

还有也就是最核心的一点，即我不同意荷马与赫西俄德所提出的"神人同形同性"的观点。

**记者：**

何谓"神人同形同性"？

**塞诺芬尼：**

其实刚才我说的两点里面，已经包含这层意思了。他们把神和人看成相同形状、相同本性的东西，这就是"神人同形同性"的观点。

**记者：**

那你是如何看待"神人同形同性"的呢？

**塞诺芬尼：**

荷马与赫西俄德这些人，仅从人的角度来看待神，他们以人的形象甚至是动物的形象来描述神的形象，恰恰说明了这样的一个观点。

**记者：**

说明什么样的观点呢？

**塞诺芬尼：**

这恰恰说明所有的神都是由人创造出来的。这些神存在不存在，都是值得怀疑的。

**记者：**

你的意思是，神是否真的存在值得怀疑，或是根本不存在的？

**塞诺芬尼：**

这可是你说的。还有，人们总是按照自己穿的服装，按照自己的容貌乃至自己说话的声音，去揣摩神的音容笑貌，而不同民族的人，又会把他们的很多想象赋予他们的神灵。打个比方说，埃塞俄比亚人往往会说，他们的神的皮肤是黑的，鼻子是扁的，原因是埃塞俄比亚人的皮肤是黑的，鼻子是扁的。色雷斯人往往会说，他们的神是蓝眼睛，红头发的，那是因为色雷斯人的眼睛是蓝的，头发是红的。

**记者：**

有意思。似乎如果动物们也有神的话，它们也会按照它们的形状去勾勒出它们的神的形状。

**塞诺芬尼：**

一点不错，这就是我马上要说的。假如牛和狮子都有神的话，而且它们也能够用手画画和雕塑，它们必然会按照自己的模样，画出它们心目中神的形象，牛心目中的神的形象肯定就是牛的形象，马能够画出来的神的形象，肯定就是马。同样，狮子能够画出来，或者能够雕塑出来的神的样子，也肯定跟狮子一样。

**记者：**

你的这些看法，很有智慧之光。你实际上是在说明神并不存在，神只不过是人的祖先虚构出来的产物。

**塞诺芬尼：**

对，这正是我所想要表达的。

## 五　唯一无二的神

**记者：**

你关于神的主张，可以说是你的哲学体系中最引人注目的部分。

**塞诺芬尼：**

是啊！我的诗好多就是谈这个主题的。

**记者：**

可惜流传到我这儿都是一些残篇断句，实在难以全景呈现你的思想。

**塞诺芬尼：**

如果你还能记得那些残篇，不妨说出来，我可以给你解释一下。

**记者：**

我手头有你著作的四个残篇。第一个残篇是这么写的："有一个神，他是神和人中间最伟大的；他无论在形体上或心灵上都不像凡人。"第二个残篇是这么写的："神是作为一个整体在看，在听，在知。"第三个残篇写道："神永远在同一个地方，根本不动；一会在这里，一会在那里对他是不相宜的。"而第四个残篇写的是:"神用不着花力气,而是以他的心灵的思想使万物活动。"就这四个残篇。

**塞诺芬尼:**

我不妨一一给你解释一下,你或许就明白了。

**记者:**

非常感谢!

**塞诺芬尼:**

关于第一个残篇,其中有一个短语叫"有一个神",这句话不同的人有不同的翻译。有的人把他译成"有一个唯一的神",有的人把希腊语翻译成为叫"神是一",有人译成是"一个神",有人译成是"有一个神",等等。译法不同,含义也不同。

**记者:**

那在你看来这个神是唯一的,还是众多神灵中的一个?简言之,如果把你的神学观点进行排队的话,你是属于一神论者还是多神论者?

**塞诺芬尼:**

明确告诉你,我是一神论者。我心目中的那个神是独一无二的,也就是说是唯一的。

**记者:**

那在你的文章中,在谈到神的时候,经常提到很多别的神,这个如何解释?

**塞诺芬尼:**

那可能是笔误,绝不代表我的真实思想。

**记者:**

好的,我明白了,你是属于一神论者,请你解释第二个残篇。

**塞诺芬尼:**

第二个残篇应该这样解释:我主张的神与荷马的神是不一样的。荷马理论中的神就跟人是一样的,他的眼睛可以看,鼻子可以去闻,舌头可以去舔,脑子可以去想。但是,我所主张的神跟人是不一样的,他不会像人一样,要用自己的器官去感知这个世界,而是作为一个整体来把握这个世界。一句话,神的本体是球形的,无论哪一方面跟人都不一样。他是作为整体的眼睛、耳朵、鼻子、思想、心灵去把握世界,而不是像人一样用单个的器官去感知这个世界。

## 第七章 宇宙是独一无二的——对话塞诺芬尼

**记者:**

那第三个残篇如何理解?

**塞诺芬尼:**

第三个残篇、第四个残篇可以连起来给你解释。

**记者:**

好。

**塞诺芬尼:**

无论是在荷马的诗中还是在赫西俄德的诗中,他们笔下的神跟人是一样的,经常东奔西跑,到处干预人间的事情,弄得很疲惫,也经常累得半死。其实这是很好笑的,既然是神,哪用得着飞来飞去,把自己折腾得死去活来呢!我心目中的神具有极高的智慧,他根本不用飞来飞去,只要动动自己的思想和智慧就可以安排世界的秩序,预先控制万事万物发展的进程。

**记者:**

你的意思是说你心目中的神永远在一个地方,无须劳心费神地跑来跑去,用其思想就足以干预和控制整个世界。

**塞诺芬尼:**

就是这个意思。

**记者:**

感谢你一个残篇一个残篇地分析。经过你这么一讲解,我也基本明白了你的神学思想。我想可以从七个方面来概括你的思想。

**塞诺芬尼:**

你说说看,看你的归纳是否正确。

**记者:**

你的神学思想可以用七句话来概括。

**塞诺芬尼:**

你说。

**记者:**

其一,神是唯一的。其二,神是不动的。其三,神没有生也没有灭。其四,神没有和人一样的形体和器官。其五,神是一个单一的整体、全体。其六,神有自己的心灵和思想，但不像人那样需要感知器官才能认识世界。其七，人只能依靠感觉去把握世界，而神则靠心灵与思想来左右万事万物的进程。这样概括对吧？

**塞诺芬尼：**

对。

## 六　万物出于自然

**记者：**

通过研究你的哲学残篇，我发现你对古希腊哲学中关于世界起源的一些说法，都是持批评态度。

**塞诺芬尼：**

无论是在荷马的史诗还是在赫西俄德的《神谱》中，他们认为自然界的万事万物，都来自于诸神，也就是说诸神是自然界的创造者。

**记者：**

是吗？他们具体是怎么说的呢？

**塞诺芬尼：**

荷马说，天上的一切都来自海洋，是海洋之神孕育天上诸神。赫西俄德在他的《神谱》中，说混沌之神产生黑夜之神和爱神，其后，地母之神盖亚生育了天上诸神，进而造就了万物。

**记者：**

那你是如何解释万物的来源的呢？

**塞诺芬尼：**

我对世界来源的解释是纯自然的。我主要是利用希腊哲学家阿那克西曼德和阿那克西美尼的一些研究成果来解释这些问题的。

**记者：**

说说你的具体观点。

**塞诺芬尼：**

可以。你看这样好不好？我读几段我写过的原汁原味的东西给你听，听完后，我想你应该就能够明白我的意思。

## 第七章 宇宙是独一无二的——对话塞诺芬尼

**记者：**

最好不过。

**塞诺芬尼：**

你听："海洋是水的源泉，风的源泉。因为，如果没有大海，那么云中就不会刮出风来，也不会有任何泛滥，也不会有天空的雨水；大海可以说是风、云和江、河之父。"

**记者：**

明白你的意思。你的意思是说，许多自然现象如风啊、云啊，等等，都来自于海水的蒸发，大海是水的源泉，是不是这个意思？

**塞诺芬尼：**

是的，世界是永恒的，不可磨灭的。星辰是从火云中生出来的，它们一到白天就燃烧，晚上就熄灭，就像炭一样。它们的生和死其实就是燃烧和熄灭。一句话，太阳由炽热的火云组成。

**记者：**

明白你的意思。你是认为，太阳来自于火云。而不是像希腊的一些神学家讲得那么神乎其神。

**塞诺芬尼：**

我在解释大地形成的过程中，更是运用了自然解析方法。

**记者：**

请继续讲。

**塞诺芬尼：**

我曾经在陆地和高山上发现了贝壳，在叙拉古的采石场发现了鱼和海草的痕迹，在帕罗斯岛的石头深层发现了月桂树叶，在马耳他岛发现了压扁的海洋生物……很久以前，所有这些东西都被覆盖在稀泥之中。稀泥干涸了的时候，这些遗骸就形成了。当大地冲刷入海，变成泥潭的时候，全人类就毁灭了。然后又开始新的世界的形成，所有的世界就是这样形成的。

**记者：**

虽然你讲的这些未必符合科学，但总体感觉你和那些所谓的希腊神学家不一样，你总是从自然的角度来解释这个世界。

**人性的曙光：对话前苏格拉底思想家**

**塞诺芬尼：**

是的。不仅宇宙天体来自于自然，包括我们人类在内的所有生物都来源于自然。

# 塞诺芬尼简传

塞诺芬尼（Xenophanes，约公元前565年—前473年），其出生地是伊奥尼亚的科罗封城邦，后到西西里度过了一生。他写的诗篇有哀歌、讽刺诗，还有关于科罗封和爱利亚城邦的叙事诗。现在保存下来的只有118行诗。塞诺芬尼是古希腊诗人、哲学家，爱利亚学派的先驱。据说他是巴门尼德的老师。他的活动盛期约在公元前540年左右。塞诺芬尼并不只是一个游吟诗人，还是一位反传统的哲学家。他在西方哲学史上最早表明了是人创造了神，而不是神创造了人。塞诺芬尼是西方哲学史上第一个泛神论者。

# 第八章 "人不能两次踏进同一条河流"
## ——对话赫拉克利特

## 引 子

谈论赫拉克利特的人,都称他是一位"哭泣的哲学家",他的所有画像无一不是拉长着脸,痛苦至极。不仅如此,我们的这位哲学家对一切都感到绝望,尤其是对人类。在他的眼中,精英阶层循规蹈矩,昏聩无能;而大多数人则都是坏的,目光短浅,道德沦丧,丝毫不知道按照他指引的逻辑(逻各斯)体系行事,因而没有任何前途。

但就做人与做学问本身而言,赫拉克利特堪称人类的楷模,1857年马克思在谈到赫拉克利特时说:"我对这位哲学家一向很感兴趣,在古代的哲学家中,我认为他仅次于亚里士多德。"黑格尔在其《哲学史讲演录》中说:"没有一个赫拉克利特的命题,我没有纳入我的逻辑学中。"就连尼采这样蔑视一切生灵的人都对他顶礼膜拜,尼采对赫拉克利特的颂扬超过任何人。走进这样的人的心灵深处,会是一件其乐无穷的事情。

## 一 粪土当年万户侯

**记者:**

我看过一些资料说,在你那个时候,波斯国王大流士曾经一再给你去信,盛情邀请你到波斯去讲希腊文化,但都被你一口回绝。我想了解一下,作为一个学者,谁都愿意宣传自己的思想,你为什么不到波斯去讲授希腊文化、传播你的思想呢?再说啦,有一国之君愿意与你交好,或许在政治上会有很大的发展呀?好多学者连做梦都期盼着有这样的机会。

人性的曙光：对话前苏格拉底思想家

**赫拉克利特：**

你这是小看我了，你这是用一般读书人的眼光来评价我。我之所以没有接受波斯国王大流士的邀请，最起码一点是，此人是我们国家的征服者，我多次号召我的同胞反抗他的统治，我怎么可能去听从他的调遣，去他的国家讲课呢？

**记者：**

具体是什么情况，希望你说得详细点。

**赫拉克利特：**

在我生活的时代，大约公元前494年，波斯王国镇压了我们的伊奥尼亚城邦，米利都被摧毁了，爱菲索——也就是我所在的城邦，虽然也受到破坏，但破坏的程度没有米利都严重，因而代替米利都成为伊奥尼亚的中心。当时征服我们的国家就是波斯。我坚决反对波斯王国对我们城邦的征服。只要有可能，我会反抗到底的。在这样的情况下，大流士邀请我到波斯去，我不可能去听他的号令去为他贴金。

**记者：**

你还真是一个爱国者。但我想，如果你能与大流士处理好关系，政治上有所发展，对保护好你们的城邦也是有好处的呀？

**赫拉克利特：**

我明确告诉你，我对政治不感兴趣。如果你研究我的身世，你就会发现，我的家族本属于爱菲索邦奠基人安德罗克罗王族，我本身就是王位继承人，我最终放弃了王位，让给了我的弟弟。这在当时是一个众所周知的事实。

**记者：**

是这样！如此看来，你确实谈不上对政治感兴趣。

**赫拉克利特：**

在我们这个世界上，很多人不是为名而生，就是为利而死。但是，我对这些事情不屑一顾。

**记者：**

那你的追求是什么呢？

**赫拉克利特：**

我是个学者，一个哲学家。我所追求的是自己心灵上的一点安静。别的对我来说，都是不值一提的。

## 二 不明不白的"死"

**记者：**

你是尼采的偶像，我想你不可能知道，那个"疯子"式的哲学家尼采在当代可是风光无限。尼采，病态的傲慢，他眼中除了希腊酒神狄奥尼索斯外，就是他自己了。他非常仰慕你，那你肯定也是一位绝顶智慧的哲学家了。我问你：人生的最高境界当是什么呢？

**赫拉克利特：**

生得光荣，死得伟大！

**记者：**

俗了一点。

**赫拉克利特：**

依你高见，所谓的最高境界应该是什么呢？

**记者：**

生得明白，死得清楚。

**赫拉克利特：**

你达到这个境界了吗？

**记者：**

对于我，如何来到这个世界上，我的父母早就清清楚楚告诉我了，因此我生得明白。至于死，时间还没到呢，或有若干年的等待，我想我的后代们会告诉我的。因此，我基本上已经达到一半的境界了。你呢？

**赫拉克利特：**

我出身名门，我出生时，各种各样的服侍都是非常周全的，家庭的档案也是一清二楚的。因此，就生而论，也算生得明白。至于死，……

**记者：**

犹豫干吗？

**人性的曙光：对话前苏格拉底思想家**

**赫拉克利特：**

那也是清清楚楚的。

**记者：**

既是清楚，那我就得问你若干问题，希望你痛痛快快予以回答。

**赫拉克利特：**

好。

**记者：**

据罗马帝国时期的哲学家普鲁塔克说，你一生都是病恹恹的？

**赫拉克利特：**

说来话长，我这人平时很注意养生，例如，我不吃肉，也不吃豆子。

**记者：**

还有呢？

**赫拉克利特：**

没事时，或者说只要有时间，我就喜欢到山里转悠，这样就可以避开人群，人身上浊气太重，与这些臭不可闻的人在一起，久而久之，你就会得病的。

**记者：**

所以你就隐遁山林，过一种"采菊东篱下，悠然见南山"的神仙日子。关键是效果如何？感觉好像也不是尽如人意吗？

**赫拉克利特：**

悔不该当初……

**记者：**

当初如何？

**赫拉克利特：**

不吃肉，不吃豆子，导致我营养不良，得了水肿病，害得我不得不回到城市里，回到浊气弥漫的人间来治病。

**记者：**

听说医生们给你开的单子很损！

**赫拉克利特：**

是的，医生要我整天用牛粪把自己捂住，这样我就不得不整天待在牛圈里，

## 第八章 "人不能两次踏进同一条河流"——对话赫拉克利特

与那些更加浊气熏天的家伙们在一起。

**记者：**

想想都让人觉得恶心，听说你正是在医疗的过程中一命呜呼的？

**赫拉克利特：**

是的。

**记者：**

具体是如何死的？听说有若干种说法？

**赫拉克利特：**

是的，每一种说法都让人恶心。

**记者：**

但说无妨。

**赫拉克利特：**

一种说法是：用牛粪把我围住，本来是想借助牛粪的热气把我体内有害的毒水吸干，但是由于这些牛粪是湿的，害得我因窒息而死。

**记者：**

粗心大意的医生们！把你活活闷死，实在是庸医害人！应该追究他们的法律责任，你不是经常说："人民应当为法律而战斗，就像为城垣而战斗"吗？你为你的权利将他们告上法庭了吗？

**赫拉克利特：**

那是普通人干的事情，我是一个贵族，犯不着的。当然，这也不能全怪医生。因为这种治疗方法比较简单，好多时候是我亲自用牛粪把自己捂住的，到底是因为医生疏忽大意，还是因为我自己的过失，实在也是说不清楚的。

**记者：**

如是这种情况的话，就不能全怪医生了，你还算豁达。

**赫拉克利特：**

得饶人处且饶人！

**记者：**

还有什么说法？

**赫拉克利特：**

另一种说法，牛粪太干，是太阳活活把我晒死，你知道伊奥尼亚的太阳是很毒的。

**记者：**

伊奥尼亚的太阳毒不毒我不知道，我只知道，你活活被太阳晒死，也太惨了！还有别的说法吗？

**赫拉克利特：**

窘于启齿！

**记者：**

人都死掉了，有什么不能说的。

**赫拉克利特：**

由于朋友们没能把那些牛粪从我身上剥下来，结果导致我变得不成人形，一些狗活活把我咬死。

**记者：**

最凄惨的一种说法，这种可能性似乎最大！

**赫拉克利特：**

你什么意思？

**记者：**

你的著作残篇第97个残篇是这么写的："狗儿们向它们不认识的人狂吠"，我真没想到，这些狗不仅敢于狂吠，而且还敢把人咬死！

**赫拉克利特：**

本来如此！溥天之下，最凄惨的人当是我无疑了，你说我能高兴起来吗？

## 三　天使或魔鬼

**记者：**

有一件事，或许你不知道。

**赫拉克利特：**

你说说看。

## 第八章 "人不能两次踏进同一条河流"——对话赫拉克利特

**记者：**

那就是后人对你的评价，简直就是天壤之别。有的人把你夸上了天，你似乎就是天使。有的人则用非常尖刻的语言来批评你，你简直就是魔鬼。

**赫拉克利特：**

人们是如何评价我的？

**记者：**

我挑几个人的看法给你听听。一位是马克思，1857年，马克思在其致拉萨尔的信中提到你，他说："我对这位哲学家一向很感兴趣，在古代的哲学家中，我认为他仅次于亚里士多德。"

**赫拉克利特：**

你是说，在马克思的心目中，我的地位仅次于一个叫亚里士多德的后生？

**记者：**

没错。在一般人看来，亚里士多德代表着西方哲学的巅峰。

**赫拉克利特：**

谢谢这位马克思先生！你接着讲。

**记者：**

第二位是恩格斯先生，他是马克思如亲兄弟般的好友。他对你的评价应该说与马克思差不多。

**赫拉克利特：**

你具体说来听听。

**记者：**

恩格斯在其著作《反杜林论》中是这么写的："当我们深思熟虑地考察自然界或人类历史或我们自己的精神活动的时候，首先呈现在我们面前的，是一幅由种种联系和相互作用无穷无尽地交织起来的画面，其中没有任何东西是不动的和不变的，而是一切都在运动、变化、产生和消失。这个原始的素朴的但实质上是正确的世界观，而且是由赫拉克利特第一次明白地表述出来：一切都存在，同时又不存在，因为一切都在流动，都在不断地变化，不断地产生和消失。"[①]

---

[①] 《马克思恩格斯选集》第三卷，人民出版社，1995年，第359页。

## 人性的曙光：对话前苏格拉底思想家

**赫拉克利特：**

恩格斯对我的评价要比马克思的更具体，不管怎么说，我也非常感谢。你接着说。

**记者：**

第三位是德国哲学家黑格尔先生。他在《哲学史讲演录》中是这么写的："没有一个赫拉克利特的命题，我没有纳入我的逻辑学中。"[①]下面还有一位叫列宁的先生，他把你叫作"辩证法的奠基人之一"[②]。还有德国工人运动的一位领导者叫拉萨尔，对你的评价也是非常之高。他特别为你树碑立传。

**赫拉克利特：**

感谢这位拉萨尔先生。你看到了他为我作的传吗？

**记者：**

我倒没有看过。他的传记的名字叫作《爱菲索的晦涩哲人赫拉克利特的哲学》。

**赫拉克利特：**

不管怎么说，这么多人对我的哲学给予高度评价，我应该感到很高兴。不过，说好话容易，说不好听的话也许更有价值。你能告诉我，有哪些人对我予以批评的？我也希望听听批评的声音。

**记者：**

这正是我下面要说的话。在所有的批评你的哲学家中，我认为英国的一位哲学家叫波普尔，对你的批判颇具代表性。

**赫拉克利特：**

请你详细地说一说。

**记者：**

波普尔的书，名字叫《开放社会及其敌人》。这本书我看了若干遍。

**赫拉克利特：**

我想了解波普尔是如何批评我的？

---

① 黑格尔：《哲学史讲演录》第1卷，中译本，第295页。
② 《列宁全集》第38卷，人民出版社，1959年，第390页。

## 第八章 "人不能两次踏进同一条河流"——对话赫拉克利特

**记者：**

在《开放社会及其敌人》一书中，波普尔首先承认你是一个具有非凡能力和创造性的思想家，并认为你的思想被后世的哲学家柏拉图继承，而成为西方哲学的主体部分。但是，他也认为，你的哲学，在人类的历史上，起到反理性主义和神秘主义的作用。就对社会的推动作用而言，不是推动作用，而是反动之至。

**赫拉克利特：**

听到波普尔的议论，我的心中感到很不舒服。不过听听也没坏处。

## 四 《论自然》：并非为人而作

**记者：**

听说你写过一本书，书的名字叫《论自然》？

**赫拉克利特：**

是的。

**记者：**

公元前3世纪，有一位讽刺作家名字叫佛利岛的蒂蒙，他说你是一位"出谜者"。你知道"出谜者"是什么意思吗？

**赫拉克利特：**

我知道。他的意思是，我的书中到处都是谜，不好理解。

**记者：**

是的。在你之后的欧洲，到了罗马帝国时代，有一位皇帝叫西塞罗，他在他的《论善恶的目的》一书中，也说你是一位晦涩难懂的哲学家。后来的哲学家卢克莱修也说你的文章以晦涩难懂著称。

**赫拉克利特：**

你不用列举，我知道真正能够看懂我的书的，没有几个。我的书是专门奉献给阿尔忒弥斯神庙，而不是把它宣示给普通大众的。

**记者：**

你的意思是说，你的这本书是为一个神庙而写的？难怪在你的著作会出现诸如"冥府里的灵魂拥有嗅觉""毛驴喜欢糠皮胜过喜欢黄金""猪用泥浆洗澡，鸟

人性的曙光：对话前苏格拉底思想家

儿用灰尘淋浴""人的见解就是顽童的游戏""狗咬它不认识的人"……这类怪里怪气的词句了。

**赫拉克利特：**

是的。我的书，我多是用隐喻的方法来写的，我没有指望什么人能理解它。能理解我这本书的人，在我们那个时代，应该还没有出现。

**记者：**

我明白你的意思。你用那些晦涩难懂的语言写你的书，是故意而为。那么在你看来，你的时代没有人能够读懂你的书，你也不希望大众理解它，他们理解不了，自然也没有人能够敢轻视它。

**赫拉克利特：**

这么讲也不无道理。

## 五　寻找自己

**记者：**

刚才我们已经探讨过，人们对你的评价相差如此之大。你的著作语言晦涩难懂，这毫无疑问是一个重要原因。我想对这个问题可否做进一步的探讨，那就是说，你为什么要用那些晦涩难懂的语言去写你的书？我相信，任何一个作者都会明白他为什么要写书？写书是为了让人看，而不是为了束之高阁。我研究发现，你之所以要用那些晦涩难懂的语言去写作，背后或许与你自认为你的很多思想与当时的人格格不入而无法沟通有关，会不会有这方面的原因呢？

**赫拉克利特：**

你说的也有一定的道理。现在回过头来看，我这个人确确实实是一个太过心高的人。我看不起一般人，我也看不起当时所谓的精英。

**记者：**

在你的书中随处能看到你说的这些痕迹。我现在从你的著作的残篇中摘录几句为例，来作为说明你具有这种秉性的证据。比如你说："人们既不懂得怎样去听，也就不懂得怎样说话。"你说："一个如果是优秀的人，在我看来就抵得上一万个人。"你还说："他们（群众）的心灵或理智是什么呢？他们相信街头的吟游诗人,以庸众为师。因为他们不知道多数人是坏的,只有少数人才是好的。"这些足以表明,你对当时的普通人是嗤之以鼻的。

**赫拉克利特:**

实事求是地讲,我这一些很刺耳的语言不只是针对普通人,对当时的很多已经闻名的思想家,我也是不屑一顾的。

**记者:**

你可否说几句给我听听?

**赫拉克利特:**

我曾经这么来评价赫西俄德、毕达哥拉斯以及塞诺芬尼等人的。我说,博学并不能使人智慧。否则,它就已经使赫西俄德、毕达哥拉斯以及塞诺芬尼们拥有智慧了。我还说,应该把荷马从赛会中驱逐出去,并且加以鞭笞。我还说,赫西俄德是多数人的老师。人们深信他知道得最多,但是他却不知道日和夜其实是一回事。我还说,涅萨尔科的儿子毕达哥拉斯,在从事科学的探讨上,是超过所有其他人的;他从这些著作中做出摘录,从而得出一种自己的智慧,实际上却只是博闻强记和剽窃行为。

**记者:**

好了好了!你不用再说啦。难怪,在你的眼中,无论是那些芸芸众生,还是那些拥有很大影响力的学者、知识分子,啥都不是。既然如此,在你写作的过程中,就不可能考虑如何让自己的著作为同时代的人去理解。所以,你用各种各样稀奇古怪的语言去写作,因而,也让后代人在理解你的著作的过程中产生这样或那样的看法就可以理解了,你是故意不让你的同时代人理解你。

**赫拉克利特:**

或许你是对的。我写作只是为了寻找自己。

## 六 火乃万物之本原

**记者:**

据我了解,古希腊的很多哲学家,都喜欢把某种物质性的元素作为世界的本原。例如,泰勒斯说世界的本原是水,阿那克西曼德说"阿派郎"是世界的本原,

**人性的曙光：对话前苏格拉底思想家**

阿拉克西美尼说气是世界的本原。

**赫拉克利特：**

没错，他们确确实实是这么认为的。我不知道你们中国的思想家是怎么看待这些问题的？

**记者：**

我们中国的思想家，跟你们希腊的思想家的观点差不多。他们认为，金、木、水、火、土是构成世界的本原。不说中国的思想家了，我更关心你认为世界的本原是什么？

**赫拉克利特：**

在说我的观点之前，我问一个人，你知道不知道？

**记者：**

你问谁？

**赫拉克利特：**

毕达哥拉斯，你知道吗？

**记者：**

当然知道。

**赫拉克利特：**

毕达哥拉斯有一位徒弟，名字叫墨塔蓬通的希帕索斯。

**记者：**

我对这个人印象不深，但这个人好像因为触犯了毕达哥拉斯学派的某种信条而被沉入海中。

**赫拉克利特：**

没错。此人发现了边长为1的正方形，它的对角线（$\sqrt{2}$）却不能用整数表达这一原理，这就等于给当时的毕达哥拉学派"一切量都可以用有理数表示"提出了一个反例。他泄露的是无理数和不可公约数的秘密。

**记者：**

我的数学基础很差，你提此人是要说明什么意思？

**赫拉克利特：**

我提这个人，目的是要说明这样一个意思：此人认为世界的本原是火。

## 第八章 "人不能两次踏进同一条河流"——对话赫拉克利特

**记者：**

难道你认同他的观点？

**赫拉克利特：**

他和我的观点完全一样，我们都认为世界的本原是火。

**记者：**

你认为火是世界的本原。具体的含义是什么呢？

**赫拉克利特：**

这句话的含义，可以这样表述：我们生活中的万物都是相同的，它既不是神也不是人所创造的，它过去、现在、将来永远是一团永恒的活火，按一定尺度燃烧，按一定尺度熄灭。就是这个意思。

**记者：**

你刚才讲的这段话，我在你的一些残篇中看过，你可否通俗地讲一下？

**赫拉克利特：**

其实，我刚才说的那段话，已经够通俗的了，稍有智商的人，就应该能听得懂。

**记者：**

我并不怀疑我的智商，只是我想当面听听你自己的解释。

**赫拉克利特：**

这段话可以从四个方面来理解。第一个方面，我所说的火，是一团永恒的火，是活的火，不是死的，它过去、现在、将来都在燃烧。这是一层含义。第二层含义，这一团永恒的火，它是自我生成的，既不是神所创造的，也不是任何人所创造的。第三层含义，就是说，永恒的活火，它的燃烧和熄灭是按照一定的规律在运行。这个所谓的规律，就是我讲的秩序。由火所产生的宇宙，是有一定的规律和秩序的。第四层意思就是万物和火之间可以相互转换，就像货币一样，货物与黄金之间，可以进行互换。火的作用，与黄金的作用是相同的。万物可以换成火，火也可以换成万物。

## 七　火能统治万物

**记者：**

我看你的著作残篇，有很多话看不懂，不知道是什么意思。

**赫拉克利特：**

你看不懂？现在我们是面对面地交流，你可以说出来，咱们探讨。

**记者：**

你有这样一个残篇说，"雷霆驾驭万物"，另一个残篇说，"饱满和不足"。还有一个残篇说，"火遇到万物，便审判和制服它们"。我想了解一下，你这几个残篇是什么意思？

**赫拉克利特：**

你这个人研究问题还是比较深入的。这几句话在我的思想中，还是占有较大比重的。很多人认为，这几句话也是我与其他学派如米利都学派的哲学家的区别之所在。

**记者：**

怎么讲？

**赫拉克利特：**

在米利都学派的哲学家们看来，虽然水、"阿派郎"或者气都是万物的本原。但这些东西，还谈不上拥有主宰万物的作用。在我的哲学中，火不仅是万物的本原，还同时能驾驭万物，具有统治万物的能力。

**记者：**

愿闻其详。

**赫拉克利特：**

且听我慢慢道来。在我的残篇中，所谓的"雷霆"，代表的就是永恒的活火，它拥有支配、指挥、统治万物的能力。

**记者：**

那你所谓的"饱满"和"不足"，这两个名词是指什么意思呢？这两个名词有点怪怪的。

**赫拉克利特：**

其实，也没有那么玄乎。在我看来，当火燃烧的时候，也就是发生战争与冲突的时候，此时，万物被创造出来，这就是"饱满"的状态。

**记者：**

你把火燃烧、孕育万物的时候，称为"饱满"的状态？

**赫拉克利特：**

是的。而燃烧停止，也就是万物毁灭的时候，"灰飞烟灭"也就是这个意思。这是我的残篇中"不足"的含义。

**记者：**

经过你这么一解释，我似乎有点明白了；当火与万物相遇，也就是火燃烧的时候，就是火统治万物的时候。在火燃烧的过程中，造就着万物，孕育着万物。在这个过程中，火拥有决定性的作用。这是不是你要表达的那个意思？

**赫拉克利特：**

基本差不多。

## 八　太阳每天都是新的

**记者：**

你认为永恒的活火是万物的本原，由火转化为土、水、气，成为万物。同时，土、水、气又转化为火。前者是上升的路，后者是下降的路。上升的路和下降的路又是同一条路。

**赫拉克利特：**

是的，这是我的观点。我们说了半天，就是这个意思。

**记者：**

你可否用你的理论解释一下，太阳是怎么形成的？

**赫拉克利特：**

火是由明亮的热气哺育的，水是由暗淡的热气所哺育的。也就是说，宇宙之间有两种气：一种是明亮的热气，一种是暗淡的热气。火也有两种：一种是明亮的火，一种是暗淡的火。

人性的曙光：对话前苏格拉底思想家

**记者：**

请接着讲。

**赫拉克利特：**

天空中，有许多小窝，以它们的凹面向着我们，其中聚集明亮的热气，形成火焰，这就是天体。

**记者：**

你的这种说法很有意思。你是说，天上无数的天体，都是一个个朝着我们的奥秘的小窝窝。

**赫拉克利特：**

是的。太阳的火焰是最明亮和最热的，其他的星体，因为离开大地比较远，因此，它们的光芒和热度就比较弱。

**记者：**

月亮如何？

**赫拉克利特：**

月亮虽然离地球比较近，但它通过的区域是不纯洁的，因而显得比较暗冷些。太阳通过的区域是明亮和纯洁的，和我们的距离也比较合适，所以，它能够提供更多的光和热。当小窝向上翻转时，便出现日食和月食。每个月中，月亮的盈亏，是由小窝的依次翻转所造成的。日、夜、月、季、年，雨和风，都是由热气的不同所造成的。

**记者：**

你好像是在讲童话故事。不过，挺有趣，接着讲。

**赫拉克利特：**

明亮的热气在太阳的圈子里燃烧，就是白天。以相反的热气为主时，就成为黑夜。在明亮的热气里，热度增加，就成为夏天。在暗淡的热气中，则成为冬天。

**记者：**

这就是你对天体的解释？

**赫拉克利特：**

是的。想继续听吗？

## 第八章 "人不能两次踏进同一条河流"——对话赫拉克利特

**记者：**

说句实话，关于你的这些解释，我想起当代一位学者对你的评论。

**赫拉克利特：**

他是如何评论的呢？

**记者：**

你们西方有一位学者叫格斯里，他写过一本哲学书，叫《希腊哲学史》。他在这本书中是这么说你的……

**赫拉克利特：**

请讲。

**记者：**

格斯里说：赫拉克利特，将种种不同的现象，放在一个单纯的一般的原因之下，令人吃惊地将它们集中在一起，这种解释似乎并不很明智的。

**赫拉克利特：**

你的意思是说，这位格斯里先生并不赞同我的一些分析？

**记者：**

是的。根据我的研究，看来你的天文学方面的理论，并没有超过你当时的米利都的哲学家们。你还有什么高见？

**赫拉克利特：**

关于太阳的大小，很多人把太阳说得是那么大，其实，太阳是很小的。我在我的书中，多次说过，太阳只有我们的脚那么大，太阳并不像我们想象的那么大。

**记者：**

哈哈！听你这么一说。我又想起你们古希腊有一位思想家，叫阿那克萨戈拉，他曾经说过，太阳比伯罗奔尼撒这个地方大一点点。其实，这实在就是个笑话。而你认为太阳只有我们的脚那么大，我不想再跟你争论，你关于天文学方面的知识，我感觉是少得可怜。

**赫拉克利特：**

关于太阳我还有两个观点，不管你愿意不愿意听，我还是一起讲给你听听。

**记者：**

可以。什么观点都可以交流。

**赫拉克利特：**

关于太阳，太阳也是一颗行星。每个行星都是在特定的轨道上运行，各自都保持着一定的规律性。

**记者：**

你的意思是，太阳和其他行星一样，也是按照一定的轨道和周期运行？

**赫拉克利特：**

是的。宇宙万物的运行都有一定的周期，有的是大周期，有的是小周期。而在这整个框架中，太阳是这整个周期的监视者和保卫者。也就是在整个行星的系统中，太阳居于这个系统的核心，它掌控着整个系统，太阳是至高无上的神的帮手。同时，它也是一年四季得以形成的原因。

**记者：**

你的观点，虽然有点神乎其神，但是，你认为太阳也像其他行星一样，按照一定的规律在运行，并具有一定的周期性。这个观点，我认为基本符合事实的。

**赫拉克利特：**

最后还有一点，那就是，太阳处于不断的运动、变化之中，可以说太阳每天都是新的，也可以说，太阳每时每刻都是新的。

**记者：**

你是说，太阳处于一种绝对的运动变化之中，每时每刻都在蜕变，都在否定它自己。也就是说，我们此时此刻看的太阳，和一分钟、一秒钟以前看到的太阳是不一样的。是这个意思吗？

**赫拉克利特：**

是的。

## 九　火与灵魂

**记者：**

向你请教一个问题，你的残篇中有这么一句话，"土死生水，水死生气，气死生火，反过来也是一样。"这句话如何理解？

## 第八章 "人不能两次踏进同一条河流"——对话赫拉克利特

**赫拉克利特：**

其实很简单，我的这句话所表达的是这样一个思想：灵魂的本质就是火。火一旦死亡，它就变成了水，而水一旦死亡就变成了土。它的过程是从灵魂指向水，再从水指向土。所谓"反过来也是一样"，它的意思是说这个过程是可逆的，也就是说，土活了可以变成水，水活了可以变成火，此时的火就是灵魂。

**记者：**

你的意思是说，人的灵魂的本质就是火，火与水、土、气之间可以发生相互转换，这个过程是可逆的。

**赫拉克利特：**

没错。

**记者：**

谈到灵魂问题，我还有很多话题需要向你请教。有的人说，你所提到的火，由于与水和土之间能够相互进行转换，因而他们在本质上都是物质性的，也就是说人类的灵魂是物质的。你是这么看的吗？

**赫拉克利特：**

或许是吧。

**记者：**

你说"或许是吧"，是什么意思？也有人说，你所谈到的灵魂，由于具有最高端的智慧，因而你所谓的灵魂不是某种物质性的东西，而是某种精神性的东西。还有人干脆就说，你笔下的灵魂就是理性，就是智慧，就是宇宙精神，总而言之，灵魂从本质上讲是一种精神性的东西。

**赫拉克利特：**

斯多亚学派的哲学家，就是这样来解释这个问题的，或许他们的说法是正确的。

**记者：**

怎么又是或许，到底你的观点是什么？

**赫拉克利特：**

你继续说，说完后，我再集中表态如何？

**记者：**

好的。有人认为你所说的灵魂是神，是上帝。

**赫拉克利特：**

这种说法或许也是对的。我上面回答的许多"或许"，或许不会让你满意。其实在我看来，神是日又是夜，它既是冬天又是夏天，它既是战争又是和平，它既是饱满又是饥饿，它像火一样变化着，当火和各种香料混合时，便按照那种香料的气味而命名。

**记者：**

经过你这么一解释，我又变得迷糊了。你笔下的火，灵魂似乎是精神性的，又似乎是物质性的，又感觉像某个神明似的，你能否明确地表述一下，你笔下经常出现的火到底是什么？

**赫拉克利特：**

这是个仁者见仁、智者见智的问题。

## 十 "分寸"就是"逻各斯"

**记者：**

那按照你的观点，宇宙并非神所造，并非人所造，而是火创造出来的？

**赫拉克利特：**

是的，火化育万物，万物归于火。

**记者：**

那火是通过什么具体路径创造出世界的呢？

**赫拉克利特：**

从理论上讲，其路径大体上有两种。

**记者：**

请讲。

**赫拉克利特：**

第一条路径：万物是通过火的浓厚化或者稀薄化来促使万物的产生，又重新分解为火。具体而言就是，这个转化过程包括"上升的运动"和"下降的运动"两种情形。

## 第八章 "人不能两次踏进同一条河流"——对话赫拉克利特

**记者：**

何谓"上升运动"？又何谓"下降运动"？

**赫拉克利特：**

土溶解变为水，水蒸发变为气，气干燥后变为火……这个从土—水—气—火的过程，就是一个不断上升的过程，故称之为"上升的运动"。

**记者：**

那"下降的运动"又是何等情形呢？

**赫拉克利特：**

反之就是，难道不好理解？

**记者：**

好理解，好理解。那第二条路径是什么？

**赫拉克利特：**

第二个路径就是火这个本原性的元素与其他各"亚"元素，如气、水、土之间直接相互转化。

**记者：**

直接相互转化？

**赫拉克利特：**

对！那就是：火毁灭自身生气，气凝聚生水，水凝结生土。反过来也一样。

**记者：**

我似乎明白你的意思了。你的意思就是说：无论是哪一种转化形式，有一点是明确的，那就是火生成万物，万物复归于火。

**赫拉克利特：**

正是！我的那些残篇说的也很是清清楚楚啊，"一切转为火，火又转为一切，犹如黄金换成货物，货物又换成黄金。"

**记者：**

是很清楚了。不过我还想问你一个问题：经济学里讲，货物与黄金之间虽然可以进行交换，但这种交换绝对不是随意的，一定量的货物换取一定量的黄金；不同的货物，其间交换的比例也是不一样的。那是不是意味着：火与各种元素之间的交换也遵循着一定的比例呢？

**赫拉克利特：**

是啊，我说宇宙在一定尺度上燃烧，在一定尺度上熄灭。这里的"尺度"就是我说的那个规律，就是火与各种元素之间进行交换必须遵循的那个比例，这个比例，实际上就是一种秩序，就是我们将要谈到的"逻各斯"（Logos）。

## 十一 "逻各斯"乃世界之魂

**记者：**

基督教《新约圣经》的《约翰福音》中有这样一句话。

**赫拉克利特：**

什么话？

**记者：**

这句话是："太初有逻各斯，逻各斯与上帝同在，逻各斯就是上帝"，这里的"逻各斯"与你说的"逻各斯"是一回事吗？

**赫拉克利特：**

你问我，我问谁？

**记者：**

你这话什么意思？

**赫拉克利特：**

所谓的"逻各斯"，与你们中国文化中的"道"一样，都是极端神秘而很难把握的东西。

**记者：**

你的意思是说，人们无法认识"逻各斯"吗？

**赫拉克利特：**

也倒不是，因人而异。

**记者：**

因人而异，什么意思啊？

**赫拉克利特：**

一类人，距离主导宇宙的理性之火最远，他们都是浑浑噩噩的愚昧之辈，他

## 第八章 "人不能两次踏进同一条河流"——对话赫拉克利特

们永远是睡眼惺忪，这类人的灵魂之窗永远是封闭的，他们只能依靠呼吸而与自然保持联系，但对"逻各斯"永远是不知其所以然；另一类人，虽然是清醒着的，但都是普通人，芸芸众生，他们利用有限的理性思考能力来把握世界，但对"逻各斯"的把握依然是只见树木而不见森林，至多都是一些皮毛。

**记者：**

那什么人能够把握"逻各斯"？

**赫拉克利特：**

非我莫属！唯有我们这些哲学家，距离像火一样的"逻各斯"最近，因而从中得到的温暖自然也最多。

**记者：**

神叨叨的，难道"逻各斯"真是神？

**赫拉克利特：**

"逻各斯"是神，是奥林匹斯的神灵，他是神灵，但他又不是神灵中的某一个。

**记者：**

那作为"逻各斯"，它具有什么特征呢？

**赫拉克利特：**

客观性、公共性、普遍性。

**记者：**

何为客观性？

**赫拉克利特：**

所谓的客观性，是指"逻各斯"这个东西，是永恒地存在着的，即使人们对它毫无所知，但它仍然存在，也就是"逻各斯"是不依赖于人的意志而存在。

**记者：**

何为普遍性？

**赫拉克利特：**

普遍性，也就是公用性，是指万物根据这个"逻各斯"而产生，万物都严格遵循"逻各斯"。

**记者：**

那何为公共性呢？

## 人性的曙光：对话前苏格拉底思想家

**赫拉克利特：**

公共性，是指"逻各斯"是"人人共有的东西"，是万物须臾不能离开、每天都会遇到，因而能够指导一切的东西。

**记者：**

你说来说去，到底什么是"逻各斯"？你直截了当地给个定义呢？

**赫拉克利特：**

你问我，我问谁？

**记者：**

又来了。既然你提出了"逻各斯"这个概念。那么，由你给出一个明确的定义，不是再正常不过了吗？

**赫拉克利特：**

你讲得虽然有道理，但这个问题不好用"一言以蔽之"的办法来解决。在斯多亚学派那里，"逻各斯"是世界理性、命运，一种神秘的宇宙力量；在新柏拉图主义者和那些后来的基督教神学那里，"逻各斯"就是造物主，就是上帝，就是精神实体；在你说的黑格尔那里，"逻各斯"就是概念，就是理性，就是绝对观念，就是绝对精神。至于到底是什么，你我且聊且研究吧。

**记者：**

那我先用你的"见仁见智"来试着做一番抛砖引玉的分析吧。是不是可以这样理解：用印度哲学的语言来说，这个"逻各斯"，就是"梵"；用我们中国哲学的语言，"逻各斯"，或许就是"道"吧。

**赫拉克利特：**

我刚才提到过"逻各斯"与"道"同样神秘，不过我倒想听听你的解释。何为"道"？

**记者：**

所谓"道"，字面上的意思就是道路的"道"，也是门道的"道"，也是道理的"道"。但深究起来与你说的"逻各斯"一样，神秘得很，不是三言两语就能说得清楚的。

**赫拉克利特：**

哦！请继续讲。

## 第八章 "人不能两次踏进同一条河流"——对话赫拉克利特

**记者：**

我读过旅美的中国学者肖钢先生写的《帛书〈老子〉破译报告》，我认为，此书是中国学者关于老子学说著作中学术水准极高的一部作品。

**赫拉克利特：**

难得你对中国人的书有如此评价。他是如何解释"道"的呢？

**记者：**

他也没解释。通过肖先生的书，我发现，1972年长沙马王堆西汉三号墓出土的帛书版《老子》对"道"是这样说的："道，可道也，非恒道也。名，可名也，非恒名也。无，名天地之始也；有，名万物之母也。故恒无欲也，以观其妙；恒有欲也，以观其嗷。两者同出，异名同谓。玄之又玄，众妙之门。"

**赫拉克利特：**

基里哇啦说什么呢？拜托！用你们的白话文翻译一下可否？

**记者：**

也行。肖钢先生的翻译是："关于'道'，人类在研究和证明它的存在，模仿和发挥它的作用的过程中，是可以有所作为的，但人们的作为属于人之道，人之道既不是稳定的，也不是永恒存在而且永远不变的天之道。关于名，人们是可以对事物和现象进行描述、解释、定义及命名的，但所有的描述、解释、定义及命名都不是恒定不变的，它们是会随着人们认知的不断深入和事物及现象本身的变化而改变的。"你看老子这个"道"与你的"逻各斯"是否有点异曲同工之妙呢？

**赫拉克利特：**

呵呵！中国的道学果然神妙玄奥！与我的"逻各斯"神似意近，但又各有其妙。在我这里"逻各斯"就是一个幽灵，鬼魅一样的幽灵，上帝一样的幽灵，可谓世界之魂啊！

**记者：**

提到灵魂，我看过你的两个残篇，一个曰："你们尽管走遍了所有的道路也不会发现灵魂的限度；它具有如此深的一个逻各斯"；一个曰："灵魂具有一个自我增长的逻各斯"，神叨叨的，令人费解，能否请你解释一下这两个魔咒一般的残言碎语？

人性的曙光：对话前苏格拉底思想家

**赫拉克利特：**

你问我，我问谁？我建议你不要再企图去解开"逻各斯"这个咒语了，不求甚解最佳，理解大概就可以了。不怕你不高兴，我可以坦白地告诉你，如果一个人勤于思考、精于专研假以时日，最终将能打造出一个属于自己的体系是不成问题的。但天地之间有些真谛，有些大真理，不是仅仅靠勤奋就能够悟出来的，而更重要的是需要天赋加机缘。

# 十二　万物流变，无物常驻

**记者：**

即便"逻各斯"再复杂、再神秘，但请你举出几个与"逻各斯"相一致的命题，并予以诠释一下，应该是有可能的吧？

**赫拉克利特：**

只能说是差不多相一致。既然你不达目的不肯罢休，那我告诉你几个命题吧。第一个命题就是"人不能两次踏进同一条河流"。

**记者：**

这好像是你最著名的格言之一，懂点哲学的人似乎都知道。

**赫拉克利特：**

相类似的思想，我还有过三四种不同的表述，但核心大同小异。

**记者：**

请你说说看。

**赫拉克利特：**

一种是："踏进同一条河流的人，遇到的是不同的水流"；一种是："人不能两次踏进同一条河流……它分散又结合，……接近又分离……"；一种是："我们踏进又不踏进同一条河流，我们存在又不存在"……[①]

**记者：**

我很小就会游泳，多少年就在家门口的那条河里游泳，怎么能说人不能两次

---

[①] 转引自汪子嵩等著：《希腊哲学史》，第1卷，第372、373、374页。

踏进同一条河流呢？我可是数百次、数千次的在同一条河里游泳了。

**赫拉克利特：**

你说的仅仅是普通人的认识，我问你，当你游泳的时候，水是死的，还是活的？

**记者：**

我不知道水到底是死是活，但有一点可以肯定：水是流动的。

**赫拉克利特：**

既然水是流动的，那么当你下一次再到这条河游泳的时候，你遇到的水还是不是上次的水？

**记者：**

当然不是了！"流水不腐，户枢不蠹"，如果每次水都是一样的，那水就会变臭的，我就不会去游泳了。

**赫拉克利特：**

既然你每次来的时候，河里的水都不一样，那么这条河严格来说就不是原先那条河了，你虽然是在同一个地方下水去游泳，其实你面前的河流已经是条全新的河流了。所以，人是不能两次踏进同一条河的。

**记者：**

你想说明什么大道理呢？

**赫拉克利特：**

那就是：万事万物永远处于不停的运动变化之中，万物流变，无物常驻。

**记者：**

依照你的说法，可以说人一次也无法踏进同一条河流，当我下水的时候，这一分钟遇到的水与下分钟遇到的水就不一样，这一秒遇到的水也与下一秒遇到的水不一样。

**赫拉克利特：**

你这话不是没有人说过。

**记者：**

有人说过？谁啊？

人性的曙光：对话前苏格拉底思想家

**赫拉克利特：**

克拉底鲁（Kratylos）。

**记者：**

何许人也？

**赫拉克利特：**

我的门生。他的原话是：万物永远处在运动变化之中，这是绝对的，这是绝对普遍的一个规律。在这个世界上，万物都在变化，没有一个事物是固定不变的存在。他还说，没有人能够两次踏进同一条河流，实际上人连一次都无法踏进同一条河流。在这个宇宙和世界上，没有什么存在，有的只是生成，只是永恒的变化。因此，作为人，面对恒变的世界，最好什么都不要说，只需动动手指就可以了，因为你一旦说出来，这个东西就不是你说出来的那个样子了。

**记者：**

是不是有点太夸张了。例如，现在的你是你，一小时后难道你就不是你了？

**赫拉克利特：**

严格地说，那也是生长变化了一小时之后的我了，与现在的我还真不是一回事。

## 十三　对立统一与万物一体

**记者：**

万物恒变的背后的机理，或者说原因到底是什么呢？

**赫拉克利特：**

对立面的统一与相互转化。

**记者：**

对立统一？后代人，例如我们先前提到的德国哲学家黑格尔，他最敬佩你的对立统一理论，还有好多好多的人，都把你看作是什么辩证法的开山鼻祖。我不明白，既是对立，黑就是黑，白就是白，怎么会又是统一的呢？为什么说对立统一是万物恒变的原因呢？我看过你的残篇，一会儿是"分离"，一会儿是"汇合"；一会儿是"和谐"，一会儿又是"不和谐"；一会儿是"是"，一会儿又是"非"；

## 第八章 "人不能两次踏进同一条河流"——对话赫拉克利特

一会儿"黑",一会儿"白";一会儿"上坡",一会儿"下坡",表面上似乎很高深,我看好多不过就是颠来倒去的文字游戏。人们说天下哪有什么辩证法,我看一点不假,统统都是诡辩法。

**赫拉克利特:**

别激动!再激动,连你这样一个如此理性的人都变得语无伦次了。我问你:你看过我哪些残篇,你就说我是诡辩法?

**记者:**

比如:"必须理解,彼此分离之物是如何汇合在一起的,不协调之物是如何协调起来的",这是你说的吧?"就像弓与琴彼此统一起来一样",是你说的吧?"不可见的安排比可见的安排更为有力",是你说的吧?

**赫拉克利特:**

看来,你对我的残篇搜集得还真不少。不错!上面那些话是我说的。还有吗?

**记者:**

平心而论,刚才引用的你的这些话多多少少还是有些道理的。不过,有些话却是越说越邪乎。例如,像什么"起点与终点是同一点","不朽的即有死的""有死的即不朽","我们存在又不存在","压榨器里的直纹与曲纹是同一条纹路","上坡路和下坡路是同一条路","海水富有营养,又有毒","哈德斯与狄奥尼索斯是同一个神"……似乎在你那里,任何对立的东西,如好与坏啊、生与死啊,还有睡与醒、老与少、热与冷、干与湿、彼与此、健康与疾病、快乐与痛苦、贫穷与富有、男人与女人诸如此类的,好像都不存在似的。

**赫拉克利特:**

就宇宙和世界的最终意义上来看,就是一个东西,不存在什么矛盾和对立,我举一个最简单的例子,你说某一段路是上坡,另一段是下坡,其实上坡和下坡,都是对特定的某一个人而言,离开这个人,就不存在这个区别。再说啦,一段路对你是上坡,而对另一个人可能是下坡。简而言之,任何对立都是一种表象,也就是一种来自主观感觉的表象。存在就是存在,哪有什么所谓的对立与矛盾!万物是一体的,这才是根本。作为表象的对立,就是统一于这个绝对的一体。

人性的曙光：对话前苏格拉底思想家

记者：

你一会儿说万物归于一体，一会儿又说运动才是根本，到底如何理解你的意思？

赫拉克利特：

很简单，所有存在都是一个东西，这个东西的本质就是运动，就是生成，永恒的生成与灭亡就是一切，一切的矛盾与对立，都是针对特定观察主体的一种表象而已。人们之所以会出现矛盾和对立这类概念，说到底是由于人在不同精神状态上对于世界的感觉不同罢了，人在黑夜里就没有上下左右的概念，自然也就不会有上下左右这些矛盾的存在。人在精神失常的状态下，好坏善恶的概念自然也与常人不同。处于冬天与夏天状态下的人，对什么是冷、什么是热，概念也完全不同。难道不是吗？

## 十四  战争：万物之父，万物之王

记者：

关于对立统一，是不是就谈到这里，再说也说不清楚。因为清楚不清楚，正确不正确，也是一个统一体，清楚的或许是不清楚的，不清楚的或许是清楚的；对的或许就是错的，错的或许就是对的；战争就是和平，和平就是战争；一切都在流变，所有概念都只是一个概念，一个概念代表所有概念。说来说去，只有一个结果，就是头昏脑涨，如坠雾里。

赫拉克利特：

既然你感到头昏脑涨，如坠雾里，那我们就说点具体的事情。你刚才提到战争，那我们就说说战争如何啊？

记者：

我看可以，不过我希望你不要再说战争就是和平，和平就是战争。

赫拉克利特：

不要神经过敏嘛！咱们一本正经地谈谈战争吧。

记者：

战争就是你死我活，战争就是血肉模糊，你还能给战争赋予什么哲学意

## 第八章 "人不能两次踏进同一条河流"——对话赫拉克利特

义呢?

**赫拉克利特:**

你死我活、血肉模糊,这是一般人对战争的印象,我一开始也是这么认为的,但后来觉得这样来看待战争未免太过表面。

**记者:**

说说你的高见。

**赫拉克利特:**

一个社会,就如同你我的身体,其中堆积着无数的垃圾,如果任由这些垃圾存在下去,垃圾势必越来越多,以致最后堵塞我们的血管,阻塞我们的心灵通道,我们的身体就会腐烂掉。

**记者:**

怎么办呢?

**赫拉克利特:**

扫帚不到,灰尘自然不会自己跑掉。要摧毁这些阻碍社会进步的落后的毒素,就必须诉诸战争,新的社会、新的国家,只有通过战争,才有可能出现。没有战争就没有一切。

**记者:**

所以你说"战争是万物之父""战争是万物之王"?

**赫拉克利特:**

是的。

**记者:**

战争也有正义与非正义之分啊,不过请你不要再讲正义和非正义是统一的辩法观点了。

**赫拉克利特:**

对于什么是正义、什么是非正义,我没有研究思考过,但我就知道,战争让一种人成为神灵,让一种人成为自由人,让一种人成为奴隶,同时……

**记者:**

同时什么?

人性的曙光：对话前苏格拉底思想家

赫拉克利特：

同时，战争也让那些因此生命流逝的英烈成为人神共祭的神灵，他们也将因此而永垂不朽！

## 十五　大多数人都是坏的

记者：

谈战争，谈哲学，很累很累，还是说点更轻松的吧，如何？

赫拉克利特：

行。

记者：

听说你出生政治世家，也有后人把你列为"政治哲学第一人"，但你对政治似乎不感兴趣？

赫拉克利特：

政治是个好东西，作为一个政治人物，你可以衣食无忧，还能威风八面，甚至为所欲为……

记者：

政治的好处显而易见，如果那东西不是个好东西，谁稀罕它呢？但你为何把到手的爵位让与他人呢？

赫拉克利特：

政治也是不洁的东西，一旦你粘上它，你就难以洁身自好了，你也就变得不洁了。对我而言，我不缺钱，也没有什么事情要去求人，我去搞那不洁的政治干吗？

记者：

听上去有点洁身自好的味道。

赫拉克利特：

与其和政客为伍，不如与小儿们在一起做做小猫钓鱼一类的游戏。与其置身政治泥潭，一天到晚勾心斗角，尔虞我诈，不如浪迹天涯，悠然自得。

记者：

我还听说，你虽然出身贵族，但却看不起那些纨绔子弟，是吗？

## 第八章 "人不能两次踏进同一条河流"——对话赫拉克利特

**赫拉克利特：**

你用纨绔子弟来形容我们这些贵族，实在是太过片面了。不过，我对有些贵族人士并不看好。

**记者：**

为什么？

**赫拉克利特：**

这些贵族人士，只知道死记硬背荷马的诗歌，荷马的诗粗制滥造，实在不值得学；他们只知道死记硬背赫西俄德的《神谱》，要知道赫西俄德只是一个不学无说的江湖骗子而已；他们只知道死守传统的宗教，只知道死守陈腐的规章制度……一句话，故步自封，抱残守缺，不能与时俱进。这种人领导城邦，城邦怎么能进步呢？

**记者：**

是啊。所以希腊的民主很管用，治理国家还得依靠民众的大多数啊。

**赫拉克利特：**

我不同意你的民主观点。贵族群体虽然毛病甚多，但只要有一个是优秀的，就够了。至于广大的人民，都是一群瞎子，一万个瞎子也赶不上一个眼睛好的人。同样的道理，一万个普通人，也赶不上一个智勇双全的智者。再说了，大多数人一天到晚考虑的就是自己的二亩三分地，毫无公心，因此国家的治理千万不能依靠这些人。所谓民主，不过是祸国殃民的东西。

**记者：**

你对民主为何如此仇恨？

**赫拉克利特：**

爱菲斯的那些民主派们，他们把城邦中最优秀的人——赫尔谟多罗予以放逐，还胡说八道地宣扬人民中不应该有什么最优秀的人，如果有这样的人，就应该让他们到别的地方去，去别的人那里。你说荒唐不荒唐？

**记者：**

如果真是如此，那这些所谓的民主派还真是有点问题。那你口口声声说"人民要为法律而战"是什么意思，一般人还真误认为你特别看重人民呢？似乎人民是维护法律的基石似的。

人性的曙光：对话前苏格拉底思想家

**赫拉克利特：**

天大的误会。何谓法律？法律就意味着遵从一个人的意见。

**记者：**

你对法律的理解竟然是这样，那你说人民要为法律而战斗，是不是说人民要为独裁而战斗？真是对法律的嘲弄！

**赫拉克利特：**

并非如此。在我的心目中，法律是神圣的，法律是上帝为我们这些低俗的人类制定的戒律，超越自然，也超越人为制定的那些清规戒律。

**记者：**

原来如此！

# 赫拉克利特简传

赫拉克利特（Heraclitus，约公元前540年—前470年）是一位富传奇色彩的哲学家，是爱菲斯学派的代表人物。他出生在伊奥尼亚地区的爱菲斯城邦的王族家庭里。他本应继承王位，但是他将王位让给了他的兄弟，自己跑到女神阿尔迪美斯庙附近隐居起来。据说，波斯国王大流士曾经写信邀请他去波斯宫廷教导希腊文化。著有《论自然》一书，现有残篇留存。

# 第九章 "万变皆是幻觉"
## ——对话巴门尼德

## 引 子

  本次对话的主人公是爱利亚学派的奠基人巴门尼德,爱利亚学派的基本范畴和学说都来自巴门尼德,他早年的志向是要成为一名政治家,据说他曾经为其故乡城邦提供了一部非常出色的宪法。后在毕达哥拉斯学派的阿曼尼亚斯的说服下,巴门尼德放弃政治,闭门研究哲学。有关资料还表明,巴门尼德是塞诺芬尼的学生,是芝诺的老师。赫拉克利特主张"万物皆动"说,柏拉图与亚里士多德主张有些事物是运动的,有些事物是静止的,而巴门尼德则说:万物皆是"不动"的,这个"不动"并非相对的"不动",而是绝对的、永恒的"不动"。这就是那真正的"存在"。

## 一 哲学之"都":爱利亚

**记者:**

在希腊哲学流派中,你们爱利亚学派可谓明星如云,你,塞诺芬尼,芝诺,麦里梭可都是光彩夺目的人物。我真想知道,爱利亚到底是一个什么样的地方?何以能造就出如此众多的哲学大家?

**巴门尼德:**

爱利亚,是一个中等大小的城邦,其地理位置位于南意大利的康帕利亚地区。

**记者:**

这个城邦是意大利人建立的吗?

## 人性的曙光：对话前苏格拉底思想家

**巴门尼德：**

我们那时还没有你说的意大利。

**记者：**

那到底是什么人建立了这个著名的城邦呢？

**巴门尼德：**

佛凯亚人。

**记者：**

何许人也？

**巴门尼德：**

来自小亚细亚西岸，从种族上看，属于伊奥尼亚人，希腊人的一支。

**记者：**

这些人何以千里迢迢来到意大利？

**巴门尼德：**

战争使然。

**记者：**

愿闻其详。

**巴门尼德：**

我们的祖先佛凯亚人，是希腊人中最早进行远洋航行的人，他们发现了亚得里亚海、第勒尼安海、伊比利亚等地区。

**记者：**

听说佛凯亚人军事和经济实力都相当的厉害？

**巴门尼德：**

自然。公元前600年，佛凯亚人挺进马赛里亚，建立了殖民地。公元前565年，他们挺进科西嘉岛的阿拉里亚建立城邦……

**记者：**

如此厉害，何以最后落脚到爱利亚？感觉爱利亚似乎并非一个什么了不得的地方。

**巴门尼德：**

自公元前546年开始，情况急转直下。

## 第九章 "万变皆是幻觉"——对话巴门尼德

**记者：**

发生了什么变故？

**巴门尼德：**

公元前546年，波斯国王居鲁士二世任命米地亚人哈帕古思为司令官，对佛凯亚人所在的伊奥尼亚地区发动进攻。我们的祖先地处伊奥尼亚的北部，首当其冲遭受了居鲁士部队的打击。为了逃避波斯部队的进攻，佛凯亚人离开自己的家乡，逃往开俄斯附近的一个小岛上，意图在小岛上重建家园。但是开俄斯人不够意思，他们担心佛凯亚人会在那里建立市场，从而会使他们本国的商人遭到排斥，于是拒绝佛凯亚人到他们那里居住。在这种情况下，佛凯亚人就到库诺斯岛定居于他们20年前建立的殖民地，叫阿拉里亚。由于种种原因，他们还是离开了阿拉里亚。

**记者：**

那是为什么原因又让他们离开了阿拉里亚呢？

**巴门尼德：**

佛凯亚人比较强大，喜欢到处掠夺。在公元前540年，他们和迦太基人以及南意大利的伊特拉里人发生了冲突。

**记者：**

战况如何？

**巴门尼德：**

当然是两败俱伤。在这种情况下，佛凯亚人不可能在科西嘉岛的阿拉里亚立足，于是便携家带口搬到一个叫雷吉翁的城邦。要知道这个城邦的主人是卡尔西斯人，他们是不可能允许佛凯亚人在此久留的。也正是在这种情况下，我们的祖先佛凯亚人在波塞冬尼亚人的帮助下，于公元前540年—前535年之间选择了在爱利亚建立新的城邦。爱利亚就是这么来的。不过我得告诉你，它最早的名字不叫爱利亚。

**记者：**

那叫什么？

**巴门尼德：**

最早叫叙埃雷，后来才改名为爱利亚。

## 人性的曙光：对话前苏格拉底思想家

记者：

我明白了。不过我刚才提的问题是为什么在爱利亚这个地方能够涌现出那么多的智者和哲学家？

巴门尼德：

说句实话，爱利亚这个地方涌现出很多哲学家并不是因为爱利亚这个地方有什么特殊，而是因为我们佛凯亚人拥有比较特殊的智慧。

记者：

请你详细说一下。

巴门尼德：

我们佛凯亚人是一个爱好智慧的民族，但是由于常年忙于对外战争也就没有创立起先进的文化，来到爱利亚以后佛凯亚人终于可以安居乐业，也可以创立起我们的哲学。

记者：

是这样！那看来，哲学的诞生除了有人和以外，还真的需要天时地利的配合了？

巴门尼德：

一点也不错！爱利亚这个地方，西面临海，东面是高山陡壁。这个地方的农业土地比较少，当地一些人大都从事海上贸易，普通人的素质和经济能力都很高，加上海上交往频繁，人们见识多、思路开阔，这就为我们这些人从事学术研究提供了必要的条件。爱利亚之所以成为哲学之都，与这个地方长期以来海上贸易极为发达，经济比较繁荣有关。

记者：

我记得亚里士多德曾经说过类似的话，他说当人们的物质需要得到满足时就转向哲学了。

巴门尼德：

正是这个道理。

## 二　我绝不是塞诺芬尼的信徒

**记者：**

第欧根尼·拉尔修在其《名哲言行录》中说,有人——也就是学者塞奥弗拉斯特说你是阿那克西曼德的学生。

**巴门尼德：**

不可能。

**记者：**

如此斩钉截铁？

**巴门尼德：**

当然。阿那克西曼德早在公元前546年左右就与世长辞了,而我是在此时间50年后才出生,我怎么可能是他的学生呢？莫非见鬼了不成！

**记者：**

那倒也是。

**巴门尼德：**

亚里士多德说你是塞诺芬尼的学生？

**巴门尼德：**

从理论上讲是如此。

**记者：**

什么意思？

**巴门尼德：**

你应该知道,塞诺芬尼住在科罗封,而我住在爱利亚,爱利亚在那不勒斯南约70公里处,与科罗封更是相距甚远,关键是我的年纪比他小几十岁,我不认识他,他也瞧不上我这样的年轻人,因此我根本没有机会拜在他的门下,去研究学习他的思想。因此我仅仅是他理论上的学生,而非如一般人所讲的入门弟子,而且,在思想上我并不追随塞诺芬尼。

**记者：**

你的意思是说,你受过塞诺芬尼的一些影响,但却不是他的信徒。

**巴门尼德：**

正是。

**记者：**

很多人说塞诺芬尼是你们爱利亚学派的先驱，甚至有人说他是爱利亚学派的鼻祖，这个说法你同意吗？

**巴门尼德：**

我不以为然，别人怎么说，这是他们的自由。

**记者：**

还有一些史料说，你对一个人非常敬仰，此人死后你还用自己的钱财为他建立了一个祭堂，据说是这个人劝你走进了沉思的哲学世界。

**巴门尼德：**

是有这么一个人，他是毕达哥拉斯派的阿美尼亚斯先生，他虽然一贫如洗，但是思想高贵，令人仰止。确实是他劝我开始了哲学思考，他对我的影响要远远大于任何别的人。

## 三　不能以职业诗人的标准苛求于我

**记者：**

塞诺芬尼喜欢写哲理诗，听说你也是？

**巴门尼德：**

是的，在这一点上，塞诺芬尼是我学习的好榜样。我们那个时代与你们不同，你们动不动就是长篇大论，动不动就是鸿篇巨制，我们那时没有纸张，无法随时记下自己的思想，因此只能靠口口相传来研究事物，传播思想。诗，短小精悍，易于记忆，绝对不是你们当下那些文人的那种无病呻吟、卖弄风骚。

**记者：**

无论是与你差不多时代的古人，还是我们现代人，对你的文学才能都评价不高。

**巴门尼德：**

我也知道我的诗写得比较笨拙，还有点晦涩难懂，你知道什么原因吗？

第九章 "万变皆是幻觉"——对话巴门尼德

记者：

什么原因呢？

巴门尼德：

我是个哲学家，但我不是专业文学家，更不是专业诗人。我写那些起起伏伏的六音步诗，不是为了去表达什么感情，而是为了阐述我的哲学、表达我的思想。我要把那些新奇、困难而又高度抽象的哲学观念塞进诗歌的韵律之中，这样的诗歌不可能通俗易懂，必然不好懂。

记者：

似乎有点道理。

巴门尼德：

诗歌与音乐能力属于天赋，而哲学除了天赋，还要靠后天的思考。诗歌都是短小精悍的语句，不可能提供大段大段的论证，因此，好多人看我的诗歌，虽然不乏一些庄重感，但往往觉得是丈二和尚摸不着头脑，总感到陷入迷雾之中难以自拔。

## 四　邂逅苏格拉底

记者：

一些资料说你曾经在雅典遇到过苏格拉底，还与他进行了非常友好的对话，有这事吗？

巴门尼德：

有这事。时间大约在公元前450年，再具体我就说不清楚了。

记者：

没关系的，早几年晚几年无所谓的。

巴门尼德：

那一年，雅典举行盛大的泛雅典娜大节，我是带着我的学生芝诺一起到雅典去过节的。

记者：

你们与苏格拉底是在大街上碰到的吗？苏格拉底最喜欢在大街小巷发表演讲。

## 人性的曙光：对话前苏格拉底思想家

**巴门尼德：**

不是的，我与芝诺在雅典有不少朋友，普索多洛斯就是之一，我们就住在他家，他的家具体是在克拉美库斯城墙外，苏格拉底就是到那儿来拜访我们的。

**记者：**

苏格拉底可是一个挺懂礼貌的人啊。

**巴门尼德：**

是的，他们来一是看我，二是为了看芝诺的文章，芝诺的文章我们是第一次带到雅典，苏格拉底很好奇。

**记者：**

你对苏格拉底感觉如何？

**巴门尼德：**

在我的记忆中，苏格拉底很年轻，干劲十足，思维活跃得很，雅典有这样的人是一种福气。不过与他一起的其他人太一般化，要长相没长相，要才气没才气，连最基本的礼貌常识都不懂。

**记者：**

你知道苏格拉底对你的评价吗？

**巴门尼德：**

不知道。如果你能告诉我的话，我会非常感激你的。

**记者：**

关于你，苏格拉底说了两层意思：一层意思与你的年龄有关……

**巴门尼德：**

他说什么？请直说。

**记者：**

他说你已经是"老态龙钟"了。

**巴门尼德：**

实事求是嘛！当时我已经是65岁了，我的学生芝诺都接近40岁了，而苏格拉底才是一个不到25岁的毛头小伙子。他还说什么？

**记者：**

苏格拉底说："对于巴门尼德我更特别尊重。因为就我看来，试用荷马的话来说，他乃同时是可敬和可畏的人；因为我曾经与此人有过接触，并且曾经听到过他的美好的演说"，他还说你"有一颗深邃的心灵"。

**巴门尼德：**

得到他如此评价，我知足了。

**记者：**

那你们具体谈论了什么问题呢？

**巴门尼德：**

除了哲学，我们不可能谈别的问题。

## 五　感官是靠不住的

**记者：**

人们认识世界，首先是必须通过眼耳鼻舌身去把握外部世界，离开感官，人们就无法感知世界，也就是说，感官、感觉是我们认识世界的必经路径。但是赫拉克利特却不相信感官能提供任何正确的知识，你看法如何？

**巴门尼德：**

感官是靠不住的，因此，感官给我们提供的世界图像完全是虚幻的，也就是说认识世界不能依靠感官，不能依靠感觉。

**记者：**

这么一说，你是赞同赫拉克利特的看法？

**巴门尼德：**

是，也不全是。

**记者：**

怎么讲？

**巴门尼德：**

赫拉克利特说，人们通过感官获得的世界图像，不过是某种永久存在的幻影，请你注意幻影二字，不是真的存在，是幻影！

**记者：**

幻影的背后是什么？

人性的曙光：对话前苏格拉底思想家

**巴门尼德：**

问得好，赫拉克利特说，幻影的背后是火，火代表着一种永无定形的变化，此时是一种形态，彼时又是另一种形态，永远没有固定的时候。

**记者：**

变幻莫测。既然这样，那我们人类如何来描述这些东西呢？

**巴门尼德：**

赫拉克利特的认识是浅层次的，他把火看成是感官背后的某种真实，因此这种真实也是相对固定的，火再变幻无常，但也是火。因此，人们用来描述外部世界的词语往往能反映事物的本性，所以，什么样的事物用什么样的词语来予以对应性的描述，也是具有某种固定的必然。而在我看来实则不然。

**记者：**

如何讲呢？

**巴门尼德：**

感官完全不能为我们认识宇宙和世界提供任何帮助，这种存在根本无法用言语来加以形容。因此，凡是用语言来加以描述的东西都是随意的界定，最多算是约定俗成吧。感官是靠不住的，一切词语严格来说都是感觉的产物，自然也是靠不住的。过眼烟云，浮光掠影，不可当真。

**记者：**

有一点我不明白，你的一些残篇多次说无论是人的思想器官还是感觉器官都是由相同的元素所构成，但为什么你那么信任思想，而对感觉却是那么的排斥呢？

**巴门尼德：**

我一解释，你就明白了。

**记者：**

请讲。

**巴门尼德：**

你说得没错，我承认，无论是思想器官，还是感觉器官，都是由光明和黑暗、火和土、热和冷这两种彼此对立的元素所组成，但在思想器官中，光明和热的比例非常之高，与纯粹的火几乎没有什么不同，几乎达到一种完满的程度。因此，由思想器官所提供出来的思想便是最完美无瑕的东西，可以说，天底下最完美的东西就是思想，真理是思想器官奉献给人类的最好礼品。

**记者：**

难道感觉器官就不是这样？

**巴门尼德：**

一个天，一个地。感觉器官从理论上其构成元素与思想器官是相同的，但各种成分的比例则大相径庭。感觉器官中，光明与火的比重非常之低，几乎到了完全没有的程度，几乎全被冷与土这类冷冰冰的元素所占据。因而，这种如死尸一般的感觉器官，就不可能准确地把握世界，即便能有点什么新的发现，它能告诉人们的只不过是一些似是而非的看法而已，这下你明白了吗？

**记者：**

似乎你也能自圆其说。不过实话告诉你，类似的说法我在米利都学派那里，在赫拉克利特和毕达哥拉斯那里也能看到。

**巴门尼德：**

应该是。在这个问题上，我们没有什么原则性的分歧。

**记者：**

我明白了，赫拉克利特尽管和你对感官有不同认识，但在重视理性、轻视感觉这一点上，你们还是同一战壕的战友。

**巴门尼德：**

或许是吧。

## 六　存在就是存在　不存在就是不存在

**记者：**

既然感觉不可能为我们提供关于这个世界的真实图像，那么我们如何来把握宇宙和自然呢？也就说我们要借助什么媒介来认识宇宙、认识大自然呢？

**巴门尼德：**

除了理智，别无他途。

**记者：**

理智是什么？

巴门尼德：

理智就是人所拥有的那种超越感官、借助理念来把握世界的能力。

记者：

根据理智，依照你的看法，深深隐藏在感官背后的那个真正的世界是什么样子呢？

巴门尼德：

那就是存在。

记者：

何谓存在？

巴门尼德：

存在就是存在，不存在就是不存在。

记者：

同义反复，无效的解释！到底什么是存在？是不是存在就是说这个东西出现过并且是持续性的出现，而不存在是说某个东西从未出现过，或者说这个东西虽然一度出现过，但很快就销声匿迹了。

巴门尼德：

你的这个解释非常狭隘。此处所谓的存在是指"充实"，是指不依人的感官而存在的实体。而"非存在"就是指某种虚空，就是某种根本不会出现的东西，因而这种东西也是人们所不可能在思维中予以把握的东西。所以说，存在就是存在，不存在就是不存在啊。

## 七　思维与存在是统一的

记者：

真有点晦涩难懂！请你最好细细解释一下，如果说你的观点是对的，那么能从你的观点推导出哪些命题来呢？

巴门尼德：

从"存在就是存在，不存在就是不存在"这个理论出发，我推演出如下几个原理：第一个原理是，存在不可能有一个开端，也不可能有一个终结。

## 第九章 "万变皆是幻觉"——对话巴门尼德

**记者：**

依据是？

**巴门尼德：**

原因在于："存在"不可能从"非存在"中产生出来，自然也就不可能还原为"非存在"，所以"存在"就不可能有过去，也不可能有未来，它能有的仅仅是现在，因而"存在"也是连续而不可分割的。

**记者：**

其次呢？

**巴门尼德：**

我推导出来的第二个原理是：存在是不可分的。

**记者：**

如何理解？

**巴门尼德：**

存在是一种均质的东西，从时间上讲是时时都一样，从空间上讲是处处都一样。因而这种存在本质上是绝对同一的东西，人们无法将其进行分割。

**记者：**

其三呢？

**巴门尼德：**

其三是，存在是静止不动的，存在是处处都与自身相同，就如同一只圆球的各个表面，因其距离处处离圆心都一样，因而处处相同，时时一样，所以不可能运动，是绝对静止的。

**记者：**

其四呢？

**巴门尼德：**

其四是，思维与存在是同一的。

**记者：**

如何理解？

**巴门尼德：**

既然存在就是存在，不存在就是不存在，人们所思考的东西就只能是那些存

## 人性的曙光：对话前苏格拉底思想家

在的东西，至于那些荒谬绝伦因而不可能存在的东西，就不可能成为我们思维的对象。因此，思维与存在是一致的、同一的东西。

**记者：**

最好说得再清楚一些。

**巴门尼德：**

行。我问你，你能不能把一个不存在的苹果放进你的口袋？

**记者：**

既然不存在，我怎么能把这个不存在的苹果放进我的口袋里呢？除非见了鬼。

**巴门尼德：**

你能把一枚不存在的硬币放进你的口袋里吗？

**记者：**

既然不存在，我怎么能把一枚不存在的硬币放进我的口袋里呢？

**巴门尼德：**

那我们能不能得出这样的一个结论？

**记者：**

什么结论？

**巴门尼德：**

那就是，我们无法把一个不存在的东西放进我们的口袋。

**记者：**

当然可以这样说呀！

**巴门尼德：**

那我们能不能进一步说，能够被我们放进心灵，也就是放进我们思维范畴的东西，肯定是那些存在的东西；而那些不存在的东西是不可能进入我们的思维的。

**记者：**

可以这么说。

**巴门尼德：**

所以说，思维与存在是同一的，你明白了吗？

## 八　真理:"关于存在的学说"

**记者:**

我们现代人一般把"真理"与"谬误"当作一对相互对立的范畴,而你却把"真理"与"意见"作为一对相互对立的范畴。很显然,"意见"与"谬误"不是同义词,我想知道你是在何种意义上使用"真理"这个概念的?

**巴门尼德:**

你的感觉是对的,我对"真理"这个概念的界定与你们的理解不一样。

**记者:**

愿意洗耳恭听,到底不一样在什么地方?

**巴门尼德:**

在我们那个时候,一般都用"aletheia"来表示"真理",从词源学上看,这个词最早的意思与人类对世界的认识无关。

**记者:**

什么意思?

**巴门尼德:**

一个事物,它的样子就是其本来的样子,与人无关。但是,一旦这个事物由于自身的力量而使自己露出其"庐山真面目",就是我们所谓的"真理"了。此时的"真理",就是说实话,说真事。

**记者:**

就是不撒谎,实事求是呗?

**巴门尼德:**

没错,真理就是真相,其对立面就是说假话,就是撒谎。

**记者:**

你就是在这个意义上使用这个名词的?

**巴门尼德:**

错。上面的这个说法是从词源学上来讲的,而我则联系人类的认识活动来使用"真理"这个名词的。

**记者：**

怎么讲？

**巴门尼德：**

米利都学派的哲学家、毕达哥拉斯学派的哲学家都没有使用"真理"这个词，塞诺芬尼已经把"真理"与人类通过心灵得到的认识（episteme）挂起钩来进行研究。到了赫拉克利特，他的看法就大大前进了一大步。在赫拉克利特看来，"智慧就在于说出真理，按自然行事，倾听自然的话。"此处赫拉克利特所说的"真理"就是"aletheia"这个词了。

**记者：**

还是直说你的观点吧。

**巴门尼德：**

在我认为，"真理"，并非"存在"有自我显露出来的能力，而是要诉诸人类的思想和心灵去揭示真理。简言之，诉诸人类的思想、诉诸推论和证明的方法而获得的关于存在的知识，就是真理。

## 九 "意见之路"与"真理之路"

**记者：**

你把关于存在的学说称为"真理"，那与"真理"相对立的"意见"，是不是就是关于"非存在"的学说。

**巴门尼德：**

是的。存在是那永恒的"一"，看不见，摸不着，只能诉诸心灵和理性才能把握，而"非存在"则是我们看得见、摸得着的感性世界，你我都能把握那个正在经历过去、现在、未来的变化、生长和消灭的世界，就是"非存在"世界。

**记者：**

我明白了，你所谓的"意见"，就是关于感性世界的有关观点、看法等。

**巴门尼德：**

是的。比较起来，关于存在的"真理"是永远正确的，是不偏不倚的，而关于感性世界的"意见"则是不可靠的。

**记者：**

你的意思是说唯有"真理"值得研究，而"意见"则没有价值。

**巴门尼德：**

并非如此。"意见"虽然存在着巨大的不确定性，但并不意味着没有价值，同样也是值得研究的。

## 十 "逻各斯"即形式逻辑

**记者：**

我在赫拉克利特和你的著作残篇中，有一个重大的发现。

**巴门尼德：**

说，什么重大发现啊？

**记者：**

那就是：你们都使用"逻各斯"这个词，但一个人说的是罗马，另一个人说的是巴黎，风马牛不相及。

**巴门尼德：**

可能你太敏感了。一个词拥有若干个不同的意义，这很正常。不同的哲学家在使用同一个词汇的时候，赋予其不同的含义，这也很正常。

**记者：**

是吗？

**巴门尼德：**

当然。就"逻各斯"这个词来说，在赫拉克利特那里，"逻各斯"是指尺度、比例和普遍规律。而在我这里，意义就大不一样了。

**记者：**

以前我还真没注意这个情况。那在你那里，"逻各斯"是啥子意思呢？你的著作残篇共有三次提到过"逻各斯"，一次是这么写的："少女们用恭维的逻各斯"劝说狄凯女神将通往光明之路的大门打开。另一次是这么写的："现在结束我关于真理的可靠的逻各斯和思想"。再一次是这么写的：女神告诫巴门尼德，"要用你的逻各斯去解决我告诉你的这些纷争"。就这些，别的我没有见过。

人性的曙光：对话前苏格拉底思想家

**巴门尼德：**

在我这里，"逻各斯"不是所谓的尺度，也不是所谓的比例，更不是所谓的规律，而是一种思考问题和论证问题的方法。在这里，"真理"被说成是一个闭合的系统，无论你从哪一个环节进入，都可以依次进入它的每一个环节，一个环节连着一个环节。

**记者：**

你以后的哲学家，最主要的是亚里士多德，他把你的"逻各斯"发展成为一种崭新的思维模式，那就是形式逻辑，同一律、矛盾律、排中律是其核心的内容。

**巴门尼德：**

好！百花齐放，推陈出新！

# 巴门尼德简传

巴门尼德（Parmenides of Elea，约公元前515年—前5世纪中叶以后），是一位诞生在爱利亚（南部意大利沿岸的希腊城市）的古希腊哲学家。他是前苏格拉底哲学家中最有代表性的人物之一，是爱利亚派的实际创始人和主要代表。他是塞诺芬尼的学生，同时也受毕达哥拉斯派成员的影响。其代表作品是《论自然》。巴门尼德受塞诺芬尼关于神是不动的"一"的理论影响，概括出最一般的范畴"存在"。他还第一次提出了"思想与存在是同一的"哲学命题。

# 第十章 心灵才是"第一推动"
## ——对话阿那克萨戈拉

## 引 子

苏格拉底坐牢时,每当他翻看早期希腊哲学家的自然哲学著作,他就对这些哲学家时时处处喜欢用机械论来解释一切的做法感到极端厌恶,但是当他看到一个人很另类地用"努斯",也就是"心灵"来解释万物运动的原因时,感到非常高兴。这个人是谁?他就是阿那克萨戈拉。

阿那克萨戈拉是阿那克西美尼的学生,也当过大政治家伯里克利的门客。科学与哲学是阿那克萨戈拉的生命,据说当有人问他:"你不关心你的祖国吗?"阿那克萨戈拉毫不迟疑地说:"我非常关心我的祖国",但他把手指向了天空,指向了星星。让我们走进这位奇特的哲学家。

## 一 因哲学而被判死刑第一人

**记者:**
我从柏拉图的《斐德罗篇》中得知,你也曾经被雅典人判处死刑?

**阿那克萨戈拉:**
真是可恶!他们说我叛国,说我亵渎神灵,真是欲加之罪,何患无辞!

**记者:**
关于你被判刑这件事,坊间有很多版本,有人说控告你的人是克莱翁(Cleon),此人控告你不敬神,经伯里克利辩诉,法院判处你支付一笔不小的罚金,最终把你驱逐出境。

**人性的曙光：对话前苏格拉底思想家**

**阿那克萨戈拉：**

还有什么说法？

**记者：**

还有人说，控告你的人是修昔底德，不过这个修昔底德不是撰写《伯罗奔尼撒战争史》的那个修昔底德，而是伯里克利的政敌。此君不仅控告你不敬神，而且还控告你里通外国，私通波斯。由于你在被抓捕之前早就逃到国外，法庭只好缺席判处你死刑。

**阿那克萨戈拉：**

还有吗？

**记者：**

还有人说你被判处死刑并被羁押起来等候行刑，但因伯里克利的苦苦劝说，公众碍于伯里克利的威望，最终释放了你。

**阿那克萨戈拉：**

就这些？

**记者：**

还有人说依靠伯里克利的辩诉，你得到法官的同情，最终你被无罪释放。

**阿那克萨戈拉：**

还有什么说法，你一起说出来，我好一并给你解答。

**记者：**

就这几个版本，但究竟哪个版本正确呢？

**阿那克萨戈拉：**

哪个版本都不正确！

**记者：**

实际情况是？

**阿那克萨戈拉：**

实际情况是：法庭判处我死刑，但没等进行执行，我就逃离了雅典。

**记者：**

是仰仗伯里克利的帮忙？

## 第十章 心灵才是"第一推动"——对话阿那克萨戈拉

**阿那克萨戈拉：**

那倒不是。伯里克利是一个循规蹈矩的君子，如果能通过合理合法的程序来挽救我，他一定会竭尽全力去做的。但如果让他私下做些小动作让我逃避国家的制裁，他是不会去做的。

**记者：**

明白。你虽然逃脱了国家的制裁，但我总觉得你的命运太过悲惨了。

**阿那克萨戈拉：**

其实也无所谓。我身陷囹圄的时候，家人告诉我说我的儿子死了，一开始我还很痛苦，但转念一想，谁不是生来就必然会走向死亡的呢，我的孩子也不例外。那些原告们见我被判处死刑，幸灾乐祸，其实有什么高兴的，难道他们能长生不老？难道法官就不死？既然都要死，早点晚点又有什么区别呢？

## 二 到底违反了什么法？

**记者：**

那些法官煞有介事地开庭，义正词严地判你构成犯罪，并判你死刑。到底你违反了什么法？

**阿那克萨戈拉：**

雅典人在一位狂热分子狄奥拜底（Diopeithes）的蛊惑下，制定了一部法律，法律规定不信神存在、对天体妄做推测的人就是亵渎神灵，就是犯罪。他们就是根据我的书说我妄议天体，说我不敬神灵。

**记者：**

那么，你是如何妄议天体的？

**阿那克萨戈拉：**

我写过一本书，名字叫《自然》。在这本书中，我说太阳是一团燃烧着的炽热的石头，我也说过太阳比伯罗奔尼撒稍大一些；我还说宇宙之外还有别的宇宙；月亮与地球一样，上面也有人居住，这些"外星人"的智慧水平丝毫不比你我差；我还说陨石是从太阳上掉下来的石头；我还说天体上的物质与地球上的物质是一样，天体的性质与地球的性质是一样的；我还说月光仅仅是日光的反射，我还用月影遮住地球来解释日食和月食，我还对银河、大地、地震、闪电和冰雹说了很多很多……

**记者：**

就这些？

**阿那克萨戈拉：**

是的，差不多就这些。

**记者：**

妄议朝政，可以构成犯罪，你去议论一下天体，也要被起诉，好荒唐！

**阿那克萨戈拉：**

降生于那个时代，我也无可奈何。

## 三　敲山震虎，杀鸡儆猴

**记者：**

根据你所讲的，雅典确实有明确的法律规定，禁止人们妄议天体。而你竟然置国家法度于不顾，公然著书立说，评论天地，那国家对你进行法律制裁，应该没有什么错误吧？

**阿那克萨戈拉：**

你只是看到了表象。希腊的法官们只是根据我的言论来治我的罪，他们其实是项庄舞剑，意在沛公，他们的目的，不是针对我，而是另有所指。

**记者：**

你的意思是说，他们打击你，目标并不在你，他们拿你开刀，目的是要收拾伯里克利，是不是？

**阿那克萨戈拉：**

是的。因为他们很清楚，我这个人志在学问，对政治不感兴趣，不可能对他们这些政治人物构成什么威胁，他们原本是没有必要对我下刀的。

**记者：**

你说你对政治不感兴趣，但你给我的感觉好像并非如此。

## 第十章 心灵才是"第一推动"——对话阿那克萨戈拉

**阿那克萨戈拉：**

信不信由你！我的家族可以说很显贵，也不差钱。但是，我把继承下来的遗产全部分给了我的亲戚，我自己则潜心于科学研究，对所谓的公共事务，我毫无兴趣。

**记者：**

你的意思是说，你没有利用你的家族出身和你的财富去谋求一官半职？

**阿那克萨戈拉：**

没错！在雅典，国家要求每个公民必须参与公共事务。但是，我明确告诉他们，我只喜欢研究太阳，喜欢研究月亮，喜欢研究其他天体。我无意于参加政治生活，以至于一些人指责我忘记了雅典社会。

**记者：**

既然你对政治不感兴趣，但为什么与政治人物伯里克利的关系那么亲密呢？

**阿那克萨戈拉：**

这里面的原因，只能从伯里克利那里去寻找。

**记者：**

什么意思？

**阿那克萨戈拉：**

伯里克利是一位伟大的政治家，此人志向远大，他要打造一个开明的雅典社会。

**记者：**

你是说，伯里克利与你接触，有他自己的目的？

**阿那克萨戈拉：**

是的。伯里克利非常希望提高他的辩论水平，使之成为施展政治抱负的得力工具。同时，他也想利用我传授给他的自然哲学方面的东西，来根除弥漫在雅典社会上空的愚昧迷信之气。

**记者：**

这点从何说起呢？

**阿那克萨戈拉：**

伯里克利时代的雅典，刚刚从希波战争中崛起，可以说社会是朝气蓬勃。但是，在思想意识领域，各种宗教迷信甚嚣尘上，日月星辰被奉为神明，这种情况

**人性的曙光：对话前苏格拉底思想家**

极大地阻碍了雅典社会的进步。作为一个雄心勃勃的政治家，伯里克利不仅要创造社会民主，也要启蒙思想，推动雅典社会的全面进步。

**记者：**

问题是，你的知识对他有用吗？

**阿那克萨戈拉：**

当然有用。伯里克利是一位胸怀博大的政治家，他非常谦虚地接受来自每一个人的良识明见。与我同时，伯里克利还聘请了一位具有开明政治头脑的名叫达蒙（Damon）的人作为他的老师。达蒙表面上是音乐老师，实际上对伯里克利的政治思想具有重要影响。

**记者：**

你是一位自然哲学家，你的才学对伯里克利到底有多大影响呢？

**阿那克萨戈拉：**

我刚才已经说过了，我的影响大概体现在两个方面：第一，体现在语言学方面，伯里克利通过研习我的著作，他的演讲水平获得了提升。

**记者：**

第二呢？

**阿那克萨戈拉：**

第二点，就是我对很多自然科学的研究成果直接帮助了伯里克利，树立了他作为一个反对迷信的理性主义者政治家的形象。

**记者：**

有具体的事例吗？

**阿那克萨戈拉：**

当然有了！有一次伯里克利率领部队出征，出现了日食现象，将士们惊慌失措，惶恐不安。但是，伯里克利异常冷静，他要大家用衣袖挡住眼睛，问大家看到了什么。

**记者：**

这样做是什么意思呢？

**阿那克萨戈拉：**

伯里克利这样做，无非是告诉大家，日食只是太阳的一部分被月亮挡住了而

## 第十章  心灵才是"第一推动"——对话阿那克萨戈拉

已,无非是被遮挡的部分比衣袖大而已。这样就平息了慌乱不堪的局面。

**记者:**

还有吗?

**阿那克萨戈拉:**

还有一次,伯里克利想通过政治手段打败其政敌修昔底德的时候,有人曾装神弄鬼。

**记者:**

什么情况?

**阿那克萨戈拉:**

有人从伯里克利的农庄里,带来一个只长了独角的公羊头,占卜者拉姆朋观看这只独角的公羊,说伯里克利和修昔底德这两派就要合并,全部权力将授予发现这个所谓祥瑞之物的人。

**记者:**

听不懂,他是什么意思呢?

**阿那克萨戈拉:**

目的无非是要伯里克利停止攻击其政治对手,将权力让出来而已。但是,我告诉伯里克利,我通过解剖这个公羊,发现它只是由于某个器官发育不充分,收缩成椭圆形,才生出独角来的,跟政治毫无关系。伯里克利正是借鉴了我的意见,才宜将胜勇追穷寇,把他的政治对手彻底打垮。

**记者:**

我明白了。伯里克利利用你的语言知识和自然知识,来提升自己的政治能力。但问题是,那些人怎么把你当成"替罪羊"了呢?

**阿那克萨戈拉:**

伯里克利是一个深孚众望的政治家,势力强大,这些贵族分子自然轻易不敢对他本人怎么样。但是,他们完全可以对伯里克利周围的人动手,我就是这样躺着中枪的。其实,和我一样受到伤害的人还有两位。

**记者:**

谁?

**阿那克萨戈拉：**

伯里克利的情人阿丝帕西娅，她也是伯里克利最得力的助手；还有著名雕塑家菲狄亚斯，也是一个了不起的人，但是，这两个人同样遭到贵族的迫害。阿丝帕西娅如果不是因为是伯里克利垂泪陈情，她同样可能遭到杀害。而菲狄亚斯则没那么幸运，他被这帮人诬告在雕塑中偷工减料，被投入监狱迫害而死。

**记者：**

你的意思是说，贵族分子要打击的不止你一个人，而是伯里克利周围的得力助手和干将，以及那些顾问们。他们打击你的目的，完全是因为政治原因，可以说是敲山震虎，杀鸡给猴看。

**阿那克萨戈拉：**

事实正是如此！

## 四　巴门尼德"存在论"与阿那克萨戈拉的"种子"

**记者：**

研究西方哲学史，我发现伊奥尼亚哲学与爱利亚哲学之间一直存在着几乎是不可调和的矛盾和对立。

**阿那克萨戈拉：**

没错！这两派哲学在解决"一"和"多"的关系问题上，观点素来是针尖对麦芒，彼此互不相让。但是……

**记者：**

但是什么？难道你有什么化解之策？

**阿那克萨戈拉：**

当然是这样！我用多元化的物质本原理论来改造巴门尼德理论，也就是爱利亚学派的"存在"理论，我用粒子化的"存在"理论来革新和发展伊奥尼亚哲学的本原问题。通过这种改造，我彻底解决了两派哲学在解决"一"和"多"关系上的矛盾。

**记者：**

你用"种子论"就解决了两者的矛盾？

## 第十章 心灵才是"第一推动"——对话阿那克萨戈拉

**阿那克萨戈拉：**

正是这样。

**记者：**

在与你认真探讨"种子"哲学之前，我想了解一下，你的"种子论"是怎么提出来的呢？或者说，你的理论是以什么为基点而一步一步推导出来的？

**阿那克萨戈拉：**

你的这个问题问得很好！我虽然从哲学传统的角度是属于伊奥尼亚学派，但我的"种子论"则是建立在巴门尼德存在主义理论基础之上的。

**记者：**

愿闻其详。

**阿那克萨戈拉：**

巴门尼德有一句经典名言，叫作："存在不能从非存在产生，也不能变为非存在。"

**记者：**

你是如何进行论证的呢？

**阿那克萨戈拉：**

既然存在不能从非存在中产生，那么落实到每一件具体的事物上来看，任何事物都不能从它的另一面产生出来。例如火不能从非火中产生，动物不能从非动物中产生，头发不能从非头发中产生，你不能从非你中产生，我不能从非我中产生……

**记者：**

从理论上讲应该如此。

**阿那克萨戈拉：**

但是在日常生活中很多事情，其表现形式与我们刚才说的并不一样。例如，我们吃饭、吃营养品却能产生头发、指甲，而食物和营养品中并不包含头发和指甲。但为什么人们吃了以后却能够产生头发和指甲呢？

**记者：**

经过你这么一反问，我感觉还真是个问题。

阿那克萨戈拉：

是的。我只是在通过对这个问题的反复推论，一步一步地提出了我的"种子论"的。

## 五 "种子"的无限性与多元性

记者：

刚才你介绍了"种子"理论的来源。现在，想请你系统地谈一下，你理论中的"种子"有什么特征？

阿那克萨戈拉：

种子的第一个特征就是它的无限性与多元性。

记者：

愿闻其详。

阿那克萨戈拉：

种子不仅在数量上是无限的，在种类上也是无限的，在结构上是不定型的。这就是它的首要特征。

记者：

你多次强调你的理论是从巴门尼德的存在论推导出来的，刚才提到种子所具有的特征与巴门尼德的存在论有何关联？

阿那克萨戈拉：

巴门尼德主义有一个最基本的理论前提就是，存在不能从非存在中产生，具体说，无限不能从有限中产生，这就是一个基本的前提。从这个理论的基本角度出发，我们就能发现伊奥尼亚哲学与恩培多克勒（Empedocles）哲学都存在很多瑕疵。在伊奥尼亚哲学中，他们都用单一的物质本原来解释无限万物的来源，这是矛盾的，因为有限不能产生无限。在恩培多克勒的哲学中，这个瑕疵同样存在，无论是四个元素、五个元素，还是一千、一万个元素，它都是有限的。既然是有限，那就不可能产生无限；既然是少，那就不可能产生多。也就是说，无论是伊奥尼亚哲学还是恩培多克勒哲学，都无法解释这个世界无限性的由来。同样，也倒过来促使我们只能把构成世界本原的这个东西阐述为具有无限多样性，只有把这个东西还原为无限多样性,我们才能解释世界无限性与多元性是怎么来的。

**记者:**

从逻辑上讲,不能说你这么说没道理。你认为构成宇宙万物的"种子"是多元化的,是无限性的,那这个无限性是否就是巴门尼德的"存在"呢?依据你的理论推理,如果巴门尼德笔下的那个"存在"就是构成世界最原始的东西,而这个东西在你的理论中又演变成"种子",那么就说明这个"种子"在世界最原始的开端应该是凝聚在一起的。也就是说,无限的"种子"凝聚在一起,就构成巴门尼德笔下的那个"存在"。

**阿那克萨戈拉:**

那是你的推理,但是,我的"存在"与巴门尼德的"存在"似乎又有所不同。我理论中的"存在"也是万物的种子凝聚在一起形成的,但在这个阶段没有分化,一切都是性质不定,各自特征也不明显。然而,这些"种子"的每种事物内部都包含着无限多样的特征,即便是最原始的"种子",也包含着分裂成各种事物的无限可能性。

**记者:**

你的"种子"是具有无限性、多元性,也同样具有演变成宇宙万物的内在的无限可能性,这是不是就是你想要表达的你的"种子"的第一个特征?

**阿那克萨戈拉:**

没错,就是这个意思。无限性、多元化、不定性、拥有发展的无限可能性,就构成"种子"的首要特征。

## 六 "种子"和物体的无限可分性

**记者:**

你理论中的"种子",还具有什么特征呢?

**阿那克萨戈拉:**

那就是"种子"的无限可分性。

**记者:**

芝诺曾经提出过这样一个逻辑悖论,那就是:如果事物可以无限可分的话,那么，一个物体必然同时既是小的，又是大的。小的会小到没有更小，大的会大到无限。而实际上并没有无限存在，所以，事物不是无限可分的。而你说事物是可以无限可分的，你如何来论证你的观点？

**阿那克萨戈拉：**

关于这个问题，我是这样认为的：在一切事物中，没有最大或最小一说。为什么这么说？没有最小的东西，总是会有比给定的小的东西更小的东西。因为，要使某种存在的东西不复存在，是不可能的。

**记者：**

往大的方面研究，会怎么样呢？

**阿那克萨戈拉：**

总是会有比给定的大的东西更大的东西。比较大的物体的成分，同任何给定的小东西的构成成分在数量上是相等的，这样一来，每一个事物必然是既大又小的。如果一个事物存在于每一个事物之中，每一个事物又能从每一个事物之中抽取出来，那么人们总是能够从看来是最小的事物中，抽取更小的东西来。

**记者：**

你说的这些话，有点拗口，最好把你的观点直接说出来。

**阿那克萨戈拉：**

我的观点很明确，那就是作为构成事物的本原的"种子"具有无限可分性。而不同等级的事物之间，也存在着一定的连续性，这就是间断性和连续性的统一。

## 七　一切包含一切

**记者：**

你的"种子"还有一些什么特征呢？

**阿那克萨戈拉：**

那就是每一个"种子"里都包含着万物的成分。

**记者：**

怎么理解？

## 第十章 心灵才是"第一推动"——对话阿那克萨戈拉

**阿那克萨戈拉：**

宇宙开始之初，混沌一片，所有"种子"都混合在一起，"种子"就是万物，包含着生成或分离出万物的可能性。

**记者：**

哦，如果这些"种子"被无限地分割下去会怎样呢？

**阿那克萨戈拉：**

就每一粒"种子"来说，任何一个"种子"都可以无限地分割下去，但无论分割到多么小的程度，它依然是"种子"，这些"种子"仍然包含着分化为万物的因素。

**记者：**

依照你的意思，似乎万物都是"种子"，一切"种子"都包含着万物。难道真是一切包含着一切吗？

**阿那克萨戈拉：**

是的，一切包含着一切，本来就是如此。现存的每一件事物、每一种"种子"，同宇宙原始的混沌状态相似，包含着宇宙所有一切东西的成分。

## 八 异者相离 同者相聚

**记者：**

请教一个问题，如果依你之见，宇宙万物都是由"种子"所构成的，那事物与事物之间的不同之处是如何形成的呢？

**阿那克萨戈拉：**

这个问题问得好！太初之时，宇宙是由无数无穷小的"种子"所构成的混合物，那时不可能分清各种各样的事物。到了后来，各种不同种类的"种子"从这原始的混合体中分出，异者相离，同者相聚，从而形成各种各样的事物，构成一个有秩序的宇宙。

**记者：**

异者相离，同者相聚？

人性的曙光：对话前苏格拉底思想家

**阿那克萨戈拉：**

是的。当然，这种分离和相聚也是相对的。

**记者：**

什么意思？

**阿那克萨戈拉：**

我的意思是说，从原始的混合体中分出的物体也是混合的，各种种子并不是纯粹地、孤立地存在的，不同的"种子"也经常以不同的性质、形式、颜色和味道而并存在一起。正因为不同的"种子"往往并存在一起，呈现混合态势，因而白雪融化了经常会变成黑水，热火之后会变成冷灰，甜酒会变成酸性物质，人们吃了食物之后会长出头发、血液和肌肉。

**记者：**

也就是说所有物体的性质都是混合型的，那么我们如何还能够去区别这些事物呢？

**阿那克萨戈拉：**

这个很好解释。万物虽然都是混合的，但这并不意味着取消了事物之间的质的区别，因为每一个事物中总有某些性质暂时占据优势。各种事物彼此性质上的区别和种类上的差异，则取决于构成该事物的各种"种子"中占据优势的"种子"的性质。

**记者：**

我明白你的意思，你是说一个事物之所以是某个事物，是由构成该事物的各种"种子"中占据优势的"种子"的性质所决定的。但是因为每个事物中又同时包含其他性质的"种子"，因此这种事物又具有其他事物的性质。一个事物既可以说是该事物，又可以说不是该事物，而是其他事物。物质世界的多样性与统一性由此而产生，也由此而得到解释。

**阿那克萨戈拉：**

差不多就是这个意思。

**记者：**

哎呀！听你们这些自然哲学家谈哲学，我觉得很累。一天到晚就是大自然啊、宇宙啊！眼面前的事情不去研究，人的问题不去研究，政治的事情不去研究，全是些上不着天、下不着地的玄乎乎的问题。不过既然我们已经打开这个话题，谈谈也不是不可以。不过为了不至于让我瞌睡起来，你多举些例子说说比较好。

**阿那克萨戈拉：**

当然可以。我说任何一种事物都是由与其性质相同的"种子"构成，例子有：头发是由具有相同性质的头发的"种子"所构成，骨头由许多小骨头所构成，肌肉由许多小肌肉所构成，这些小骨头是"种子"，小肌肉也是"种子"，血液自然由许多血液的"种子"所构成，金子由金子的"种子"所构成，土地由土的"种子"所构成，火由火的"种子"所构成，雪也是由雪的"种子"所构成，水也是由水的"种子"所构成的……

**记者：**

我明白了，各种不同的事物都是由与其性质相同的"种子"所构成的，相同的"种子"构成相同的事物，不同的"种子"构成不同的事物。难怪亚里士多德和卢克莱修说你的"种子"是"同素体"，是"同质体"，是"相同的部分"。不过据我观察，世界上的物质绝大多数都是混合型的，黑中有白，黄中有蓝，土中有水，石中有草，这个如何解释呢？

**阿那克萨戈拉：**

我们已经说过，万物是由"种子"所构成的，而"种子"本身是不变的，而且这些"种子"是没有生老病死的，是从来如此的，是原本就存在的，是永远要存在下去的。因此，所有由"种子"构成的事物也就不存在所谓真正的产生，同样也就不存在所谓真正的消灭。所谓的产生不过是这些"种子"的重新组合而已，而所谓的消灭也不过是这些"种子"的分离而已。

**记者：**

按照你的理论，我们是不是可以得出这样的结论，那就是由于"种子"都是无限小的，都是无限可分的，因此，自然由"种子"排列组合和彼此分离所构成的事物也是无限的，也就是事物的生成与消灭也是永远要进行下去的，永无止境，没完没了！

**阿那克萨戈拉：**

是这样。

## 九 "心智":"第一推动力"

**记者:**

柏拉图可能对你说过,苏格拉底在坐牢时看得最多的书就是你的《论自然》,思考最多的也是你的"心智"学说。

**阿那克萨戈拉:**

这个我知道。我知道苏格拉底不喜欢哲学家去研究宇宙,去研究大自然。我也知道苏格拉底不喜欢我们这些希腊的自然哲学家。我也知道苏格拉底是因为看了我的书、研究了我的"心智"理论,才对我们这些自然哲学家有了一些好感。

**记者:**

是这样,苏格拉底很喜欢你的"心智"理论,但是认为你没有沿着你的路径好好把你的理论深入下去,应用下去。不过我想请问的是:你一会儿说"种子"构成万物,一会儿又说"心智"是一切运动的根源,这些理论如何协调呢?

**阿那克萨戈拉:**

很好解释。刚才我们已经说过,宇宙本是原始的混合体,混沌不清,如一团糨糊、一团迷雾,也像一团烂泥巴,只是到了后来才分离出各种事物。那么你肯定会问:是什么样的一种力量促使这种混合体逐步走向分离而使万物得以产生的呢?我来告诉你,促使原始的混合体发生分离的原因和原动力不在"种子"本身,而在于一种被称为"奴斯"(nous)的东西……

**记者:**

"奴斯"?是什么怪物?

**阿那克萨戈拉:**

不是什么不阴不阳或者什么龇牙咧嘴的怪物,"奴斯"只是一种读音而已,它的真实含义就是"心灵",也叫"心智",我看也能叫"智慧"。一些人说这种东西就是"思想",就是"意识"而已,我看都差不多,大同小异。

**记者:**

请你讲讲,"心智",也就是你说的"奴斯"是如何一步步促使原始的混合体发生分离而造就万物的呢?

## 第十章　心灵才是"第一推动"——对话阿那克萨戈拉

**阿那克萨戈拉：**

"奴斯"，以一种神奇的力量，驱使着原始的混合体发生奇特的涡旋运动，也就是旋转运动。这种涡旋运动先是从某个小点开始，然后逐步扩大，正是在这不断扩大的涡旋运动中，稠密与稀薄分开，热与冷分开，明与暗分开，干与湿分开。也正是在这不断扩大的涡旋运动中，星辰的旋转、太阳的旋转、月亮的旋转、空气的旋转，还有清气，也就是一些人说的"以太"的旋转得以出现。

**记者：**

你是说万事万物都是因为"奴斯"的驱动才得以产生的？

**阿那克萨戈拉：**

是的，我的《论自然》写得清清楚楚，明明白白。你看我是这么写的："当心灵开始推动时，在运动中的一切事物就开始分开；心灵推动到什么程度，万物就分开到什么程度。这个涡旋运动和分离作用同时又造成了事物的更强烈的分离"，"这个永恒的心灵，也确实存在于其他一切事物存在的地方，存在于周围的物质中，存在于曾经与那个物质连在一起、又从那里分离出来的东西中。"

## 十　宇宙似乎在大爆炸

**记者：**

根据你的运动分离理论，我觉得我们所在的宇宙似乎处于不断的膨胀之中，你说是不是？

**阿那克萨戈拉：**

是这样的。无论何时，无论何地，宇宙都处于不断的扩展之中，扩展就是膨胀，宇宙之所以从一个宇宙衍生出若干个宇宙，道理就在这里。

**记者：**

在现今的物理学界，"大爆炸理论"得到越来越多科学家的高度认同，很多人说恩培多克勒是达尔文进化论的思想先驱，而你则是宇宙大爆炸的理论鼻祖。

**阿那克萨戈拉：**

受之有愧！不过能为后人所关注，作为一个哲学家，我感到很自豪。

## 十一 "奴斯":物质的还是精神的?

**记者:**

我明白你的意思,你说来说去,就是想说明这样一个道理,那就是"奴斯",也就是"心智"是造就宇宙万事万物的"第一推动力"。不过我问你一个问题,我估计你回答不上来。

**阿那克萨戈拉:**

说吧。

**记者:**

"奴斯"有长度吗?

**阿那克萨戈拉:**

没有。

**记者:**

"奴斯"有宽度吗?有高度吗?有质量吗?有重量吗?有体积吗?

**阿那克萨戈拉:**

都没有。

**记者:**

没长度,没宽度,没高度,没体积,没重量,没质量,天下竟然还有这样的东西吗?

**阿那克萨戈拉:**

当然有,它就是"奴斯",就是"心智"。"奴斯"是一种与万物相分离、完全不同于物质性的"种子"的独立存在的东西,说到底,它不是物质,而是一种能量,一种看不见、摸不着,但却能驱动一切的能量。

**记者:**

不管你同意不同意,在我看来,一个没长度,没宽度,没高度,没体积,没重量,没质量的东西就是一种不存在。你说这种东西就是"奴斯","奴斯"就是这种东西,难道天下竟然存在一种不存在的东西,存在就是不存在,不存在就是存在,岂不是很荒唐吗?

## 第十章 心灵才是"第一推动"——对话阿那克萨戈拉

**阿那克萨戈拉：**

没有长度、宽度、高度、体积、重量和质量，这些都是"奴斯"的特征，但是并不等于它完全是子虚乌有的东西，它只不过是一种"最细、最纯"的东西。

**记者：**

不管你有多细，有多纯，它毕竟是一种东西。因此，在我看来，你说的所谓"心智"性的"奴斯"应该是一种既具有精神性，又具有某种物质性的东西。

**阿那克萨戈拉：**

我不能同意你的推论，"奴斯"绝对不是物质性的东西。

**记者：**

不争了吧。如果你说得对，在这个世界就只能存在三种东西了：一种是没有精神性的物质，死气沉沉、呆头呆脑，你说的"种子"似乎就是这种东西。如果没有"奴斯"的作用，它或许会如同乌龟那样，永远爬在那一动不动；另一种是具有精神性的物质，如你如我，如花鸟鱼虫，如同那些乱蹦乱跳的蚂蚱，也如同那些乱喷毒汁的蛇蝎之类；再一种就是纯粹的精神性的东西，来无踪，去无影，看不见，摸不着，如风不是风，像雨不是雨，似雷又非雷，似电不是电……可能吗？

**阿那克萨戈拉：**

也许有可能，也许不可能。看来在你我的知识范围内，这个问题是说不清了。但我们不必着急，后来者必然远远高明于前人，我们就期待他们来回答这些问题吧。

## 十二 "异类相知"

**记者：**

关于宇宙的本原，大可不必太认真，苏格拉底说，对于哲学家来说，把人自身的问题搞清楚才是根本。

**阿那克萨戈拉：**

其实，什么是人的问题，什么是宇宙的问题，往往是分不清楚的。有时候，你搞清楚了宇宙问题，你也就搞清楚了人的问题。同样，你搞清楚了人的问题，

**人性的曙光：对话前苏格拉底思想家**

你也就搞清楚了宇宙问题。

**记者：**

宇宙是宇宙，人是人，两者风马牛不相及嘛！

**阿那克萨戈拉：**

似乎并不那么简单。不过我们不争这个了。先说说你所说人的问题是什么吧。

**记者：**

老问题！我问你，人如何去认识世界，人又如何去认识自己，或者说，人对外界的认识到底是如何产生的？你能告诉我吗？

**阿那克萨戈拉：**

关于这个问题，我也没有做过更多的研究，我的看法也很简单。首先，人的认识，也就是人类对于外部世界的知识，是来自于人的感觉，而人的感觉是由客观事物作用于人的感觉器官而产生。你应该知道，我们的感觉器官，如眼睛、鼻子、耳朵、手、脚，与外部的客观事物一样，也都是由一定成分和性质所构成的物体。外部物体只有当其构成成分及其性质与我们的感觉器官的构成成分不相同的时候，我们的感觉器官才会对外部世界产生感觉，产生认识。人类是通过热去感知什么叫冷，通过咸去感知淡，通过苦去感知甜……总之是通过与感觉器官不一样性质的对立面去认识事物，去把握事物，去认识世界的。

**记者：**

你刚才似乎提出了一个"异类相知"的命题？

**阿那克萨戈拉：**

是的，这一点与恩培多克勒完全相反。

**记者：**

恩培多克勒的"同类相知"理论不好理解，你的"异类相知"理论同样也不好理解。

**阿那克萨戈拉：**

其实也不难理解。以照镜子为例，如果一个物体的颜色与镜子的颜色完全一样，这个东西就不可能在镜子里显现出来，是不是？

**记者：**

应该是如此。

## 第十章 心灵才是"第一推动"——对话阿那克萨戈拉

**阿那克萨戈拉：**

一个物体的颜色与镜子的颜色反差越大,它在镜子里的影像就会越清晰。

**记者：**

这倒是。

**阿那克萨戈拉：**

人用视觉来感知外部的事物,就如同外部物体在镜子里的映像一样,如果这个东西的性质与我们感官的性质完全一样,我们就感觉不到这个东西的存在。反之,这个东西越是与我们的感官性质不一样,我们越是能感觉到这个东西的存在。"异类相知"就是这个意思嘛!

**记者：**

我们人类的眼睛在晚上往往看不到东西,而一些东西却能看得清楚,原因何在呢?

**阿那克萨戈拉：**

我们人类,包括绝大多数动物,眼睛的颜色都与黑夜的颜色是一样的,因此,我们就看不到夜间的东西。而有些动物,它们的眼睛的颜色与白天的颜色是一样的,因而就能看到夜里的东西。

**记者：**

恩培多克勒说,"同类相知",带来的往往是愉快与和谐,我想知道,"异类相知"则意味着什么呢?

**阿那克萨戈拉：**

自然是痛苦。外界事物对我们的眼睛的刺激越强烈、越持久,它给人带来的痛苦就越强烈、越厉害。过分闪亮的色彩、过高的噪声、刺鼻的气味,都会让人感到很痛苦。

**记者：**

明白。我想再问一个问题：难道人类的知识只能来源于感官?

**阿那克萨戈拉：**

也不尽然,感觉的能力有时候非常有限。例如,对于万物之源的"种子",我们就感觉不出来。再如当我们吃面包的时候,我们能够感觉出来的就是面包的颜色、味道、水分、大小,但是在这些面包里面隐含的"种子",也就是含有人体所由之构成的头发、血管、肌肉、神经等"种子",我们就感觉不出来。

**记者:**

那我们依靠什么去感知那神奇的"种子"呢?

**阿那克萨戈拉:**

唯有理智,唯有理性!

**记者:**

何谓理智?何谓理性?

**阿那克萨戈拉:**

也就是人类所拥有的超越感觉器官而能认识万物之本原的那种悟性,那种能力。我们人类能征服自然,能驾驭动物、主宰万物,靠的就是这种理性能力。

# 阿那克萨戈拉简传

阿那克萨戈拉(Anaxagoras,约公元前500年—前428年)出生于伊奥尼亚的克拉佐美尼,是米利都学派哲学家阿那克西美尼的学生。在雅典人战胜了波斯人之后,他被老师带到了雅典。他第一个把哲学介绍给雅典人。由于他否认天体是神圣的,因此被控亵渎神圣,幸亏伯里克利从中调停才得以活命。阿那克萨戈拉是一个典型的伊奥尼亚学派(Ionia school,亦译"爱奥尼亚"学派)哲学家,他主张地球是一个圆柱体,相信天体和地球的性质大体上是同样的,否认天体神圣,主张"努斯"(nous)是生命世界的变化之动力来源。他把一切运动都归之于心灵或灵魂的作用,认为太阳是一块烧得又红又热的石头,比希腊大不了多少。他很仔细地观测过天象,认为月亮和行星也和地球一样,月亮上面也有山和居民。他是第一个提出月光是日光的反射的人,也是第一个科学解释日食和月食的人。

# 第十一章　民主与国家之命运
## ——对话伯里克利

## 引　子

就本人来说，一想到古希腊，就会想到两个人，一个人是苏格拉底，另一个人就是伯里克利。在各种各样与希腊有关的教科书中，伯里克利是一个耳熟能详的名字。他享有独特的身份，一个人代表着一个世纪。他凭借自己的勃勃雄心，把雅典的民主制度推进到一个前所未有的高度。让我们走进这位政治家，探寻直到今天依然对人类有巨大影响的民主制度的由来，亲自聆听伯里克利是如何看待他所参与创制的民主制度的。

## 一　不平凡的家世

**记者：**

你是一位了不起的军事家，你是人类的"民主之神"。回首总结一下，对你一生影响最大的因素到底是什么？

**伯里克利：**

家庭，毫无疑问是我的家庭。

**记者：**

说说看，我对你的家庭很感兴趣。听说你的父亲为希腊打败波斯立下了汗马功劳。

**伯里克利：**

在说父亲克桑提波斯之前，先说说我的母亲吧。

## 人性的曙光：对话前苏格拉底思想家

**记者：**

好啊。

**伯里克利：**

你或许不太知道，我们雅典有一位著名的政治家，他的名字叫克利斯提尼（Cleisthenes），他的侄女名字叫阿加丽斯特，她就是我的母亲。当然，对我影响最大的人，还是我的父亲。

**记者：**

据说你的父亲是一位伟大的军事家，一些资料说在举世闻名的希波战争中，是你的父亲让希腊人停止内讧，团结一致，最终打败了波斯人。

**伯里克利：**

其实我父亲的政治生涯并不顺畅。

**记者：**

怎么回事？

**伯里克利：**

我的父亲从胆识和智慧上看确实是一位了不起的人，但是在雅典有一个奇特的制度，名字叫"陶片放逐法"，我的父亲就成为这项制度的受害者。

**记者：**

愿闻其详。

**伯里克利：**

所谓的"陶片放逐法"，也叫"贝壳放逐法"。根据这项制度，雅典公民可以在陶片或贝壳上写上那些具有极高社会威望、极有可能对雅典的民主制度构成威胁，而可能成为僭主的人的名字，通过投票表决的方式，将这些不受欢迎的危险分子驱逐出境。我父亲不幸就成为被无情放逐的众多人中的一个。这项制度一实施，我父亲就应声倒下，我父亲被放逐的时间是在公元前485年，那年我大约十岁。

**记者：**

据说这项制度就是你远房长辈克利斯提尼设计出来的？

**伯里克利：**

没错。克利斯提尼推行这项制度是在公元前510年，但直到公元前487年才付诸实施。

## 第十一章 民主与国家之命运——对话伯里克利

**记者：**

也就是说，你的父亲是在这项制度实施的第三年就遭遇被放逐的厄运。

**伯里克利：**

是的。

**记者：**

你父亲被放逐，虽然是吃了一些苦头，但也从另一个方面说明你父亲并非等闲之辈。那他后来是因为什么原因被召回而继续参与雅典政治的呢？

**伯里克利：**

是希波战争给了我父亲东山再起的机会。

**记者：**

哦。

**伯里克利：**

希波战争你是知道的。希腊和波斯力量对比相差极为悬殊，我们希腊阵营只有几千号人，而波斯则有几十万人，希腊人靠侥幸于公元前490年打败了波斯人，取得了第一次希波战争的胜利。但形势发展到第二阶段，就不是那么回事了。

**记者：**

什么情况？兵力相差如此悬殊，形势对你们希腊人肯定不利。

**伯里克利：**

你说的没错。战争越往后推进，形势越对雅典人不利。波斯几十万大军兵临希腊大陆，而整个希腊只有31个城邦几千号人在苦苦抵抗。就这几千人在如何指挥上还吵来吵去。在这种情况下，如果没有强人出来主持局面，希腊灭亡只是时间问题。

**记者：**

于是你的父亲再次走到了政治的前台。

**伯里克利：**

正是！面对如此危险的形势，雅典的民主人士们不得不改变对我父亲的态度，而一致决定把我父亲召回雅典。我父亲不负众望，配合地米斯托克利将军，迅速扭转颓势，直至彻底打败波斯人的入侵。

人性的曙光：对话前苏格拉底思想家

**记者：**

可以想象，你父亲披坚执锐、杀敌御国，居功至伟啊！不过，我想知道，你父亲对你的影响主要有哪些方面呢？

**伯里克利：**

全方位的，如果没有父亲的影响，就不会有我后来的人生。

## 二　我不该对雅典的失败负责

**记者：**

你父亲东山再起之后，与地米斯托克利将军共同指挥雅典军队，最终打败了波斯人，这是一件很了不起的事情。

**伯里克利：**

是的，谁都这么说。

**记者：**

据我了解，希波战争之后，你们国家又与斯巴达开打。据了解，在战争的前期，你们雅典拥有雄厚的实力，军事实力也远远超过斯巴达。但为什么在你的领导下，这场战争却最后失败了呢？

**伯里克利：**

当你所说的雅典失败的时候，我已经不在人间了。打败波斯以后，我动员各个城邦一起建立了共同的金融平台——提洛同盟，大量的财富源源不断地送到我们国家。无论军力、财力，与斯巴达开打，雅典都不应该失败。

**记者：**

但问题是雅典的的确确失败了。依你看，是什么原因导致雅典大败于斯巴达呢？

**伯里克利：**

凡存在皆有其合理性，雅典不管怎么说是失败了。不过，回过头来分析的话，雅典的失败或许有这样几个因素。

**记者：**

说说看。

## 第十一章 民主与国家之命运——对话伯里克利

**伯里克利：**

打败波斯以后，我们把与兄弟城邦建立的财政平台转移到了雅典，我们的国力明显得到了提升，但是，我们的很多盟国却感到他们的利益受到了损害，一些盟国最终投靠了斯巴达。这或许是原因之一。

**记者：**

还有呢？

**伯里克利：**

打败波斯以后，在如何巩固与希腊各个盟国的关系上，雅典做得也不够慎重。在我主政雅典的时候，我就对本是兄弟友邦的优卑亚城邦的起义进行了镇压。后来，又派兵对萨摩斯城邦进行了惩罚。我本来是想通过这些举动，来维持雅典的霸主地位。但实际上导致了相反的结果，致使本来并不受希腊各城邦欢迎的斯巴达站起来振臂一呼，就有那么多的城邦反过来与雅典作战。关于这个问题，我们后面详聊，但这不是关键，最重要的原因是……

**记者：**

最重要原因是什么呢？

**伯里克利：**

我认为，雅典的最终失败，最根本的原因是与那次瘟疫有关。

**记者：**

怎么讲？

**伯里克利：**

我们国家与斯巴达的战争，是从公元前432年开始的。战争之初，我们频频告捷。斯巴达纠集的乌合之众，在我们的打击下，步步后退。但是，从公元前430年起，我们的城邦爆发了一场严重的瘟疫，这场瘟疫让我们失去了很多优秀的战士，国家的政治生活也被这场瘟疫搞得一团糟。

**记者：**

据说你也在这场瘟疫中被夺去了生命？

**伯里克利：**

是的，或许这是这场战争失败的根本原因。

## 三 失道寡助

**记者：**

一些历史资料说，你们希腊人为了与波斯作战，大家相约成立了一个同盟。

**伯里克利：**

没错，这个同盟也就是一个政治、经济平台，这个平台设在提洛这个小岛上，所以，我们大家都把这个同盟称为提洛同盟。

**记者：**

那大家是如何来掏钱的呢？

**伯里克利：**

在这个同盟成立的时候我们就定下一个原则，那就是自觉自愿，同意加盟的成员要根据资源按照比例为战备物资做出自己的贡献。大体有两种方法：一种方法是，直接提供士兵、提供战舰；另一种方法是提供钱财。

**记者：**

那大多数城邦采用什么方法呢？

**伯里克利：**

大多数城邦都愿意出钱而不愿派战舰和士兵。

**记者：**

也就是说他们愿意出钱，你们雅典当老大来派兵打仗，是不是这个道理？

**伯里克利：**

就是这样，盟邦付款，我们打仗。

**记者：**

你们希腊牵头，最后打败了波斯。按说你们这个提洛同盟是为了与波斯打仗建立的，从逻辑上讲，你们打败了波斯，提洛同盟就应该解散，但实际上你们还继续强迫盟友来缴贡金。

**伯里克利：**

有这个情况。我们是公元前449年与波斯人签订了《卡里阿斯和约》，这个和约签署后波斯人同意将爱琴海和小亚细亚的城邦转交雅典共治，而我们也许诺不再远征波斯王国的领土。实际上这个和约的签署就标志着波斯威胁的彻底终结。

**记者:**

应该如此。那从理论上讲,波斯的威胁解除了,这个提洛同盟就不再有存在的必要了。按道理说,盟国就不应该再继续给你们希腊交钱了。

**伯里克利:**

是的。公元前448年,也就是说在我们与波斯签订和约的第二年,盟邦就不再为我们提供资金了。

**记者:**

就像前面提到的,你们随后又继续强迫盟国为你们缴租金。

**伯里克利:**

实事求是讲,这个事情雅典做得有点过分。这个提洛同盟后来转移到雅典,实际上财库已经变成了雅典的小金库。自公元前450年代末开始,每四年在泛雅典娜节的节庆期间,我们都会召集齐同盟成员开一次全体大会,在这个会上要确定贡金的总额。

**记者:**

交钱的理由不复存在,你们却继续强迫大家交钱,人家会同意吗?

**伯里克利:**

那肯定不会同意的,所以发生了若干次的叛乱事件。这些事件最直接的起因都是拒绝向我们缴纳贡金。但是我们要求这些国家给我们支付贡金,如果他们不同意,我们对他们采取一些措施,一些动机还是好的。

**记者:**

什么动机呢?

**伯里克利:**

那就是到这些国家去推行我们的民主体制。

**记者:**

别人怎么搞跟你们有什么关系?你们以推行民主为借口去强迫人家掏钱,我认为这有点太霸道。

**伯里克利:**

现在回过头来看雅典做的确实有点过分。

**记者：**

我想了解一下，你具体是如何对待这些不愿意给你们掏钱的盟邦的呢？

**伯里克利：**

你是哪壶不开提哪壶。但是我还是想给你解释一下，这里面有这样几件事情。

第一件是公元前447—前446年这个时候，尤卑亚城邦发动起义反抗我们，说不愿意为同盟交钱。我派兵把他们打了下去，并派兵长期驻守这个城邦。

第二件是公元前440—前439年，萨摩斯岛拒绝给我们这个城邦掏钱，还发动起义。后来我派兵把他们打了下去。

再后来就是拜占庭城邦，它也拒绝缴纳贡金，结果也被我打了下去。

**记者：**

据我所知，你们不仅强迫那些城邦给你们交钱，而且把贡金数额提高到原来的三倍。你们雅典人不再说自己是盟主，而自称是霸主；你们不再把别的成员视为盟邦，而视为你们下属的属邦。你们这样做必然会招致这些国家的反对。

**伯里克利：**

你说得没错，这些城邦后来都发动了对我们的叛乱。当他们看到我们与斯巴达的战争中越来越不顺的时候，尤其是我们远征西西里遭到惨败的时候，这些城邦更是联合起来反抗雅典。

**记者：**

得道多助，失道寡助。雅典之所以在与斯巴达的战争中失败，或许与你们不能够平等地对待这些盟邦有关。

**伯里克利：**

客观地讲是这样的。如果我们能够在波斯战争之后继续团结好盟邦，或许就不会有将来大败于斯巴达这个惨剧的发生。

## 四　是我牵累了阿那克萨戈拉

**记者：**

阿那克萨戈拉是你的老师，他后来被雅典的贵族判处死刑。有很多资料说，他之所以被判处死刑，可能与你有关。

## 第十一章　民主与国家之命运——对话伯里克利

**伯里克利：**

说得没错。阿那克萨戈拉出身显贵门第,家有万贯财产。但此人对政治从来不感兴趣,就喜欢好学深思,追求自然知识,醉心于科学研究。

**记者：**

听说他将继承的遗产全部分给他的亲属,不知此事是否属实?

**伯里克利：**

当然属实。这点我可以作证。作为一个哲学家,阿那克萨戈拉把研究太阳、月亮和其他天体视为人生最重要的目的。

**记者：**

既然他对政治不感兴趣,为什么他却成了你的门客?这很难让人不怀疑他有自己的打算。

**伯里克利：**

这一点你是误解阿那克萨戈拉了。邀请阿那克萨戈拉担任我的老师,完全是我提出来的。

**记者：**

你为什么要邀请阿那克萨戈拉做你的门客呢?

**伯里克利：**

在我们那个时代,作为一个政治家,在家里供奉着若干位老师,这是一件很正常的事情。我有两位老师,一位叫达蒙先生,达蒙老师表面上是教我音乐,实际上是教我政治学。

**记者：**

那阿那克萨戈拉教你什么呢?

**伯里克利：**

阿那克萨戈拉在两方面是别人所不具备的。第一,在语言学方面和辩论术方面当时无人能够超过他。在民主社会,我非常需要提高自己的语言表达能力,非常需要扩大自己的知识面。唯有如此,才能得到更多的选票。阿那克萨戈拉在这方面,给了我很多的帮助。

**记者：**

第二点呢?

# 人性的曙光：对话前苏格拉底思想家

**伯里克利：**

第二点，阿那克萨戈拉教授我很多关于自然哲学方面的知识。

**记者：**

作为一个政治家，你为什么要学习自然哲学方面的知识呢？

**伯里克利：**

这个原因很简单。一个政治家要想拥有完善的政治技能，他必须学习自然哲学，从某种程度上，学习自然哲学就是对自己进行思想训练。不过，这一点或许还不是关键。

**记者：**

那关键又是什么呢？

**伯里克利：**

这一点，我得讲细一点。

**记者：**

那最好不过了。

**伯里克利：**

阿那克萨戈拉来到雅典的时候，希波战争刚刚结束，我们的祖国如日中天，可以说是阳光灿烂。但是……

**记者：**

但是什么呢？

**伯里克利：**

但是，人们在思想意识领域却非常保守。一些人把日月星辰奉为神明，巫术宗教迷信异常盛行，科学思想刚刚开始。在这种情况下，我一方面要为国家的民主制度做很多事，另一方面想在思想层面铲除迷信，这一切都特别需要得到阿那克萨戈拉的支持。

**记者：**

有用吗？

**伯里克利：**

当然有用。

## 第十一章 民主与国家之命运——对话伯里克利

**记者：**

据当时的历史资料说，在你们当时的雅典，确确实实有一个法规明确规定，凡是不信神存在、宣扬关于天体现象的新学说的人都要受到公审，甚至可能被判处死刑。阿那克萨戈拉在他的《论自然》中多次说太阳是一块炽热的石头，这明明是和国家的法律相冲突嘛，法庭判处他死刑也似乎是有法可依嘛。

**伯里克利：**

那可是欲加之罪啊！那个法律是当时立法机关在一个狂热分子，叫狄奥拜底的鼓捣下制定的，雅典人对这条法律一直也存在不同的看法。尽管如此，我的政治对手们，也就是那些贵族寡头们，他们选择阿那克萨戈拉开刀，其矛头是对准我的。与阿那克萨戈拉在一起受到牵连的还有两人，一位就是我的情人阿丝帕西娅，另一位是著名的雕塑家菲狄亚斯。如果不是我尽心说情，阿丝帕西娅也会被他们判处死刑的。我虽然竭尽全力为菲狄亚斯辩护，但最终还是因为被诬告在雕塑工作中偷窃金银而被判处死刑。

**记者：**

阿那克萨戈拉虽然被判处死刑，但终究没有被执行，最好还逃出了雅典。我想了解这背后是不是你做了一些疏通的事情？

**伯里克利：**

说实话还真不是。虽然我当时也亲自到法庭为他辩护，但是那些法官们丝毫不给我面子，最终还是判处了死刑。

**记者：**

听说阿那克萨戈拉在坐牢的时候他儿子也死掉了，真是祸不单行，屋漏偏逢连夜雨。

**伯里克利：**

好在阿那克萨戈拉对什么事情都能想得开，当人们告诉他爱子夭亡的时候他竟然坦然地说："我早就知道我的孩子们生来就是要死的。"当他听到被法官判处死刑的时候，他同样很坦然地说："自然早就知道判处我的审判官们和我都是要死的。"

**记者：**

阿那克萨戈拉能坦然面对这些事情，或许痛苦会少一些。

人性的曙光：对话前苏格拉底思想家

伯里克利：

但愿如此吧，总之是我连累了他。

# 五　梭伦改革

记者：

一提到民主制度，人们首先想到的就是你，你被公认为民主制度第一创始人。

伯里克利：

你这么说，我当然很受用。不过这不符合事实，没有梭伦改革，没有克里斯提尼进行的民主改革，就没有后来的雅典民主。

记者：

你很伟大，谦虚得很啦。

伯里克利：

那倒不是，事实必须得到尊重。

记者：

梭伦改革具体改了什么呢？以前学习世界史，我对此有一些印象，但没有把梭伦做的事情与雅典的民主制度联系在一起。

伯里克利：

梭伦改革时间是公元前594年，他的改革包含政治改革与经济改革两大方面。

记者：

先说政治改革吧。

伯里克利：

梭伦推行建立一个由400人组成的新议事会，规定雅典中等阶级有资格成为其成员，如此一来，参与国家政治决策的人数就大大增多了。这不是民主是什么？还有，梭伦授予下等阶级以公民权，你要知道，一旦享有公民权，就意味着这些原来的下等人，有资格在公民大会上发表自己的政治见解，如此一来，雅典民主的基础就更加广泛了。

记者：

还有吗？

**伯里克利：**

还有就是组建面向所有公民的最高刑事法庭，法官通过抽签方法选出，很显然，这又是民主。

**记者：**

没错。梭伦在经济方面又改了什么？

**伯里克利：**

经济上，梭伦取消当时所有的抵押契约，许多因债务偿还不了而成为奴隶的人获得了自由，梭伦还制定法律规定以后不得再有债务奴隶。

**记者：**

这种经济改革对雅典民主有什么作用呢？

**伯里克利：**

人人都不得因为经济的原因而成为奴隶，雅典民主就得到最终保证。没有越来越多下层阶级的参与，哪有什么民主可言啊。

## 六　克里斯提尼：真正的雅典"民主之父"

**记者：**

你刚才提到克里斯提尼改革，是什么情况？

**伯里克利：**

克里斯提尼是我母亲的叔叔，如果说有谁能称得上雅典"民主之父"的话，他当之无愧。

**记者：**

不会吧，人们可一直把这称号授予你的。

**伯里克利：**

梭伦的改革，应该说为雅典民主制度的建立开了一个非常好的头，遭遇的阻力也非常大，方方面面都抵制他的改革。

**记者：**

不容易。

人性的曙光：对话前苏格拉底思想家

**伯里克利：**

贵族因失去特权愤愤不平，中等阶级和下等阶级，也因迟迟不能参与政治而怨声载道，而原来拥有特权的一个团体战神山会议则死死把住政权不放。这种情况让梭伦非常被动，失去了中等阶级和下层阶级的支持，梭伦就成为孤家寡人，一些政治强人便乘机坐大，卷土重来。

**记者：**

这些人是不是就是所谓的僭主？

**伯里克利：**

是的。公元前546年，一位名字叫庇西特拉图的人在雅典建立了有史以来第一个僭主政权，说句实话，此人确实不是坏人，他热爱雅典文化，多次自费赞助搞文化活动，他还采取措施减少贵族的特权，并提升雅典人的生活水平。但是……

**记者：**

好像是他的儿子不是个东西？

**伯里克利：**

是的，他的儿子希庇亚斯非常凶恶，把雅典搞得乌烟瘴气，民怨沸腾。面对这种情况，雅典的贵族阶级发动政变，于公元前510年推翻了希庇亚斯的暴政。

**记者：**

那克里斯提尼是怎么上台的呢？

**伯里克利：**

克里斯提尼也是贵族之一，他智慧超群，经过多年经营，他终于逐个消灭了政治对手，而登上雅典最高政治舞台。

**记者：**

于是雅典进入了克里斯提尼时代？

**伯里克利：**

可以这么说。

**记者：**

克里斯提尼的改革包括哪些内容呢？

**伯里克利：**

公元前510年，克里斯提尼对雅典进行改革，他把公民权授予当时定居雅典的所有男子，由此扩大了雅典公民的人数。

**记者：**

还有吗？

**伯里克利：**

他设立了一个新议事会，以此作为政府的主要机构，享有为公民大会提案的权力，并兼有行政管辖之职。这个机构的成员通过抽签产生，任何一个年满30岁的公民都有资格当选。

**记者：**

还有吗？

**伯里克利：**

克里斯提尼还扩大了公民大会的权利，赋予它讨论、通过或否决议事会提案的权力；赋予它宣战、拨款、对退休官员进行会计审查的权力。最后，克里斯提尼创设了陶片放逐法，依据此法，任何一个被认为对国家有害的公民，都可以被体面地放逐10年。尤其是……

**记者：**

尤其是什么？

**伯里克利：**

陶片放逐法是为了排除那些有独裁野心的人而设置的，防止这些人成为独裁者。毫无疑问，这些措施又把雅典的民主制度推到一个新高度。

## 七　民主与雅典的命运

**记者：**

雅典民主到了你执政时期，达到了全盛时期，你不反对这种说法吧？

**伯里克利：**

可以这么说，这个时期，雅典的公民大会除了获得批准或否决公民议事会提案的权力外，又获得立法权。在这个时代，将军委员会地位大幅提升，将军们由公民大会选出，任期一年，并且可以无限期地当选。将军们尽管拥有巨大的权力，但不能成为僭主，因为他们的政策要受到公民大会审核。而且在一年期任职终了时，会被轻易地撤职，也会因为渎职罪受到指控。

**记者：**

在司法方面呢？

**伯里克利：**

雅典的司法系统越来越完善，形成一批处理各种案件的民众法庭。每年都要在全国各地挑选6000名公民，由这些公民组成从200名到1000名不等的各类陪审团受理各类特别案件。这些陪审团有权通过多数票决定案件所涉及的每一个问题。尽管由一名执政官主持法庭，但他没有法官的任何特权，陪审团本身就是法官，其判决不得上诉。

**记者：**

作为雅典民主制度的创制人之一，你真的就认为这种制度对你国家有用处吗？

**伯里克利：**

雅典依靠这种制度，团结了希腊的各个城邦，一起击败波斯的入侵，以少胜多，绝对辉煌。

**记者：**

既然民主制度这么好，为什么在后来的伯罗奔尼撒战争中，你们又败给了斯巴达呢？据我了解，斯巴达搞的并不是什么民主体制啊？专制得很呢！

**伯里克利：**

有人说我们雅典败给了斯巴达，原因是我们的民主制度不行，大错特错。雅典失败，瘟疫是根本原因，这点我多次说过，雅典的民主制度被颠覆，从而让雅典的制度优势丧失殆尽，也是造成雅典失败的重要原因，而绝对不能说明雅典搞的民主制度不行。

# 第十一章　民主与国家之命运——对话伯里克利

## 伯里克利简传

伯里克利（Pericles，约公元前495年—前429年），古希腊民主政治的杰出代表，古代世界著名的政治家之一。伯里克利出身雅典名门，父克桑提波斯是雅典舰队的司令官，母亲阿加丽斯特为雅典民主政治的奠基人克利斯提尼的侄女。伯里克利受到良好的教育，曾向智者哲人达蒙和芝诺学习音乐、政治理论和哲学思想，阿那克萨戈拉是他的良师益友。公元前472年，伯里克利初露头角，出资承办埃斯库罗斯所著《波斯人》一剧的演出。公元前466年后，伯里克利追随埃菲阿尔特斯，成为雅典民主派的代表。从公元前443年到公元前429年，伯里克利每年连选连任雅典最重要的官职首席将军，完全掌握国家政权。在伯里克利的领导下，雅典的经济、民主政治、海上霸权和古典文化臻于极盛。公元前429年，伯里克利在再度当选为将军不久后，被瘟疫夺去了生命。

# 第十二章 宇宙的矛盾与矛盾的宇宙
## ——对话芝诺

## 引　子

现在人们一提到悖论这个词，就会立即联想到芝诺。芝诺是巴门尼德的学生，曾经陪同他的老师到雅典访问。就其基本的哲学观点和哲学取向来看，芝诺的哲学与巴门尼德的哲学并无二致。芝诺不仅否认"多"的存在，而且还否认"运动"的存在。"阿喀琉斯追不上兔子"，是芝诺标志性的哲学铭牌。恰如英国哲学史学者泰勒在其主编的《从开端到柏拉图》一书中所说，芝诺是以一系列"破坏性的证明"而著称，没有任何证据表明芝诺提出过什么肯定性的学说。即便如此，芝诺若干证明的原创性还是可圈可点的。

## 一　捍卫巴门尼德主义

**记者：**

你是巴门尼德的学生，没错吧？

**芝诺：**

绝对没错，千真万确！同时，我们也是亲密无间的朋友。

**记者：**

你曾经称呼巴门尼德为"父亲"是怎么回事？难道你俩是父子？

**芝诺：**

谁告诉你的？

**记者：**

柏拉图在其《智者篇》中曾经如此写道，来自爱利亚的客人就存在和非存在

## 第十二章　宇宙的矛盾与矛盾的宇宙——对话芝诺

的问题回答泰尔泰德时说："我们不得不将父亲巴门尼德的话拿来估量一番。"地球人都知道，这位来自爱利亚的客人就是你，白纸黑字，你如何解释？

**芝诺：**

原来如此。希腊语中的"父亲"（pater），虽然有英语中"father"的意思，但其含义却是多元的。

**记者：**

怎么讲？

**芝诺：**

希腊语中的"父亲"（pater），既可以指生你养你的那个严格意义上的"父亲"，也可以指"祖先""祖辈"。我称呼巴门尼德为"父亲"，就是从后面的意思上讲的，而不是说他就是我的亲生父亲，我就是他的亲生儿子。明白了吗？

**记者：**

是这样！不过据我猜测，巴门尼德对你热爱有加，说不准他曾收你为养子。后世一位名唤为黑格尔的德国哲学家，在其所著《哲学史讲演录》中，就明说巴门尼德非常喜欢你，故收你为养子。

**芝诺：**

你这是想当然了。我们那个时代没有收养别人子女为养子的风气，黑格尔也太过想当然了。我建议你也不要胡乱猜想。我再强调一遍，巴门尼德是我的老师，是我的亲密战友，是我最最尊敬的长辈。但绝对不是我的亲身父亲，也不是我的养父、义父。

**记者：**

柏拉图在《巴门尼德》篇中，爆料这样的事情，那就是，当巴门尼德提出他的哲学以后，很多人嘲笑巴门尼德。巴门尼德因他自己提出的学术观点而成为孤家寡人。有这样的事情吗？

**芝诺：**

有。在当时绝大多数人看来，巴门尼德提出的那些东西，简直是胡说八道。一些人说巴门尼德所提出的观点，虽然是用逻辑学一步步推导出来的，但如果你信以为真的话，那你不是疯子就是呆瓜。

人性的曙光：对话前苏格拉底思想家

**记者：**

话这么难听。

**芝诺：**

是的。在当时许多人看来，除非是神经错乱的人才会赞同巴门尼德的观点。

**记者：**

你是否分析过，巴门尼德何以遭受这么大的攻击呢？

**芝诺：**

原因很简单，巴门尼德的理论太过抽象，他给人的感觉是离开人的感觉太远太远。他的理论，与当时流行的哲学，如米利都学派的哲学，如毕达哥拉斯学派的哲学，如赫拉克利特等学派的哲学相比起来，大相径庭。尤其严重的是……

**记者：**

尤其严重的是什么？

**芝诺：**

一些哲学家已经开始用自己的创新来向巴门尼德的学说发起了挑战。

**记者：**

是吗？具体有谁呢？

**芝诺：**

恩培多克勒、阿那克萨戈拉、留基伯等人开始用多元化的元素和种子来取代巴门尼德的存在。德谟克利特提出的虚空理论更是让巴门尼德主义难以招架，因为一旦承认德谟克利特主义的"虚空"的存在，就否定了巴门尼德的存在，对巴门尼德主义几乎是釜底抽薪啊。

**记者：**

你的意思是说，普通人不喜欢巴门尼德，是因为巴门尼德的理论太过抽象，背离了人们的感觉，违背了人们的常识？

**芝诺：**

是的。不仅如此，学者们也不赞成巴门尼德的观点，因为他的观点太过离经叛道，和主流观点相距甚远。

**记者：**

居然是这样！巴门尼德陷入四面楚歌之中，遭受普遍的攻击，所以你要站出

## 第十二章 宇宙的矛盾与矛盾的宇宙——对话芝诺

来,捍卫巴门尼德主义。那我相信,你肯定也是孤军奋战。

**芝诺:**

那你倒错了,站出来捍卫巴门尼德主义的并非我一个人。

**记者:**

还有别人吗?

**芝诺:**

当然有了,他就是麦里梭,小亚细亚附近萨摩斯岛上的麦里梭。我们两个人遥相呼应,彼此支持,为捍卫巴门尼德主义而战。

## 二 我见过苏格拉底

**记者:**

据说你曾经见过苏格拉底?

**芝诺:**

是的。哪年哪月,一时回想不起来。但有一点确凿无疑……

**记者:**

什么确凿无疑?

**芝诺:**

那年巴门尼德,也就是我的恩师65岁,我是陪他去雅典,去见苏格拉底的。

**记者:**

听说你受巴门尼德的委托,向苏格拉底以及雅典的若干后生们宣读了你们的学术论文。

**芝诺:**

我亲自宣读的。

**记者:**

据说苏格拉底对你们的研究报告不以为然,还嘲笑你们,让你们师徒下不了台,有此事否?

**芝诺:**

全是坊间传言。

**记者：**

事实呢？

**芝诺：**

事实是：苏格拉底很有教养，除了有点年轻气盛，太想早点弄出个子丑寅卯外，总体上人不错。他很敬重巴门尼德，当然对我也不错。他还给我们吃的，给我们喝的，礼敬有佳。关键是，他能召集那么多的雅典后生们，来听我们宣读论文。你要知道，人生富贵时，最需要在乡亲们面前显摆显摆才有价值，如果穿着华贵的衣服，却是夜间回到家乡，没有几个人看见你，这多没意思啊！

**记者：**

呵呵，有点意思。

**芝诺：**

同样，我们一本正经宣读论文，无人倾听，无人喝彩，也一样让人尴尬。

**记者：**

那很多哲学史教材都说，你们在雅典遭到愚弄和嘲笑，那是谁在嘲笑和愚弄你们呢？

**芝诺：**

不是苏格拉底，是雅典的那帮年轻后生们。苏格拉底很认真聆听我们的学术报告，根据我对苏格拉底的研究，他还是很认真地吸取了我们的研究成果。从他把世界划分为理智世界与可见世界的做法，足见我们对他思想的影响。而那帮小混混则不然，动不动鼓倒掌、喝倒彩，让我们很不受用。

## 三　思想之路更可靠

**记者：**

有好多书都异口同声地说，你芝诺从来就没有你自己的观点，你写文章、作报告，目的就是为巴门尼德辩护，是这样吗？

**芝诺：**

是又咋的？不是又咋的？

## 第十二章　宇宙的矛盾与矛盾的宇宙——对话芝诺

**记者：**

我只是问问,既然是这样,你要针对谁来为你老师辩护?

**芝诺：**

自然是毕达哥拉斯派那帮徒子徒孙。

**记者：**

他们的观点是?

**芝诺：**

这些人被感觉和常识迷住双眼,认为事物是千变万化的,认为宇宙的本质就与他们看到的现象一模一样,他们是典型的感觉主义者、常识主义者。

**记者：**

你先不要乱扣帽子。这些人认为感觉是知识的重要来源,人能够感觉到的就是世界的本来面目,难道不对吗?例如,我此时此时刻看到你,难道这个你不是实在的你吗?

**芝诺：**

当然不是。

**记者：**

真邪乎!难道你不是你?难道我不是我?

**芝诺：**

你说的这些问题都是俗人提的问题。在回答你提出的问题之前,我先问你一个问题行不?

**记者：**

当然!

**芝诺：**

你如果把一粒黍米粒轻轻地从空中放下,它会发出声音吗?

**记者：**

我想结果无非是两个:要么有声音,要么没声音。

**芝诺：**

不要太诡辩。你选择一个。

## 人性的曙光：对话前苏格拉底思想家

记者：

我选择有声音，你想说什么？

芝诺：

如果一粒黍米掉到地上，有声音，而且你也能听见，那我问你：半粒黍米掉到地上，有声音吗？

记者：

或许有。

芝诺：

那1/4或者1/8个黍米呢？

记者：

已经接近面粉形状了，肯定没声音了。

芝诺：

而实际情况如何呢？

记者：

如何？

芝诺：

实际情况是：无论是一粒黍米，还是1/8黍米，甚至更小的黍米，它们掉落到地上，都会发出声音，只是你听不到而已。

记者：

从逻辑上讲，是的。

芝诺：

可见，如果你相信你的感觉，你就上当了。

记者：

或许是的。那如果我选择没有声音呢？

芝诺：

如果你做出这个选择，也就是一粒黍米掉落到地上，你听不到声音，那我问你：两粒如何？四粒如何？十粒如何？一麻袋如何？

记者：

这么多的黍米掉落到地上，如果不是聋子，肯定能听得见的。

**芝诺：**

而实际上，无论是一粒黍米，还是一麻袋黍米，都会发出声音。但是有的声音你听不到，有的声音你能听到，可见那是你的感觉，也就是听觉欺骗了你。因此，人们能够感觉到的，未必就是存在的；反之，人们感觉不到的，未必就是不存在的。再例如，空气你感觉不出来，可是它实实在在存在；海市蜃楼，你明明白白看见，可是它根本就不存在。

**记者：**

也倒是！感觉难道如此不可靠？

**芝诺：**

本来就是嘛！我的老师巴门尼德早就说过：感觉这个东西，老奸巨猾，和一些油头滑脑的人一样，靠不住。

**记者：**

感觉靠不住，那如何去把握世界、认识世界？

**芝诺：**

要认识这个世界，要把握这个宇宙，乃至把握整个存在，不能依靠感觉，而只能诉诸于思想，诉诸于理性。思想之路要比感觉之路更可靠。

## 四 大自然是永恒的

**记者：**

你的哲学，尤其是你的辩证法，很受后代哲学家们的青睐。例如，德国的那位哲学家黑格尔在其皇皇巨著《哲学史讲演录》中说，你芝诺的哲学虽然究其核心理念来说，与你的老师巴门尼德，以及塞诺芬尼等人差不多，但是你把这种辩证法推进到概念和思想领域，是很了不起的进步。

**芝诺：**

能够看出我与我老师理论差异的人，毫无疑问都是绝顶聪明的哲学家。

**记者：**

但我总觉得你的哲学和辩证法太过诡异，有点玄奥，好难理解。

人性的曙光：对话前苏格拉底思想家

芝诺：

何以见得呢？

记者：

我从黑格尔的书中，知道你说过这样的话，你说："如果说有物存在，有物发生，这是不可能的"，明明白白，万事万物是存在的，而且万事万物也是不断发生的，你怎么能说是不可能的呢？

芝诺：

此处的"物"，是特指神，特指大自然，特指宇宙。我说这句话的意思是要强调：神、大自然是永恒的。对于永恒的事物来说，是不可能存在运动和变化的，因而也就不可能有某种"存在"和"发生"的可能。

记者：

跳跃性偏大了一些，最好解释一下。

芝诺：

完全可以。如果我们说某物"发生"的话，那意味着什么呢？

记者：

意味着什么？

芝诺：

很明显，如果我们说某物"存在"和"发生"的话，那就意味着这个物体是从另外一个物体中产生出来的。

记者：

可以这样理解。

芝诺：

问题是，一个事物怎么可能会从另一个事物中产生出来呢？

记者：

老母猪产仔产生小猪，刺骨寒风让小河漂满浮冰，死亡让一个鲜活的生命变成僵尸，这不是"产生"是什么？

芝诺：

用通俗的眼光看确实如此，但从我们哲学家的眼光来看则并非如此。天下万物，无非两种，一种属于相同者，另一种属于不同者。如果两种事物属于相同者，因为既然相同，必然就具有相同的规定性；既然具有相同的规定性，彼此就是对等的，也就是主体权利是完全一样的。那么，既是对等者，怎么能相互产生呢？显然不能。再说不同者，既然彼此不同，也就说具有不同的规定性。一个事物怎么能从与其不同的事物中产生出来呢？这岂不是无中可以生有了吗？荒唐！显然也不能。

**记者：**

所以回到你之前的话题，你就说对宇宙、对大自然、对神来说，不存在所谓的生成，也不存在所谓的发展。一切都是永恒的，一切都是不变的。

**芝诺：**

正是此意！

## 五　存在者就是"一"，"多"是不存在的

**记者：**

毕达哥拉斯学派认为存在者就是"多"，也就是说，在宇宙中存在形形色色、不一而足的"多"，而你们巴门尼德主义者似乎并不同意这个说法，能不能说说你的论证过程？

**芝诺：**

很简单，我问你，如果我们说一个存在物是多，那意味着什么呢？

**记者：**

那就是不少呗，还能意味着什么呢？

**芝诺：**

多就意味着它既是无穷大，又是无穷小。

**记者：**

什么无穷大、无穷小的，听不明白？

**芝诺：**

听我分别道来。一个可以称之为多的事物，必然说明这个事物比那些能够从其分离出来的事物要大，至于大多少则另当别论，大是肯定的。从其分离出来的事物而论，这个事物肯定又比从这个分离出来的事物中再次分离出来的事物要

大，以此类推，以至无穷。所以我说这个事物是无穷大的。

**记者：**

不能说没道理。那什么是无穷小呢？

**芝诺：**

你把之前的这个步骤颠倒过来说就是了。对于任何一个存在物，你总能永远找到比它大的东西。

**记者：**

同一个存在物，一会儿是无穷大，一会儿是无穷小，这是什么东西啊？

**芝诺：**

所以我说这个东西不存在啊！

**记者：**

还有什么理由？

**芝诺：**

如果我们说一个存在物是多，也就意味着这个存在物既是有限的，也是无限的，它既会在一个空间，又不在一个空间。所以这个东西根本就不存在。

## 六　关于"二分法"

**记者：**

你曾经从四个方面论证了运动的不可能性，第一个就是你的"二分法"理论，可否说说，"二分法"是什么意思？

**芝诺：**

简单得很啦。其实这个说法在你们中国古代的典籍中也是有的。

**记者：**

是吗？没注意。

**芝诺：**

你们中国古代有一位名叫惠施的思想家，《庄子·天下篇》中就记载他说过类似的观点。

## 第十二章 宇宙的矛盾与矛盾的宇宙——对话芝诺

**记者：**

经你这么一提醒,我记起来了,好像惠施的原话是这么说的,"一尺之棰,日取其半,万世不竭"。

**芝诺：**

就是这句话。

**记者：**

那你是如何表述你的这个思想的呢?

**芝诺：**

我是这么说的,运动不存在,因为一个运动的物体在到达目的地以前必须先达到全路程的一半。我在我反对运动的第四个论证,即运动场(stadium)案例中,说得更具体。

**记者：**

继续,越具体越好。

**芝诺：**

在希腊,自公元前776年开始,要定期举办全希腊的奥林匹亚运动会,运动场所的跑道长度定为600希腊尺,在我的著作中,"stadium",实际上是指运动跑道,也可以说代表一种度量名称。

**记者：**

这些我知道,说你的观点。

**芝诺：**

我是这么说的：人不可能越过跑道,因为要达到终点,首先要到达全程的一半,即1/2,为此又必须先越过这一半中的一半,即1/4,以此类推,人要到达跑道的终点,就必须先到达1/8、1/16、1/32、1/64……1/n,而这是无穷无尽的,因此,人根本不可能到达跑道的终点,也因而证明运动根本不存在。如此一解释,你清楚了吧?

**记者：**

即便人再慢,也是能跑到终点的,连小孩子都知道。而你却硬说不可能,这只能说明你的论证存在问题。难怪有那么多人对你的命题提出了批评,甚至可以说是严厉的批判。

# 人性的曙光：对话前苏格拉底思想家

**芝诺：**

我提出这个命题，就是为了获得批评，即便是再严厉的批判，我也欢迎。谁批评我，不妨说给我听听。

**记者：**

亚里士多德就是最杰出的一位。他是从这样几个方面来反驳你的。

**芝诺：**

说。你最好是原汁原味地把他的观点说出来，能让我认识到，到底是我说得对，还是他说得对？

**记者：**

亚里士多德在他的《物理学》中，有两段可以说集中地对你的二分法进行了批判。第一段是这么说的："芝诺的论证是错误地认为不可能在有限的时间内越过无限的'点'，或者分别地同无限事物相接触。因为长度、时间，或一般说任何连续的东西被称为'无限'，有两种意义：或者是无限地可分，或者是无限地延长。因此，不能在有限的时间内同数量上无限的东西相接触，但却能同可分性意义上无限的东西相接触。因为在可分性意义上讲，时间本身也是无限地可分的。"这是第一段。

**芝诺：**

亚里士多德的这段话有点绕，你最好给我解释一下。

**记者：**

你先不要急，等我把亚里士多德的第二段话说完后，咱们再集中讨论。你看如何？

**芝诺：**

也好。请接着讲。

**记者：**

亚里士多德的另一段是这么来批判你的。他说："因为凡是连续的东西都包含无限数的一半，只是它们并不是现实的而只是潜能的一半。如果这些一半成为现实的，我们将会得到一个间断的而不是连续的运动。在计数一半时也会得到同样的结果：一个点必然被计数为两个，一半是起点，另一半是终点，因为我们不是在计数一个连续的整数，而是计数两个一半。所以对于这个问题：是否可能通

## 第十二章 宇宙的矛盾与矛盾的宇宙——对话芝诺

过无限数的单位、时间或距离?我们必须回答,在一种意义下是可能的,在另一种意义下则不可能。如果这些单位是现实的,它就不可能;如果是潜能的,就可能。"

**芝诺:**

你再这么说下去,非把我闷死了不可。你还是先逐段解释一下亚里士多德到底是说了些什么。

**记者:**

好吧。我们先来讨论第一段。在亚里士多德看来,你的理论是建立在这样的基础之上的:空间是无限可分的,任何有限的一段距离都可以无限地划分,没有不可再分的最终的量度,因此,物体不可能在有限的时间内越过无限细微的点而达到终点。这就是你的理论基础。

**芝诺:**

亚里士多德说得没错。我提出的二分法理论,就是以空间的无限可分为前提的。因而任何事物都不可能越过某一个量度,即使它再小也可以一半又一半地分下去。难道这个前提有什么错误吗?

**记者:**

当然有错误。在亚里士多德看来,这个基础是站不住脚的。

**芝诺:**

亚里士多德到底怎么说?你赶快说给我听听。

**记者:**

亚里士多德在他的《物理学》第六卷第二章中是这么说的:对于像时间、空间和量度这些东西,我们之所以称为无限,大概有两种意思,一种是指它可以无限地延伸,另一种意思是指它可以无限地被分割下去。在亚里士多德看来,你是把这两个无限混为一谈了。

**芝诺:**

什么意思?

**记者:**

在亚里士多德看来,一个人在有限的时间里,确确实实是在不能越过无限延伸的距离之前而到达终点的。但是,在有限的时间却可以越过一定量度(它是可以被无限分割的）中无限数的点而达到终点。

**芝诺：**

亚里士多德的讲话，明显是有矛盾嘛。怎么可能在有限的时间里，越过无限的点呢？

**记者：**

你不要急，亚里士多德已经考虑你可能提出的反问。在亚里士多德看来，与空间的无限可分一样，有限的时间也是可以被无限分割的。用同样可以被无限分割的时间，应对你同样可以被无限分割的空间，二者成正比。以一半的时间可以越过一半度量的距离，再用一半的一半的时间可以越过一半的一半的空间。道高一尺，魔高一丈，距离可以被无限分割，同样，时间也可以被无限分割，因此，经过一定的时间可以越过一定的距离。而不存在你所讲的永远也不可能到达终点这个问题。

**芝诺：**

听你这么一解释，好像有一定的道理。那你给我讲，亚里士多德在第二段又是如何反驳我的。

**记者：**

亚里士多德在第二段，应用了数学上关于间断性和连续性的比较高深的理论。说句实话，这个我也看不懂。大概的意思，我能够明白。他的核心思想是，无论是时间还是空间，从理论上是无限可分的。也就是说，它们具有一种被无限分割的潜在可能性。但是，在现实生活中，无论是时间还是空间，是不可能被无限分割的。正如一个人所拥有的财富一样，从理论上，你手中拥有的钱财，永远不可能被支出完毕，但实际上，每个人都知道一个人随时都可能会花完最后一个铜板而面临一文不名的窘境。因此，事实上，无论是时间还是空间，说其可以被无限分割的，仅仅是理论上的假设，而在实际生活中根本不可能站得住脚。所以，你提出的"二分法"也是错误的。

**芝诺：**

有点意思。

## 七 阿喀琉斯、赫克托尔和乌龟

**记者：**

对于那些搞哲学的人，一提到你，就会经常提及阿喀琉斯（Achilles）这个人，此人是何方神仙？

**芝诺：**

全希腊跑得最快的人，是他斩杀了特洛伊城邦的将领赫克托尔（Hector），你是明知故问。

**记者：**

斩杀人家干吗？

**芝诺：**

赫克托尔杀害了阿喀琉斯的表兄弟帕特洛克勒（Patrocles），阿喀琉斯要为他报仇，与赫克托尔决战。赫克托尔哪是阿喀琉斯的对手，最后赫克托尔绕城逃走，被阿喀琉斯追上杀死。

**记者：**

阿喀琉斯是希腊人的英雄，也是一个飞毛腿，但是你为什么说阿喀琉斯连乌龟都追不上，什么意思？

**芝诺：**

我说阿喀琉斯追不上乌龟，这是一种形象的说法，借助于这个形象的说法，我是要证明运动本不存在，与我提出的"二分法"目的高度一致。

**记者：**

说说你的论证。

**芝诺：**

如果承认运动是存在的话，那么，最快的东西永远赶不上最慢的东西。因为，追赶者必须首先跑到被追赶者的出发点，因此，最慢者永远领先。以我刚才说的例子来说，如果我们承认运动存在的话，而每一次跑到被追赶者的出发点被追着已经又往前跑了一段。以此类推，阿喀琉斯是不可能赶上同他赛跑的乌龟。因为，阿喀琉斯在追赶上乌龟之前，必须首先跑到乌龟的出发点。但在他到达这

## 人性的曙光：对话前苏格拉底思想家

一点时，被追赶者也就是乌龟已经又爬了一段路程，纵使被追赶者是最慢的，它总还是往前走了一点，因为它不是停在那里。由此可以证明，阿喀琉斯不仅追赶不上赫克托尔，甚至连乌龟都追不上。

**记者：**

对于你的这个观点，有很多哲学家提出了严厉的批评。

**芝诺：**

你说说亚里士多德是怎么看待这个问题的？

**记者：**

在亚里士多德看来，你在这个问题的论证与"二分法"的论证，可以说是犯了同样的错误，都是建立在空间可以无限分割的基础之上的。在亚里士多德看来，你其实是先给定了一个前提，不允许最快的超过规定的有限的距离。如果允许超过一定的距离的话，最快的是能够赶上最慢的。因此，你的论证是站不住脚的。

**芝诺：**

是吗？还有没有别人对这个问题进行过研究？

**记者：**

当然有了。现代人对这个问题的研究也不在少数，我见过中国一个学者胡新松先生写过的一本书，名叫《西方哲学大师的智慧》。他用数学的方法精确地算出了阿喀琉斯会在某个点超过乌龟。

**芝诺：**

是吗？那阿喀琉斯会在什么地方超过乌龟呢？

**记者：**

胡新松先生在他的书中是这么写的：我们假定阿喀琉斯的速度是乌龟的10倍，乌龟领先阿喀琉斯十分之一公里，而阿喀琉斯和乌龟同时朝同一方向前进。当阿喀琉斯跑完十分之一公里时，乌龟在前面走了百分之一公里，当阿喀琉斯再跑完百分之一公里时，乌龟又走了千分之一公里，当阿喀琉斯再跑完这段路程时，乌龟又领先万分之一公里。这个过程无穷下去，虽然乌龟领先的单位距离可以无穷小地延续下去，但其总和不超过九分之一公里，就是说乌龟领先的距离不会超过九分之一公里，也就是说阿喀琉斯能够在九分之一公里的地方追上乌龟。

## 第十二章 宇宙的矛盾与矛盾的宇宙——对话芝诺

**芝诺：**

你们这位中国学者确实算得很清楚啊。

**记者：**

不过，这些人对你的观点的反驳，在我看来，毫无意义。

**芝诺：**

你是怎么看的呢？你又是如何认识和评价我的论证方法呢？

**记者：**

在我看来，你所提出的二分法的论证方法，和在论及阿喀琉斯和乌龟的关系中，犯了前后矛盾的错误。正是因为这个错误，导致你得出不正确的推理。

**芝诺：**

怎么讲？

**记者：**

你在二分法中多次强调，人们永远无法到达终点。也就是说，如果这个命题是对的话，那个具体的人，打个比方说就是阿喀琉斯，他永远到达不了乌龟的地方，因为他总是在二分之一处，而永远到达不了乌龟的所在地方。也就是说，他可以无限接近，但永远也到不了。而你在第二个论证中，你又说阿喀琉斯可以到达乌龟的所在地方，并且一点一点地沿着乌龟爬过的足迹向前走。这显然是和你的第一个论证中所提到的观点是相矛盾的。

**芝诺：**

你什么意思？

**记者：**

我的意思是说，你的很多论证存在着许多巨大的矛盾，从想象到想象，纯粹是一种诡辩。如果抛开你的这些诡辩，用常识来看待你的这些问题，那么我们将会相信，跑得快的人虽然在短期内赶不上在其前面跑的人，但随着时间的延续，他迟早会超过前面的被追赶者，而绝不会存在永远赶不上这个问题。就拿你自己举的阿喀琉斯的例子而言，他不仅追上了赫克托尔，而且杀死了它。这就是事实！

**芝诺：**

或许你的解释有一定的道理。不过，你说的是社会现象，我说的是通过思辨得来的哲学逻辑，二者还是有所不同的。

## 八 "一半时间等于一倍时间"

**记者：**

你论证运动不存在的理论中，有一个被称之为"运动场"的理论，具体是什么意思？

**芝诺：**

没错，这个理论的结论是"一半时间等于一倍时间"。

**记者：**

你这个命题显然是错的，就好像说一等于四一样，荒唐可笑。

**芝诺：**

你不要下结论太早。你先听听我的论证，然后你再做评论如何？

**记者：**

好，您请！

**芝诺：**

我的论证是：假定A、A……是大小相等的一列不动的物体，B、B……是和A、A……数量相同、大小相等的另一列物体，排列在出发点到A系列的中间，还有一列同样数目和大小的物体C、C……排列在中点到A系列的中端，其速度和B系列相等。这样，当B系列和C系列相互做相反方向运动时，我们将必然得出如下的结论……

**记者：**

什么结论呢？

**芝诺：**

首先，当B系列和C系列相互通过时，第一个B达到最后一个C的同时，第一个C也达到最后一个B。第二，在同一时刻第一个C已经通过了所有的B，而第一个B仅仅通过了一半的A，所以它只等于第一个C的一半的时间，因为他们通过每个A的时间是相等的。

**记者：**

还有吗？

## 第十二章　宇宙的矛盾与矛盾的宇宙——对话芝诺

**芝诺：**

有的。第三个推论是同一时刻所有的B通过所有的C，第一个B和第一个C同时到达相反方向的目的地，所以第一个B通过每一个C的时间和它通过每一个A所占的时间的一半是相等的。因为第一个B和第一个C通过所有的A所用的时间是相等的。

**记者：**

还有什么别的推论吗？

**芝诺：**

没有了。

**记者：**

你的话晦涩难懂、令人费解，我不知道你到底想表达什么意思。你可否通俗一点讲一讲？

**芝诺：**

当然可以，我通俗一点说，那就是：在运动场里面有两对数量相同的人以相同的速度做相向的运动，你这一队人走过来，我这一队人走过去。从他们的前锋相遇到后卫分离这中间有一段时间；这段时间每一个队各自都经过了对方相同数目的人，比如说每一队有8个人，每一队都经过了对方的8个人，因为前锋相遇到最后离开都经历了相同数目的人，但是对于看台上的观众来说他们每队只移动了4个人，因为他们相对而走嘛，相对于看台上的人来说他们各自移动了4个人的位置，但是相对走队伍的人经过的当然就是8个人的位置了。

**记者：**

你的这些话比刚才说的要容易理解一些，但是依然还是费解。你的结论是什么？

**芝诺：**

我的结论是"一半的时间等于一倍的时间"。因为他们都是在同一时间段中，经过了一半的人数的时间就等于经过了整个的人数的时间，换言之，经过了4个人的时间就等于经过了8个人的时间，这就是我所讲的"一半时间等于一倍时间"。

**记者：**

你的这个观点错误之处是明摆的事情，你犯了一个常识性的错误。

**芝诺：**

我错在哪里呢？

**记者：**

你假定一个物体经过另一个以同种速度运动的物体所用的时间和通过同样大小的静止的物体所用的时间是相等的，这个显然是错误的。你是个大哲学家，不应该犯这样的常识性的错误。

**芝诺：**

其实你说对了，我无非想用这个错误的结论来倒推证明运动是不存在的，也就是说如果认为运动是存在的话，就必然得出我所讲的那个荒唐的结论。既然这个结论是荒唐的，那只能说明运动本不存在。

## 九  飞矢不飞

**记者：**

你说运动是一种假象，是本不存在的东西，那我问你：我们明明能够看到一支箭、一个流弹，或者说一只鸟儿，在空中飞来飞去，怎么能说运动不存在呢？真是邪门！

**芝诺：**

你不要激动。这是一般不懂哲学人士的看法，其实那些所谓的运动也是幻觉。如果我们拿着你们现代人用的照相机去给飞着的箭拍照，在每一个点，我们拍到的都是一个个静止不动的点，这些不动的点，纵使有千千万万，累加在一起也是不动的啊。所以说，运动不过是人的幻觉。

**记者：**

我知道了，你说的这些悖论，一句话就是要告诉人们：万物都是静止的，世界就是一个整体，对一个整体而言，无所谓运动不运动，一切运动都是幻觉，是不是？

**芝诺：**

正是。

**记者：**

真是一个矛盾的理论。

**芝诺：**

不是我的理论矛盾，喔，不是我老师巴门尼德理论的矛盾，而是世界的矛盾、宇宙的矛盾！

## 十　人生自古谁无死

**记者：**

各种文献资料都说，巴门尼德非常喜欢你。

**芝诺：**

是啊。父母只给了我血肉之躯，真正赋予这个血肉之躯以灵魂的，是巴门尼德。巴门尼德待我视为己出，我也把他看作是我精神上的父亲。

**记者：**

在一千多年以后，有一位科学家，名字叫布鲁诺，他因为传播一个叫作哥白尼的日心说而被天主教教会活活烧死。你的死，是不是也与你宣传巴门尼德的思想有关？

**芝诺：**

撇开你说的什么布鲁诺是不是因为宣传什么哥白尼的日心说而被烧死不说，最起码我告诉你，在我们那个时代，虽然有不少人因为搞政治失败而死，但很少有人因为主张某种思想、宣传某种思想而被杀死的。

**记者：**

苏格拉底不是吗？

**芝诺：**

空前的例外。

**记者：**

不说别人的，扯得太远没意思。说你自己吧。

**芝诺：**

我是政治犯，我是因政治而死，与思想无关，与学问无关。

**记者：**

劳驾多费几句口舌。

## 人性的曙光：对话前苏格拉底思想家

**芝诺：**

爱利亚的僭主——尼阿库斯是一个混世魔王，吃喝嫖赌，无恶不作。为了城邦人民的利益，我与一帮志同道合者密谋铲除这个家伙。但是，人算不如天算，老天爷不帮忙，我们的计划被这个家伙发现，于是我就被他抓住了。他对我实施了各种各样的酷刑，我都宁死不屈，绝不出卖我的同志。面对他的歇斯底里，我痛骂他是国家的瘟疫、人类的灾星。这个家伙被我骂得气急败坏，于是决计把我处死。

**记者：**

听说你临死也没有让这个家伙占了什么便宜？

**芝诺：**

你说得没错。

**记者：**

我知道尼阿库斯要把我处死，我也想办法惩治他一下。他不是想从我的嘴里获取我的那些志同道合者的信息吗？

**记者：**

是啊。

**芝诺：**

于是我对他说，这些同伙的名单我只告诉他一个人，不能让别人知道，我让他靠近我，否则我不告诉他。他信以为真，就贴近我的嘴巴，我一口咬住他的耳朵，玩命地撕咬，要不是他们上来一帮人把我乱刀砍死，我会把他的耳朵咬碎的。真的很遗憾啊！让他留了半个耳朵，我是死不瞑目啊！

**记者：**

你真是死得光荣！不过，关于你死亡的细节，我还收集到不少版本。

**芝诺：**

怎么说？不至于说我故意往自己脸上贴金吧？

**记者：**

这倒不是。

**芝诺：**

那你说说，让我听听。我是当事人，最有发言权。

## 第十二章　宇宙的矛盾与矛盾的宇宙——对话芝诺

**记者：**

有的人说你咬的不是耳朵，是鼻子；有的人说你是把自己的舌头咬碎，吐到尼阿库斯的脸上。关于你的死亡，你说是被乱刀砍死，也有人说你是被放到一个石臼中捣碎而死。

**芝诺：**

我是怎么死的，当然我本人最清楚了。其实，人怎么死的并不重要。自古以来，没人不死的，人与人的最大区别，无非就是有人早死，有人晚死而已。我绝对不会苟且活着。

**记者：**

我同意你的看法。中国古代有一位诗人，名字唤为文天祥，他有句名言是，"人生自古谁无死，留取丹心照汗青"，绝对！我心亦然。最后，我要告诉你一个天大的好消息……

**芝诺：**

还有什么好消息？快说来让我高兴高兴。

**记者：**

你死以后，城邦的公民们义愤填膺，揭竿而起，一起把那个独裁者打死了。

**芝诺：**

独裁者罪有应得，不是不报，时候没到。我高兴！

## 芝诺简传

芝诺（Zeno of Elea，约公元前490年—前425年）生于意大利半岛南部的爱利亚，古希腊数学家、哲学家。芝诺悖论（Zeno's paradoxes）是芝诺提出的一系列关于运动的不可分性的哲学悖论。他因其悖论而著名，并因此在数学和哲学两方面享有不朽的声誉。这些悖论中最著名的两个是："阿喀琉斯跑不过乌龟"和"飞矢不动"。芝诺在哲学上被亚里士多德誉为辩证法的发明人。

# 第十三章 "爱"与"争"的变奏曲
## ——对话恩培多克勒

## 引 子

恩培多克勒是当地奴隶主民主派的领袖,但他对当官从政并不感兴趣,可以说是"粪土当年万户侯"。他不仅是一位诗人、演说家、修辞学家,而且还是一位科学家,他在天文、气象、生物、生理、医学等领域颇有建树。就哲学而论,"四根说""爱争说"和"流射说"是恩培多克勒哲学思想的三大板块。恩培多克勒是希腊早期哲学家中最为耀眼的一颗明珠,与他交流,不会虚度光阴。

## 一 魂牵梦萦西西里

**记者:**

听说你的故乡在地中海中的西西里,但有一些资料说,你在晚年却被迫生活在希腊的伯罗奔尼撒,且至死未能回到你的祖国,最后客死他乡。是这样的吗?

**恩培多克勒:**

哎呀,一言难尽!往事不堪回首。伯罗奔尼撒再好,毕竟不是我的故乡。我的故乡在意大利西西里岛南部的阿克拉噶斯(Aeragas),那是希腊本土的阿利亚人在公元前582年建立起来的一个殖民城邦。

**记者:**

听说你的故乡很美丽,也很富有,很有文化气息。

**恩培多克勒:**

是的。在西西里岛上,一共有两个城邦国家,一个是叙拉古,一个是我们阿克拉噶斯,我们的那个城邦有20万人之多,规模宏伟、实力雄厚,在全希腊我们

## 第十三章 "爱"与"争"的变奏曲——对话恩培多克勒

是仅次于叙拉古的第二大城邦。我们那个地方，山清水秀，街繁市荣可谓是物华天宝，人杰地灵。

**记者：**

怎么漂亮啊！

**恩培多克勒：**

当然！阿克拉噶斯依山傍水、景色宜人。当我们登上它那巍峨的卫城，俯瞰周围的大海，更觉得格外的美丽和妖娆。我的故乡有6座庄严的奥菲斯教大神庙，弥漫着浓厚的宗教气息，让人觉得无比的欣慰和快乐。

**记者：**

看来你对你的故乡真是有感情。

**恩培多克勒：**

是的。我的故乡经济发展水平很高，工商业发达，人人安居乐业。在这样的情况下，人人都拥有财富，拥有闲暇，人人都喜欢哲学，都喜欢思考。尤其是我们的那个城邦的僭主，非常重视文化，在他的领导下，我们西西里的哲学研究在整个希腊数一数二。

**记者：**

你说的是哪一位僭主？在我的印象中，你们的城邦正处于战火之中，怎么可能还让你们这些人搞哲学研究呢？

**恩培多克勒：**

你说的没错。在我的少年时代，希波战争正打得如火如荼。但是，它很少波及到西西里。公元前488年到公元前472年，我们的城邦阿克拉噶斯很幸运地拥有一位能干的僭主塞隆先生。塞隆同我们的邻邦叙拉古结成联邦，在西墨腊击败与波斯人勾结的迦太基人。从此，西西里岛获得了相对安宁的政治局面。我们的经济，我们的文化都达到全盛的时代，尤其是我们的领导人塞隆先生热心扶持文化事业，众多的医生、诗人、建筑师等知识界名流，都喜欢聚集在他的宫殿里。著名的诗人品达，就是在他的保护和支持下，写了很多优美的诗歌而扬名天下的。

**记者：**

如此说来，你还真是遇上一个美好的盛世。你之所以能够搞出你的哲学，看来与西西里这个特殊的地方有重大关系，也难怪你如此思念你的故乡。

人性的曙光：对话前苏格拉底思想家

**恩培多克勒：**

是的。生活在伯罗奔尼撒，我是个异乡人，感到无比的孤独，我做梦都想回到自己的故乡。可惜，那是一个永远都不可能实现的梦了。

## 二　都是政治惹的祸

**记者：**

你是一个学者，是一个无比热爱哲学的人。你原本可以用一生来研究哲学，但后来为什么又偏偏走上了从政的道路呢？

**恩培多克勒：**

这正是我后悔的地方。我如今流落他乡，都是政治惹的祸，悔不该当初啊！

**记者：**

请你讲讲背后的故事。

**恩培多克勒：**

刚才给你说过，我们城邦的领导人塞隆先生是一个很好的人，但是他的儿子却极端地不争气。他在位仅仅一年就与我们的邻国叙拉古发生了战争，明明打不过人家还要玩命去斗，斗来斗去把国家搞得满目疮痍。在这种情况下，岛内的一些民主派就发动了政变，推翻了这个家伙的统治。

**记者：**

据说你的父亲在这场政变中发挥了很大的作用。

**恩培多克勒：**

是的，我不否认。也正是在这场政变之后，我才开始走上从政这条道路的。

**记者：**

请详细讲一下。

**恩培多克勒：**

政变以后贵族阶级被打垮，但是他们随时会卷土重来。为巩固民主成果，我把那个成立了三年之久的千人团予以解散。这是一个贵族团体，继续让这些人领导整个城邦，就说明我们的城邦只是一些富人的，而不是所有人民的。但这些人隐藏很深，不甘心失败。有一次我被邀请和一位长官赴宴会，宴会进行一段时

第十三章 "爱"与"争"的变奏曲——对话恩培多克勒

间,酒却没有端上来,其他客人都不说话。我看到这种情况就吩咐拿酒来,但是东道主说,他在等候元老院的首长来。当那个人一到,东道主便将他安排到主宾席上。这个人并不怎么掩饰他想当僭主的野心,他竟然命令客人们要么喝酒,要么将酒浇到头上。这个人明显是想搞独裁的人。为了打压这种势力,我第二天就控告东道主和那个主宾,把他们判处死刑。从此以后,我就正式走上了政治舞台。阿克拉噶斯建立起了民主制度,任何个人都不允许高居公众之上。

**记者:**

听说有一位医生要为其父亲建立纪念碑,你下令禁止,原因何在呢?

**恩培多克勒:**

我反对任何形式的崇拜,我们不能让各种各样的纪念碑压垮我们的城邦。我反对任何形式的生活糜烂。我还经常把自己的钱财捐送给贫困的少女做嫁妆。

**记者:**

你说的这些我在很多资料中都看到过,所以你赢得了公众的爱戴。但是人们决定要授予你王位的时候你却不愿接受,这又是为什么呢?政治人物所追求的不就是这些东西吗?

**恩培多克勒:**

或许别人是如此,但我不是。我虽然运用我的谋略帮助城邦建立起民主政权,但是我宁愿过一种简约的生活,我讨厌任何形式的独裁统治。

**记者:**

结果到底如何呢?

**恩培多克勒:**

搞政治就是赌博,你干得越好,就越会让你的政敌们感到恐惧。他们就会想方设法置你于死地。终于有一天,他们在我出访奥林匹亚时发动叛乱,阻止我回国。我之所以客死伯罗奔尼撒,就是因为这些人捣乱所致啊!

## 三  我并非江湖术士

**记者:**

你是一位了不起的科学家,也是一位了不起的政治家,这一点毋庸置疑。后

**人性的曙光：对话前苏格拉底思想家**

来的罗马共和国元老院前曾经建有你的雕像。即便到了后来的19世纪，还有很多人，如德国著名诗人弗里德里希·荷尔德林、英国诗人马修·阿洛德，都写了很多诗歌来歌颂你。19世纪意大利人把你誉为民族英雄和民主政治的先驱。一直到20世纪50年代，还有很多描写你的戏剧在意大利上演。这一点，确确实实让人心服口服。但是，看你的诗篇，也就是那篇《净化篇》，我总觉得你太喜欢夸张，给人的感觉总是太过高大上，似乎严重失真。

**恩培多克勒：**

怎么个严重失真呢？我感觉到你似乎话中有话，好像我在自吹自擂。

**记者：**

我没有说你自吹自擂。但这样的话语，你可否给我解释一下。你在你的《净化篇》中，如此描述你出现在大庭广众面前的，你说："居住在这伟大城邦的朋友们！你们住在这座俯瞰阿克拉伽黄色岩石、依邦卫城的城邦里，为各种善事忙碌；你们是外邦人的光荣的避难所，从不谙悉卑鄙的事情，我向你们致敬。我漫行在你们之间，我是一位不朽之神，而非凡人。我在你们中间受到尊敬，人们给我戴上绶带和花环。只要我戴着这些东西参加男女行列，挤入这繁荣的城市，人们便立刻向我致敬。无数的人追随着我，祈问我什么是求福之道；有些人想求神谕；又有些人在漫长而愁苦的日子里，遭受各种疾病和痛苦折磨，祈求从我这里听到医病的指示。"

**恩培多克勒：**

我记得有这一段话。

**记者：**

你在你的《论自然》中对你的弟弟也声称：经过你的秘授，"你便能够平息那横扫大地、摧毁田园的不倦的风的力量；只要你愿意，还可以使风逆转；你还能使阴暗的雨水变成对人有益的干燥的东西，你也能使夏季的干燥再变成滋养树木的大雨从天而降，最后，你还能使死人从地下复生。"

**恩培多克勒：**

是的，这些话我也说过。我说过我是"不朽之神"。

**记者：**

在你的影响下，好多人把你说得也是神乎其神。一些人说，你是"挡风者"，说你将驴皮带挂在树上,就能够削弱损害农作物的地中海的飓风;说你能够将昏迷多日的妇女救醒过来,说你能够起死回生。听到这些,我总感觉味道不对,一个伟大的科学家,竟然给人如此印象:自吹自擂。

**恩培多克勒:**

我知道你终于把你要说的话说出来啦。我只是想告诉你,我首先是个医生,我靠我的医术让很多人醒来。我用我的技术帮助家乡的人治理了河道污染、消灭了瘟疫。在这个情况下,人们把一些美好的故事,加到我的头上,这本身也没有什么大了不得的事情。我有很多历史资料足可以证明,我的很多科学研究,给我的家乡人民带来了实实在在的好处。

**记者:**

即便如此,你也不能像一个江湖术士那样自我标榜、大吹大擂呀!这种形象非常不雅,有损一个科学家的形象。

**恩培多克勒:**

古希腊是一个充满浪漫情怀的地方,人们在演讲的时候,在对话的时候,经常用夸张且带有神秘色彩的形式来进行交流,这也是正常现象。你不能太拘泥于字面的意思,应该让你的大脑放松一下、浪漫一下,或许你就能够理解我的语言了,不要动不动就说别人是江湖术士,好不好?

## 四 伊奥尼亚哲学与爱利亚哲学的对峙

**记者:**

关于你是不是江湖术士的话题,我们不再提了,我感到你有点不耐烦了。其实,身正不怕影子歪,你也犯不着太过激动。

**恩培多克勒:**

谈不上激动。不过如果集中时间谈论哲学,或许我更高兴。

**记者:**

据说在你所生活的那个时代,希腊哲学界中两大流派对峙得很厉害。

**恩培多克勒:**

没错。伊奥尼亚学派虽然千方百计用自然界中的某一种物质或元素来解释整个世界，但其哲学的落脚点还是主张世界是多元的存在。而爱利亚学派则不以为然，在爱利亚学派看来，一切运动都是假的，一切存在都是假的。针尖对麦芒，笔墨官司不断。

**记者：**

身处夹缝之中，哲学之路必然是无比艰难啦。

**恩培多克勒：**

虽然很难，但我坚信新哲学必定能够超越伊奥尼亚哲学与爱利亚哲学的对峙，否则就了无新意了。

## 五　唯有让感觉走上正路　才能精准把握世界

**记者：**

那你的哲学是如何超越伊奥尼亚哲学与爱利亚哲学的对峙的呢？

**恩培多克勒：**

我的哲学核心要义简而言之就是"多元论"，就是"四根说"。不过在谈论我的哲学之前，必须先做点交代，否则，我怕你不懂。

**记者：**

也好。

**恩培多克勒：**

核心两句话，一句话是：人生苦短，感官受限，单凭感官难以认识全体，极容易误入歧途。另一句话是：认识世界又离不开感官，唯有诉诸正确的方法论，才能准确把握世界。

**记者：**

如何理解？

**恩培多克勒：**

我们人生是非常短暂的，随时随地便会像青烟一样飘到空中而灰飞烟灭。还有一个原因，那就是，生活在这个世界上，各种各样的灾难随时会对我们的感觉器官构成重创，让我们的感觉显得非常迟钝。所以说基于这两个原因，我们人类很难把握这个世界。

**记者：**

难道你认为这个世界是不可知的吗？

**恩培多克勒：**

那倒不是。我的意思是说人生短促，感官受限，单凭感官要想认识全体世界极容易误入歧途，或者说太难太难。

**记者：**

那我们如何去把握这个世界呢？

**恩培多克勒：**

认识世界难，不等于说我们不能认识这个世界。关键是我们的感官要走上正路，走上了正路，我们就能够达到一种美好的境界，就能够把握这个世界，就能够精准地掌握这个存在。

**记者：**

那你说的正路是什么？

**恩培多克勒：**

你们中国有一个成语故事，好像是叫"盲人摸象"。摸到大象腿的人说大象像根柱子，摸到大象尾巴的人说大象像根绳子，摸到大象肚子的人说大象像一堵墙。这些人之所以做出了错误的判断，那是因为他们的感官受到了伤害，只感觉到了存在物的局部，因此不可能把握这个世界的。

**记者：**

那如何来把握？

**恩培多克勒：**

要用怀疑的眼光看待我们的感官，不要以为视觉比听觉更加可靠，也不要以为听觉就比味觉更高明。每一种感官都有缺陷，但唯有把所有的感觉集中在一起，充分发挥每一种感官的感知能力，我们才能全面而准确地感知世界。

## 六 "四根"之说

**记者：**

谁都知道你的理论叫"四根说"，但究竟何为"四根"说？哪"四根"啊？

人性的曙光：对话前苏格拉底思想家

**恩培多克勒：**

你听着，一切事物皆有"四根"：照耀万物的宙斯，哺育万物的赫拉，还有埃多涅乌（Aidoneus）、涅司蒂（Nestis）。

**记者：**

听不懂。

**恩培多克勒：**

天神宙斯代表火，其妻子赫拉代表气，埃多涅乌是地狱之神，代表土，涅司蒂是西西里的水神，自然代表水。

**记者：**

哦。你说这"四根"是构成万物的基本元素，具体怎么个构成法呢？

**恩培多克勒：**

你先听听我写的一首诗：

一切过去、现在与未来的存在都出自这四根，

树木、走兽、人类、男人与女人，

空中的飞禽，水中的游鱼；

还有天上众生膜拜的长生神灵。

这四根都在那里彼此渗透，

相互混合，形成世界的多样性。

**记者：**

你这诗似曾相识啊！喔，我想起来了，巴门尼德，也是这种风格。你是巴门尼德的学生，他的徒弟。你这诗，明显不是你的独创，而是对巴门尼德的模拟。

**恩培多克勒：**

毕达哥拉斯做过我的老师，塞诺芬尼做过我的老师，当然，你说的巴门尼德也做过我的老师。我的诗多多少少有点老师诗作的烙印，本也是天经地义、无可厚非的。判断两部作品是否是模仿，关键不在形式，而在内容。

**记者：**

从内容的角度观之，你的思想与别人区别何在？我说的是那些标志性的区别，而不是字面上的差异。

## 第十三章 "爱"与"争"的变奏曲——对话恩培多克勒

**恩培多克勒：**

何谓四根？根乃世界之本。关于世界之本、世界之源，泰勒斯偏向水，阿那克西美尼认为是水，塞诺芬尼认为是土，而赫拉克利特认为是火，而在我看来，这四种东西都是构成世界的本原，彼此平等，并行不悖，谁也不反对谁。所以我说世界的元素并非某一种元素，而是四个，"四根"。

**记者：**

你是说宇宙万物是由这四种元素，也就是你所谓的"四根"排列组合而来？

**恩培多克勒：**

正是。这"四根"，也就是四种元素其本身是不变的，它们之间是不能相互转化的，是永恒的，是永远不会变动的。但是它们可以进行排列组合，不同的排列组合构成不同的事物。

## 七 "原子论"的序曲

**记者：**

"四根说"似乎是你首先提出来的，对吗？

**恩培多克勒：**

怎么能说似乎呢？这个观点就是我首先提出来的。

**记者：**

好像并非如此。

**恩培多克勒：**

你是什么意思呢？难道还有比我更早提出"四根说"的人吗？

**记者：**

荷马就提出将充满火的天体归于宙斯，将水归于海神波塞冬，将浓暗之气归于地狱之神哈迪斯，而土则为这三者所共有，所以说在荷马这里"四根说"的模型已经很明显了。此外，从泰勒斯到赫拉克利特在他们的理论中也多次提到构成世界本原的四种物质，他们往往是以其中的一种物质为本原，而其他三种都是由这一本原转化而来的。不管这些人的说法怎么不同，综合起来，他们已经将水、火、气、土作为世界的本原，并把冷和热、干和湿这种对立作为这四种物质所具

## 人性的曙光：对话前苏格拉底思想家

有的特性来进行研究。如果把这些东西和你提出的"四根说"联系起来考虑，我发现你的"四根说"无非是这些人提出的关于世界本原理论的变种而已，看不出你的理论有多少创造性。

**恩培多克勒：**

你对我的哲学研究很少，或许也与我的著作到你们这个时代仅仅剩下一些残篇有关。我只想告诉你，我对"四根说"的研究在很多方面是前人从未提到过的。

**记者：**

是吗？你不妨给我介绍一下。

**恩培多克勒：**

我的"四根说"和我之前的那些类似谈到四种物质元素的说法比起来有三个不同的重要特征。

**记者：**

哪三个？说来听听，看看我是否误解了你。

**恩培多克勒：**

一个特点就是，在我的理论中，四种元素都是微小的物质粒子，而这些粒子是构成物质的基本单元。

**记者：**

那么这些粒子是如何构成宇宙万物的呢？

**恩培多克勒：**

是以其不同的方法组合而构成这种或者那种物质。这种观念在我之前没人提过。

**记者：**

也不能这么说。你接着讲。

**恩培多克勒：**

对这些基本的粒子，我通过深入研究它们的内部结构，发现它们包含无数微小的孔道，不同物体所含孔道大小不一样。这么一来，彼此就可以相互进入彼此的内部，运动自然就有可能。这个观点在我之前没人提过。

**记者：**

这个我同意，确实没有人继续深入物质的内部结构来研究他们。还有吗？

## 第十三章 "爱"与"争"的变奏曲——对话恩培多克勒

**恩培多克勒：**

当然有了。我的理论提出各种元素之间存在着一定的比例关系，而恰恰是因为这不同的比例从而造成万物在性质和形态上呈现千差万变的形态。

**记者：**

请继续讲。最好能够结合一些生动活泼的例子来说。

**恩培多克勒：**

我曾经用画家绘画来说明这个道理。我是这么说的："就像画家画出奉献给神的丰富多彩的图画一样，那些善于绘画艺术的人，用手选取各种颜色的颜料，将它们混合起来，这一样多一点，那一样少一点，画出酷似各种事物的形象，画出树木、男人和女人，兽类和鸟类，以及养在水里的鱼，甚至还有永生的最尊贵的神。不要让你的心灵受欺骗，以为无数存在的有生命的事物还有别的其他来源，除此（四根）之外没有别的东西了。"

**记者：**

你这么一描述，我还真的感觉到你的理论有一些特色了。

**恩培多克勒：**

我还在我的书中多次就物质形成的具体过程进行了精细的研究，你看完或许更加相信我的说法。

**记者：**

你是怎么说的？

**恩培多克勒：**

我通过研究得出这样的结论："肌肉的形成是由四种元素等量地混合，神经由火、土和双倍的水结合而成……骨头有两份水、两份土和四份火混合而成的。"

**记者：**

我看你不能往具体说了，作为一个原则或许你说的是对的，但是听到你关于肌肉、神经和骨头形成中各种元素的比例，说得有鼻子有眼的，我感到你可能是想象多于现实。因为现代解剖学对人体组织构成已经非常科学、精准了。或许你们那个时代还不具备对物质的具体构成进行研究的基础性条件。在这种情况下你说得越多，或许漏洞也就越多。我建议你还是立足基本原则的研究吧。

人性的曙光：对话前苏格拉底思想家

**恩培多克勒：**

或许你是对的。在我们那个时代没有人做实验去验证自己的理论，确确实实很多是基于一种想象。

**记者：**

但不管怎么说，根据与你的交谈，我已经闻出德谟克利特"原子论"的味道，或许正是基于你的理论，其后的德谟克利特才提出他的"原子论"出来吧。

**恩培多克勒：**

那就不得而知了。

## 八 运动的原因只能从外部去寻找

**记者：**

你刚才介绍了你的"四根说"。下面我们探讨一下事物运动变化的原因方面的问题怎么样？

**恩培多克勒：**

好啊！解决了宇宙的本原问题，下面的问题就是研究运动。这是必然的。

**记者：**

亚里士多德大概说过这样一句话，他说在早期希腊哲学家中，从自然本原之外寻找运动的原因，你恩培多克勒当是第一人。你同意这个评价吗？

**恩培多克勒：**

这个评价，我认为基本符合事实。

**记者：**

为什么呢？

**恩培多克勒：**

你看看，在伊奥尼亚的哲学家中，无论是泰勒斯所讲的"水"，阿那克西美尼所说的"气"，以及赫拉克利特所说的"火"，他们所说的本原自身就是运动的原因。也就是说，导致事物变化的原因，就在事物本身。

**记者：**

你这个表述原则了些，还是请你讲得细一些。为什么这些人把事物本身作为

## 第十三章 "爱"与"争"的变奏曲——对话恩培多克勒

事物运动变化的原因呢?

**恩培多克勒:**

这很好解释。泰勒斯认为万物的本原是"水","水"的本性是灵魂,而灵魂则是事物运动变化的根本原因。阿那克西美尼认为"气"是世界的本原,而"气"不断地发生凝聚和稀散,则推动着事物向前发展。赫拉克利特认为斗争是万物之父,万物是在对立的斗争中产生的,而这种斗争也发生在事物的内部。由此可见,在伊奥尼亚的哲学家中,他们普遍认为,促进事物运动变化的根本原因是在事物的内部。

**记者:**

我明白了。在这些伊奥尼亚哲学家眼中,事物运动变化的根本原因是事物自身,而无须从事物的外部去寻找。那你从事物的外部去寻找事物运动变化的原因是受到谁的影响的呢?

**恩培多克勒:**

关键是我自己思考的结果,当然与爱利亚学派的巴门尼德也有一定的关系。

**记者:**

巴门尼德的哲学,就是存在哲学。他的哲学与你从事物的外部去寻找事物运动变化的原因有什么关联呢?

**恩培多克勒:**

你也是研究哲学的,应该能够明白的。

**记者:**

我不明白。

**恩培多克勒:**

在巴门尼德看来,所有事物都是一种存在,它们没有什么生成,也没有什么变化。对于存在本身来讲,如果要发生变化的话,它的原因不可能在事物的内部,而在于的外部。可以说,我之所以从事物的外部去寻找事物运动变化的原因,而不是专盯着内部,在某种程度上就是受到巴门尼德存在学说的影响。这一点,我还得应该感谢他。

# 九 "爱"与"争"

**记者：**

"四根"说完，再谈谈你的"爱""争"之说如何？

**恩培多克勒：**

我正想说这个话题。其实，简单的物质层面的东西不值得浪费过多的时间，与心灵有关的力量才是最值得关注的。我在我的著作中，说过这样的几句话，就是谈这个问题的。

**记者：**

愿闻其详。

**恩培多克勒：**

第一句是："因为它们（爱与争）以前存在，以后也将同样存在，我相信，这一对力量是万古长存的。"第二句是："在一个时候，万物在爱中结合为一；在另一个时候，个别事物又在争的冲突中分离。"第三句是："看看那给处处带来温暖和光明的太阳，看看那浸没在温暖光明中的不朽的星辰，看看那到处寒冷阴暗的雨水，看看那从大地涌出的牢固结实的东西。这一切在受争支配时形状不同，彼此分离；然而它们在爱中却结成一体，互相眷恋。"第四句是："因为所有这些事物——太阳、大地、天和海洋——它们自己的部分都连成一体，所有这些部分又都和它们隔开，在生灭的事物中存在。即使如此，一切适于结合的东西都彼此相似，在阿弗洛狄忒（爱的女神）的爱中结合在一起。至于那些在来源、混合和形式上非常不同的东西，则彼此极端仇视，完全不习惯结合，忧伤地受争支配，这是争将它们造成的。"第五句是："这个（爱与争的竞争）过程，在人的肢体里可以看得很明显；有时，当精力旺盛的时候，身体的一切部分由爱团聚成一个整体；在另一个时候，则由残酷的争将它们拆散，各自在生命的边缘踯躅。植物和住在水里的鱼，住在山上的野兽和展翅飞翔的鸟，全都是这样。"

**记者：**

还是通俗地解释一下为好。

**恩培多克勒：**

大意是，无论是土、气，还是水、火，都是物质性的东西，基本上都是看得见摸得着的东西，但是物质的东西从其本性上讲是惰性的，也就是说没有外部力量的驱动，它们是不会动起来的。驱动事物变化的力量就是"爱"与"争"。

**记者：**

接着说。

**恩培多克勒：**

"爱"与"争"这两种力量不在元素之内，而是来自于元素之外。"爱"，恰如男女之间的那种恋情，她让各种元素结合到一起，形成万物。而"争"，也叫"恨"或"憎"，恰如不共戴天者之间的那种仇恨，则让本已结合到一起的各种元素彼此分离，导致万物瓦解消失。这两种力量是永恒的，以前有，现在有，将来还将继续存在，永远都不会消失的。这两种力量也是普遍的，人与人之间如此，自然界也是普遍存在的。

## 十 争：万恶之源

**记者：**

在人类灵魂获罪之前，按照你的说法，人类的灵魂是和诸神一样，生活在一个美好的世界之中，可以说那是一个令人神往的黄金时代。但我想知道，人是如何一步一步让自己的灵魂走向堕落的呢？

**恩培多克勒：**

在前面哲学的探讨中我们多次谈到驱动宇宙万物运转的有两种力量：一种是爱，爱让事物朝着好的方向发展；一种是争，争是一种恶，是一种驱使世间万物向坏的方向发展的根本原因。

**记者：**

你的意思是说，争是一种给人类造成各种混乱、战争、灾难和死亡的原因？

**恩培多克勒：**

是的。因为执着于争，我们可以说人类生活在一个悲惨世界中。在这个世界中，充满着不幸、哀怨、纷争，看到这充满着灾难的人间生活，我感到极度的悲哀。在这个悲哀的大地上，充满着死亡和各种造成人类死亡的无止境的战争、瘟疫，各种大洪水在大地上肆虐，所有生物都变成了僵死的枯骸。可以说，如果没有神的拯救，这些凄苦的庸庸众生，这些哀求呜呼的人们将永远生活在地狱之中。

# 十一　原来竟是物活论

**记者：**

一些人喜欢用唯物论的标签来解释你的理论，似乎一切东西都是物质性的。不知道你对这个问题是怎么看的？

**恩培多克勒：**

关于物质性和精神性的关系，很多哲学家都非常看重。我对这个问题没有深入思考过，但有一点我是非常明确的。

**记者：**

请讲。

**恩培多克勒：**

我的观点就是，一切事物都有意识，都拥有自己的思想。

**记者：**

一切事物都包括哪些？包括动物、人，也包括植物和满世界飞扬的浮尘，以及包括形形色色的石头？

**恩培多克勒：**

是的。万事万物都拥有理性，理性贯通于万事万物之中。这种理性不仅动物有，植物也有，其他的你我看得见的东西，都拥有理性。

**记者：**

理性本来是人类的一种精神现象，而在你这里，却成了所有事物都拥有的东西。无处不在，无时不在。

**恩培多克勒：**

是的，我就是这个观点。

**记者：**

后人把你这种认为万事万物都拥有理智的说法，称为物活论。

**恩培多克勒：**

怎么称呼是别人的事情，我就是这个观点。

# 十二 "爱"与"争"的变奏曲

**记者：**

"爱"与"争"两种力量之间的斗争是否有点什么规律？

**恩培多克勒：**

当然有啦。

**记者：**

说来听听。

**恩培多克勒：**

最初，也就是第一阶段，爱的力量占据优势，居支配和主导地位，爱把一切元素结合成为一体，宇宙成为一个浑浊的球体。争则被挤到球体的边缘，呈现无足轻重、可有可无的态势。

**记者：**

然后呢？

**恩培多克勒：**

后来，争的力量加强，逐渐侵入球体的内部，而使结合起来的元素逐步分解。爱与争的交互作用孕育造就出天下万物。这是第二个阶段。

**记者：**

后来呢？

**恩培多克勒：**

再后来，争逐渐占据优势，居主导和支配地位，四大元素完全分离开来，由四大元素结合而成的万物陆续解体，烟消云散。这是第三个阶段。

**记者：**

再再后来呢？

**恩培多克勒：**

最后，也就是第四个阶段，爱的力量重新崛起，卷土重来。爱从中心扩展开来，一点点将争的力量挤向球体的边沿，诸元素再次结合在一起，形成另一个世界。而当爱的力量达到顶峰之时，诸元素再次混合在一起，而再度成为浑浊的球体。这就是一个周期，循环往复，周而复始。

# 十三　"流射说"与"同类相知论"

**记者：**

每一个哲学家都必须对认识问题进行研究，我想你也不应该例外。

**恩培多克勒：**

当然！对这个问题我的观点非常明确。第一个观点，人的感觉是由于物质的元素的粒子，在流射中通过孔道互相作用而产生的结果。第二个观点是"同类相知"的观点。

**记者：**

"流射说"在哲学界知道的人很多，但对其具体的内容，很多人不甚了解。

**恩培多克勒：**

那我就解释一下。不过，在介绍我的"流射说"之前，我不能不提到一个人。

**记者：**

谁？

**恩培多克勒：**

此人是毕达哥拉斯学派的著名代表，名叫阿尔克迈翁。

**记者：**

听说过，据说此人是个医生？

**恩培多克勒：**

是的，他是个医生。

**记者：**

你的问题与阿尔克迈翁有何关系？

**恩培多克勒：**

我的理论"流射说"就是建立在他的学说基础之上的。

## 第十三章 "爱"与"争"的变奏曲——对话恩培多克勒

**记者：**

请讲。

**恩培多克勒：**

阿尔克迈翁是个医生，多次给人和动物做过解剖。他通过解剖，发现人类的各个感官将不同的感觉传送给大脑，由大脑将它们进行综合和分析、储存，最终形成知识，这就是阿尔克迈翁的研究成果。我的观点，就是建立在他的这个理论之上的。

**记者：**

请接着讲。

**恩培多克勒：**

在我看来，任何事物都不断地发出很多细微而不可见的宇宙粒子，动物如此，植物如此，大地和大海如此，就连石头、金块也是如此。这些事物正是由于这种无休止的流射运动，而逐步地损耗甚至衰亡。

**记者：**

你说了半天，这与人的感觉和认识，到底有什么关系呢？

**恩培多克勒：**

你不要急，让我慢慢说，有点复杂。客观对象发射出来的粒子，进入人的感官，就同人的感官中那些成分相同的元素相遇，从而进入合适的孔道，人的感觉就是这样形成的。

**记者：**

你认为人的感觉是物质的元素或者粒子在流射的过程中，通过孔道相互作用而产生的结果？

**恩培多克勒：**

是的。

**记者：**

那你提出的"同类相知"又是什么意思呢？

**恩培多克勒：**

物质的粒子在"流射"的过程中，有的孔道合适，有的孔道不合适。而只有那些合适的孔道才能产生感觉，不合适的孔道不能产生感觉。这就是"同类相知"

的道理。简言之，智慧就是以相同对待相同，无知就是以相异对待相异。

**记者：**

可否举例说明。

**恩培多克勒：**

比如，人们用感觉器官眼睛中的火去认识外界对象中的火，用眼睛中的水去认识外部世界中的水。

**记者：**

难道除了火与水以外，眼睛就不能感知别的事物了吗？

**恩培多克勒：**

那倒也不是。不同的元素具有不同的性质，对于具有相同或者相似性质的元素，眼睛也是可以感知的，如火是明亮的，那么对于所有明亮的东西，眼睛也是能感知的。还有水是黑暗的，那么对于与水一样的黑暗的物体，眼睛也是能够感知出来的。

**记者：**

明白。不过你的这些解释好像都很粗糙，许多观点听起来很玄乎。例如你把人的眼睛比作灯笼，似乎人之所以能够看到东西，是人的眼睛可以像灯笼一样发出各种粒子，而与周边的事物发生反应，人才能看见周围的事物。你的这些观点，在后来的实验中，都被证明是错误的。我也很怀疑，你提出的"流射说""同类相知"，以及你将人的眼睛比作像灯笼一样，这些观点都可能被证明是错误的。

**恩培多克勒：**

我们又不是天才，我们的理论能够有一部分被证明是正确的，就心满意足了。

## 十四　并非精神实体

**记者：**

你用"爱"与"争"这类明显属于精神类的名词，可见你书中所写的"爱""争"都是一种精神性的东西，而不是什么物质性的东西。

**恩培多克勒：**

可以这么说。

**记者：**

但是你又说"爱"不仅具有长度，而且还具有宽度，你还说"爱"在各处的分量是相等的。由此可见，你所谓的"爱"与"争"似乎又是某种看得见摸得着的物质？

**恩培多克勒：**

可以这么说。

**记者：**

正因为你说"爱"具有长度和宽度，很多学者，例如后来的一位哲学史专家辛普里丘把"爱"与"争"视为与你提出的四个"根"平起平坐的物质元素。因此，依照你的理论进行推理，构成世界的元素不是四个，而是六个。

**恩培多克勒：**

我从来没有这么说过。

**记者：**

那我问你，你说的"爱"与"争"到底是物质性的东西？还是精神性的东西呢？

**恩培多克勒：**

何谓物质？何谓精神？我们希腊人往往分不太清楚，因此，你说它是物质性的东西行，你说它是精神性的东西也行。随性吧。我不想去争论什么。不过，我想如果你把这种东西想象成为既是物质性的，又是精神性的东西，或许更好解释一些。

## 十五　看不见 ≠ 不存在

**记者：**

听说你是一位搞自然研究的科学家。

**恩培多克勒：**

米利都学派的哲学家几乎个个都是科学家，我们西西里的哲学家也是如此，个个都是科学家，没有几个像苏格拉底一样，一天到晚就是人啊、理性的生活啊、正义的标准啊、民主啊、专制啊。

## 人性的曙光：对话前苏格拉底思想家

**记者：**

你最拿手的科学发现是什么呢？

**恩培多克勒：**

多了去了，我的第一个科学成就就是提出一套全新的关于呼吸机理的理论，前人没有谁提起过，不是绝后，绝对是空前的。

**记者：**

呼吸就是喘气，吸一口，吐一口，如此简单，你们这些所谓的科学家，就是爱搞这些小玩意。你的科学发现是啥啊？

**恩培多克勒：**

我在我的《论自然》中提出，所谓的呼气，就是血从心房涌出，把气从鼻孔与汗毛孔中排出……

**记者：**

那吸气呢？

**恩培多克勒：**

吸气就是血从汗毛孔等部位退回心脏。

**记者：**

你说你的理论是空前的，难道你以前的人就不知道这个？

**恩培多克勒：**

以前的人就是不知道，古人相信眼见为实，看不见的东西就是不存在，例如他们看不见空气，就认为空气是不存在的，因此呼吸在他们看来，就是嘴巴与胸部肌肉的机械运动，到底为什么要这样运动，原理是什么，没有人解释清楚。我的理论告诉人们，人之所以要呼吸是有原因的，人呼吸就是要通过不断吸入新鲜的空气，过滤空气中的有益物质，如氧气，这样一来人就可以活下去，否则就会死掉。

**记者：**

你的这个科学成就对于哲学有什么意味呢？

**恩培多克勒：**

我知道你会提出这个问题的。人们习惯于认为凡是感官，如眼睛看不到的东西就是不存在的，依照这个思维定式来看，空气你看不见，所以空气就不存在，既然空气不存在，人们也就没有对其进行研究的必要，也即是说，所有人们感觉不到的东西都是不存在的，都是不值得研究的。空气你感觉不到，因而不值得研究，原子世界你感觉不到，因而也不值得研究。思想也感觉不到，自然也不值得研究。我的科学发现说明，即使为人们所看不见的东西也是可能存在的，也是值得予以研究的，也是可以通过科学实验予以证明的。这就是这个科学成就在哲学上的"意味"。

## 十六　幼稚的"进化"

**记者：**

还有什么新发现？

**恩培多克勒：**

我还提出过天体演化论，我对日食的解释也是别人提不出来的。

**记者：**

据说泰勒斯曾经预言过日食。

**恩培多克勒：**

但泰勒斯从未对日食做出过什么科学的解释。

**记者：**

据说赫拉克利特对日食的原理有过一些研究。

**恩培多克勒：**

赫拉克利特的解释很幼稚，很是好笑。

**记者：**

赫拉克利特如何说？怎么个幼稚，怎么个好笑？

**恩培多克勒：**

赫拉克利特说日食是因为天体上的小孔发生反转，开口朝上而造成的。

**记者：**

怎么个开口朝上？

**恩培多克勒：**

他没说。

**记者：**

你是怎么解释的呢？

## 人性的曙光：对话前苏格拉底思想家

**恩培多克勒：**

我的解释是：当太阳经过月亮上面时，月亮遮住了太阳的光芒，而在大地上投下了面色苍白而与月亮一般大小的黑影。

**记者：**

你的解释确实前卫而正确，今天的科学家们也是这么解释的。还有什么科学新发现？

**恩培多克勒：**

当然有啦。我曾经发现光能跑……

**记者：**

怎么讲？

**恩培多克勒：**

我研究发现，光线是一种流射体，它从光源放射出来，先穿过大地与天空之间的这段区域，最后才到达我们的地球。

**记者：**

你在公元前几百年就提出光以一定的速度去运动，还真是了不起，一般人提不出来的。包括你的许多后来者，如亚里士多德都没有达到你的水平。

**恩培多克勒：**

光速太快，人们感觉不到它的运动，我只是依靠我的大脑才悟出这个发现的。

**记者：**

还有什么科学发现值得晒一晒？

**恩培多克勒：**

当然有啦。进化理论你感兴趣吗？

**记者：**

难道你也发现了进化论？

**恩培多克勒：**

你听着，地球上的各种生物都是在宇宙的某一个阶段，在"爱"与"争"两种力量的作用下，由四种元素按照不同的比例组合而成的。

**记者：**

又回到世界的本原问题了？

第十三章 "爱"与"争"的变奏曲——对话恩培多克勒

**恩培多克勒：**

我说的是进化论。有机的生命起源于土，开始时，土中只生出动物的各个部位，如半条腿、没有脖子的头颅，还有没有肩的胳膊、没有额头的眼睛，这些器官各自运动，到处游荡，互不联系，如孤魂野鬼一般出没在世界的各个角落。

**记者：**

后来呢？

**恩培多克勒：**

后来，同样是由"爱"与"争"两种力量的作用，这些缺胳膊少腿的各个器官偶然组合在一起，从而造成了各种各样的怪物……

**记者：**

都有什么？令人毛骨悚然，听你说话，我不寒而栗，后背直冒虚汗！

**恩培多克勒：**

如：长着两个脸和两个胸膛的动物、上半截是人下半截是牛的动物，还有长着人的身体和牛的头的动物，还有半男半女的动物……

**记者：**

不说也罢，听起来感到不舒服。

**恩培多克勒：**

但是这些依靠偶然组合形成的怪物不能适应环境的变化，绝大多数都逐渐灭绝了。经过多次的排列组合，经过多次的自然选择，我们这些人类得以保存下来，新的动物得以存活下来。这就是进化，这就是进化论。

## 十七 仙间"共产主义"

**记者：**

我看了你的著作《净化篇》(*Purification*)，我总有一种似曾相识的感觉。

**恩培多克勒：**

我知道你对宗教史有一定的了解，你是不是通过看我的书想起了我们希腊一带很流行的奥菲斯教呢？

## 人性的曙光：对话前苏格拉底思想家

**记者：**

没错。

**恩培多克勒：**

我们同时代的很多学者、思想家都受奥菲斯教的影响。毕达哥拉斯是这个宗教的信徒，诗人品达、悲剧作家索福克勒斯也都深受这派宗教的影响。

**记者：**

我知道你的意思，你的意思是说你的《净化篇》中的很多思想也有奥菲斯教的影子。

**恩培多克勒：**

没错。奥菲斯教在当时的希腊世界影响很大，这个宗教宣传人的灵魂是依附于肉体的，它是带着前世的原罪来到这个世界。人要想生存就应该使灵魂不断地得到净化，因此奥菲斯教最重要的礼仪就是净化。

**记者：**

它应该包括很多重要的仪式吧？

**恩培多克勒：**

当然是了，如禁酒、驱邪、戒欲、清水洗澡等，这些都是奥菲斯教所主张的净化灵魂的做法。

**记者：**

说句实话，对奥菲斯教我只是知道它的名字，对它的真正深层次的教义我了解甚少。既然你深受这个教派的影响，我想问你几个问题。

**恩培多克勒：**

当然可以。

**记者：**

人的灵魂在没有获罪之前是一种什么样的状态呢？

**恩培多克勒：**

我明白你的意思，你是问我既然奥菲斯教主张灵魂需要被净化，那么灵魂在没有被污染之前、没有获罪之前是一种什么样的状态，你是这个意思吗？

**记者：**

是的。

## 第十三章 "爱"与"争"的变奏曲——对话恩培多克勒

**恩培多克勒：**

人的灵魂在获罪之前所生活的那个时代，是一个极端美好的黄金时代。

**记者：**

我知道，人人都像宙斯一样过着神仙一般的生活。

**恩培多克勒：**

那是一个令人神往的美丽新世界啊，在这个世界上爱神阿弗洛狄忒代替了宙斯，在这个世界上没有被崇拜的战神，没有战争的呼号声，没有宙斯为所欲为对世界的统治，没有太阳神克洛诺斯，没有海神波塞冬，在这里只有爱神才是至高无上的女皇。

**记者：**

你所描述的世界是一个被爱所主导的一个世界。

**恩培多克勒：**

是的，我刚才说过了，爱神是我们这个世界至高无上的女皇，人们将神圣的礼物送给她，为她描绘肖像。各种香膏和纯净的香脂、恬纯的乳香芳香扑鼻，棕色的蜂蜜作为祭酒洒满大地。在这里没有被公牛血的恶臭所玷污的地毯，在这里那种疯狂撕裂生物、吞噬动物肢体的做法被我们视为最可恶的亵渎，是一种罪不可赦的犯罪。在我们这里，四季如春，树木长青，没有战争，没有痛苦，只有和平，只有快乐诸神和万物相亲相爱和谐地生活在一起，这就是我们的灵魂在获罪之前所生活的那个世界。

**记者：**

真是一个妙不可言的理想世界——共产主义！

**恩培多克勒：**

是的。

## 十八　跨越三万个季节的轮回

**记者：**

你多次谈到灵魂的轮回问题，根据你的理解，轮回到底是按照什么程序来走的呢？

**恩培多克勒：**

我知道你对这个东西不太相信，但在我看来，灵魂轮回是一种非常正常的现象，人的灵魂随着时间的推移要轮番地寄托在动物和植物之上。

**记者：**

你的意思是说人的灵魂要不断地在动物和植物之间流转，只有经过这种流转才能到达最后的栖身之处。

**恩培多克勒：**

是的。我在我的书中多次描述了这个过程。

**记者：**

不妨说说看。

**恩培多克勒：**

一个灵魂，如果罪恶地用血污染了自己的肢体，并且发了错误的誓言去追随"争"，就要过长时期的罪孽深重的生活，被从幸福乐园里放逐出三万个季节，去过各种有生命形式的生活，从一种变为另一种。强劲的风把他们赶到海里，而咆哮的海又将他们喷涌到干燥陆地上，大地再将他们赶到炽热的太阳光下，太阳又将他们投到以太的边缘……这就是轮回。

**记者：**

难道你我也是如此么？

**恩培多克勒：**

人是灵魂轮回的最高形式，我本人现在就是一个从天上被放逐下来的游荡者，不得不整天徘徊在芸芸众生之中。我的前生曾经是男孩、女孩、树木、鸟，以及不会说话的海里的鱼。这就是我的命。

## 十九　唯有素食才能获救

**记者：**

自从看了你的书，了解你的思想以后，我感觉很不安呐。

**恩培多克勒：**

你的灵魂没有被污染，你也没有做过什么坏事，你为什么会感到不安呢？

## 第十三章 "爱"与"争"的变奏曲——对话恩培多克勒

**记者：**

今天，我就做了一件在你认为或许是罪不可赦的事情。

**恩培多克勒：**

你是个书呆子，你整天宅在家里，编造着你的体系，你还能干什么坏事呢？

**记者：**

今天我买了两条鱼，雇人宰杀。虽然动大刀的不是我，但却是因为我的购买，才构成了两条鱼被屠杀的命运。所以，想来想去，我感觉到一种罪恶感。

**恩培多克勒：**

没有买卖，自然就没有杀害。如果真是这样，那你还真是个有罪之人。在我们看来，任何动物身体内部，都隐含着和人有亲缘关系的灵魂，你吃肉，无疑就和吞食亲骨肉没有什么两样。不管你吃的是鱼肉、牛肉还是狗肉、猪肉、马肉等，都是如此。因此，如果你真的花钱雇人宰杀两条鱼的话，我认为罪不可赦。

**记者：**

人类为了生存，经常要吃一些肉，这是最基本的需求，怎么能说是罪恶呢？

**恩培多克勒：**

绝大多数人都是这么认为的。在我们那个时代，人们在祭奠神灵的时候，经常要屠宰一些动物，来举行仪式，在我看来，这和人类之间互相屠杀没有什么两样。这些动物就是我们的儿子，我们就是他们的父亲，他们与我们的子女比起来，无非是形状发生了变化。我们却口中念念有词，屠杀了他们。你想一想，这是多么愚蠢的事情。走进很多屠宰场，走进很多祭祀的场所，我们看到那些罪不可赦的父亲，无视哭泣的儿子，在殿堂里屠杀了他们，准备了罪恶的祭宴。当然，有的时候，一些动物也以特有的方式咬死了人类，这同样是犯罪。

**记者：**

知道你的观点。你的观点就是，动物拥有和人类一样的灵魂。因此，人类吃肉，就无异于互相屠杀，因此，就必须根除这些陋习。

**恩培多克勒：**

是的。

**记者：**

那我问你，在植物的体内，是不是也寄藏着和人类一样的灵魂呢？

**恩培多克勒：**

当然是了。

**记者：**

既然如此，那人类还能不能吃植物呢？

**恩培多克勒：**

当然不能吃。

**记者：**

动物不能吃，植物不能吃，那人类还能够吃什么呢？既然什么都不能吃，那人类又怎么能够生存呢？

**恩培多克勒：**

这个……我还没有考虑这么细。但最起码说我们人类不能吃月桂树的树叶，也不能去吃豆类食物。

**记者：**

这是为什么呢？

**恩培多克勒：**

在我们希腊奥林匹亚赛会上，经常用月桂树的树叶做桂冠，由此可见，月桂树叶是灵魂在植物中寄存的最高形式。关于豆类，与我们人类生命的关系，也是最紧密的，豆子的味道与人类精液的味道差不多，可见豆类与人类具有某种亲缘关系。所以说，月桂树的树叶、豆类的食品，绝对不能吃，你吃了就是犯罪。人类要想进化，必须改变吃肉类、吃月桂树、吃豆类的恶习。

## 二十　先知先觉者的责任

**记者：**

看你的著作，我感觉你在一个问题上和奥菲斯教是不一样的。

**恩培多克勒：**

我想听听你的看法。

**记者：**

你非常强调，人类要通过知识来净化自己的灵魂，而这一点，奥菲斯教并没有提到。

**恩培多克勒：**

你的感觉没错。这种做法，是毕达哥拉斯学派的创造。毕达哥拉斯学派多次强调，人必须从事哲学研究，从事数学研究，是净化灵魂的重要途径。

**记者：**

我明白你的意思，你是继承和发展了毕达哥拉斯学派的思想。

**恩培多克勒：**

是的。人和天堂中各位神灵的区别，并不在于地位的高低，而在于所拥有知识的高下。即便都是神灵，境界也是不一样的。有的拥有无比丰富的知识，有的则并非如此。当然，对于那些可怜的芸芸众生来说，就更加凄惨了。他们的心中没有任何知识，只有对诸神的朦胧而模糊的意见，这些人要想获得拯救，比一头牛企图从针眼里钻过去还要难。

**记者：**

是吗？

**恩培多克勒：**

是的。灵魂要拯救，要归真，就必须向诸神看齐。要靠理智去获取丰富的知识，如自然的知识、宗教的知识、道德的知识。只有如此，人才能跻身到神灵的行列中去。

**记者：**

那我问你，在我们人间，通过知识的获取，能否成为与神一样拥有知识渊博的人？

**恩培多克勒：**

当然可以。毫不客气地说，我就是一位。我所掌握的知识和神差不多，我之所以敢于自称自己是"不朽的神"，原因就在于我掌握了足以和神齐等的知识。

**记者：**

你的意思是说，知识可以让人和神灵平起平坐？

**恩培多克勒：**

是的。在我们人间，有很多占卜预言家、诗人、医生、王公大臣，他们中很多人就是靠拥有丰富的知识，而升华成为盛享荣耀的诸神，分享其他诸神的宴席,从而摆脱了人间的哀苦和灾难。

**记者:**

听你这么一说,更加坚定了我将知识继续学习下去的决心,要在自己可能的寿限范围内,获得最大限度的知识,让自己成为像你这样被人们称为"不朽之神"的先知。

**恩培多克勒:**

你能够有这样的想法,就决定了你有可能成为"不朽之神"一样的先知,但我要告诉你,作为一个先知也是非常痛苦的。我们不但自己要超凡入圣,还要担负起引导芸芸众生不断学习知识,一点点进化,导引这些人返归极乐世界的责任。没有了先知的引导,那些芸芸众生就陷入了万劫不复的苦痛之中。这就是我们的责任,这也是我们的负担,一个多么沉重而神圣的负担!

# 恩培多克勒简传

恩培多克勒(Empedocles,约前495年—前435年),生于意大利以南西西里岛上的阿克拉噶斯(今阿格里琴托城)。哲学家、预言者、科学家和江湖术士的混合体,在恩培多克勒的身上得到了异常完备的表现。他的性格颇像毕达哥拉斯,走到哪里都有成千上万的追随者。恩培多克勒认为心脏是血管的系统的中心,也是生命的中枢。他对科学最重要的贡献就是,他发现空气是一种独立的实体。他还是意大利医学学派的创始者,他知道植物界里也有性别,而且他也有一种演化论与适者生存的理论。他确立了土、气、火与水四种元素可以以不同的比例混合起来,产生宇宙万物。恩培多克勒把生平学问写成《论自然》与《净化篇》两部著作。

# 第十四章 西医之魂
## ——对话希波克拉底

## 引子

希波克拉底是一个长期被忽视的启蒙思想家,亚里士多德虽然承认希波克拉底是一位伟大人物,但是,他也仅仅把希波克拉底作为一位医生。但是,通过对希波克拉底及其学派思想的研究,笔者认为,无论是从对自然哲学一些基本问题的探索,还是从当时医学、生理学同自然哲学联系的紧密程度来看,希波克拉底的医学哲学思想都是当时人类认识发展中最值得研究的重要思想,可以说希波克拉底同样是一位伟大的启蒙思想家。

## 一 "医神"

**记者:**

柏拉图在他的《普罗泰戈拉篇》中,将你比着古希腊神话中的"医神"——阿斯克勒庇俄斯(Asclepius)。也有人说你就是这位"医神"的后人。我不太了解你在医学方面到底做出什么伟大成就,可否介绍一下?

**希波克拉底:**

当然可以。在我们那个时代,医生是一个备受尊重的职业,我出生于医生世家,父亲赫拉克莱提斯(Herakleides)是一位名医,在父亲和老师的教育和培养下,我也成为一名医生。

**记者:**

肯定是青出于蓝而胜于蓝了。

**希波克拉底：**

不敢说超过了父辈，最起码在当时还是小有名气。我给马其顿王佩尔狄卡斯二世治好了怪病。我也到过德谟克利特的老家阿布德拉，为当地的好多人治好了瘟疫。希腊人为此特别授予我雅典公民的荣誉称号。

**记者：**

对你的这个说法，也有人持不同的看法。伯罗奔尼撒战争期间，你说你在阿提卡地区采取措施，帮助当地人扫除了大瘟疫，但在我的印象中，在这场战争中，雅典是失败的。

**希波克拉底：**

我能治好一些地区的瘟疫，但是我不能代替城邦打仗。

**记者：**

可以理解。据我了解，在古希腊的一些城邦中，长期有人保持向你献祭的传统。有些说法传得神乎其神。

**希波克拉底：**

说来听听。

**记者：**

有些传说说，在你的墓地周围，有大群的蜜蜂经常在那采花酿蜜，而附近的奴隶们就用这些蜂蜜为他们的孩子治疗鹅口疫，百发百中，疗效神奇。

**希波克拉底：**

本来就是传说吗！

## 二 贪天之功不可为！

**记者：**

作为一个医生，你到处给人治病。我不明白，你哪还有那么多的时间撰写著作？

**希波克拉底：**

著作？你说什么著作？

**记者：**

就是包括70部著作的《希波克拉底文集》呀。这本《文集》真是博大精深，

## 第十四章　西医之魂——对话希波克拉底

里面有大量生理、解剖学方面的文章,也有总结医学经验的论文,还有病例、医学案例,也还有你收徒、授艺,或者为一般人写的教材和讲义。你还为你的很多同行撰写从医行为的规范、誓词。真了不起!

**希波克拉底:**

听你怎么一说,我倒是冒出一身的冷汗。我没有撰写过什么著作,我不知道是谁编撰了你说的这部《希波克拉底文集》。

**记者:**

那真是奇了怪了。无数的后人都是根据你的这部文集,来研究你的医学和自然哲学。而你说,这部书不是你写的。那岂不是天大的笑话?

**希波克拉底:**

不管你怎么说,我明确地告诉你,我不能贪天之功,谁写的,就应该归到谁的名下。

**记者:**

那你说这部书最有可能是谁写得呢?

**希波克拉底:**

我们这个学派的基地是科斯,这你是知道的。也就是说,科斯是我们希波克拉底学派的基地。在这个地方,我们同行到处行医、传授经验,讲授医学知识。据我所知,当地的一些图书馆喜欢到处收集相关的文稿,我想这部书可能就是这些图书馆编撰出来的。最起码可以说,它的雏形、基础性的东西是在这个时候编出来的,后人在这个基础上继续完善,那是以后的事情了。也或许是后人编纂出来的。你听过什么新的说法?

**记者:**

一种说法是,公元前3世纪,也就是人们通常说的希腊化时期,亚历山大城图书馆编纂了这部书。一种说法是,也是在公元前4世纪,托勒密王朝下令编纂了这部书。

**希波克拉底:**

这一点很好解释。在当时,各类医生同行中,我名气最大的,这一点我不用谦虚。人们把这些《文集》置于我的名下,或许有利于扩大这部书的影响。

人性的曙光：对话前苏格拉底思想家

**记者：**

这有点拉大旗作虎皮的嫌疑了。

**希波克拉底：**

或许是。但是，可以理解。这本是功在千秋、彪炳史册的好事。谁做都值得歌颂。

## 三　经验和理性

**记者：**

你是医学界的鼻祖，我想向你请教一个问题，作为一个医生，如何才能获得正确的医疗知识？

**希波克拉底：**

获得正确的医疗知识，是一个时间问题。同样，其中也有一个机缘问题。但是，总体来说，要想获得正确的医疗知识，必须经历一个认识发展的过程。

**记者：**

什么过程？

**希波克拉底：**

这个过程就是，要善于把自己掌握的经验上升到理论。一位医生要懂得这一点，就必须投身于医疗实践，而不能沉陷于似是而非的理论。

**记者：**

你是说，一个医生要想获得正确的医疗知识，首先不是去搞什么理论创新，而是要首先投身于经验？

**希波克拉底：**

没错。正确的医学知识，不是从未经经验验证的暧昧的理论中推论出来，而是必须遵循从经验到理论、理论和经验相结合的途径去获取。离开扎扎实实的经验，要想成为一名成熟的医生，是不可能的。

**记者：**

后代有很多学者，在研究你的理论的过程中，普遍认为，你的理论有狭隘的经验论色彩。不知你对此有何评论？

## 第十四章 西医之魂——对话希波克拉底

**希波克拉底：**

我不否认我的理论更多地强调经验。在我的书中，我多次指出，任何一个理论，都是关于事物的各种特征的复合的记忆。它都是人们凭借感官知觉来了解外部世界，任何感官知觉首先是从经验中产生出来的，然后再传递给概括事物的理智。人的理智在多次接受这些事物的印象后，再把它们储存起来、记忆它们才会形成理论。

**记者：**

那你多次强调对医学科学的认识，也需要一个正确的理论化阶段。你这个所谓的理论化阶段是什么意思？

**希波克拉底：**

刚才我给你讲的那些，已经包含理论化的内容。但是，我可以给你再系统地介绍一下。医学理论都是建立在事实的基础上，而且这些理论也必须和现象相符合。如果理论化的知识能够做到与清晰化的事实相符合，你这样的理论无疑就能够用来指导你的临床实践。作为一名医生，必须紧紧地学会在把握事实、专注于事实的过程中予以归纳。如果你养成了这个良好的习惯，你就会很容易获得丰富的医疗经验。这样，你就会为病人和医生创造极大的福利。反之，如果医学知识不是从清晰的事实出发，而是从暧昧的虚构出发，你就会经常犯严重的错误。

**记者：**

说来说去，你还是强调实践经验的重要性。那在人们获取了充足的经验以后，如何构筑理论方面，你有什么看法？

**希波克拉底：**

刚才我已经给你说过了，就是要善于运用分析和概括这两种认识工具。要建立完整的医学理论体系，首先应当观察对象各个部分及其特殊的细节，然后再将各个部分连接成一个整体，并且注意考察它们发生作用的普遍性，就可以得出普遍有效的医学原理。

## 四　气候水土与人体健康

**记者：**

在你写的文章中，很多文章研究季节、风俗与流行病的关系，有的文章研究水质和土质的不同对人的消化的影响，有的文章研究居民的生活习惯，如是否酗酒、是否喜欢暴食暴饮、是否喜欢体育运动，似乎这些东西好像与疾病有关似的。

**希波克拉底：**

毫无疑问，这些因素与疾病有关。在我看来，人体生命是一个在自然环境和生活方式交互影响下的自然过程。合适的环境、合适的生活方式，可以促使人的生命体同环境保持和谐与统一，这是健康的重要条件。反之，不合适的自然条件、不正常的生活方式必然会破坏人体同自然的和谐，破坏人体内部的生理平衡，就必然导致疾病的出现。

**记者：**

你的这个理论对医生行医有什么具体影响呢？

**希波克拉底：**

影响很大。医生到一个地方治病必须入乡问俗，必须认真研究当地的气候状况、土壤的状况、地理环境的状况，也必须认真研究人们的生活方式。这些事情搞清楚了，就能够诊断出疾病的原因，并能予以成功的治疗。否则，就会感到困惑，或者犯愚蠢的错误，让人家雪上加霜。治不了病不说，或许让人家一命呜呼，或造成终身的残疾。

**记者：**

看来，当医生也必须是一个全才啊。

**希波克拉底：**

是的。一位称职的医生，不能将目光仅仅专注于人体的本身，而应当具备广博的天文、气象、地理和生活各方面的知识。唯有拥有知识，才能让你的行医治病无往而不胜。

## 第十四章 西医之魂——对话希波克拉底

**记者：**

根据你刚才谈的这一些，显然自然环境对人的影响是很大的。但是，我觉得你在很多地方是不是把环境强调得有点过了头。例如，你在那本《论风、水和地方》中说："亚细亚人的性格不像欧罗巴人那样好战，比较温和，主要原因在于当地气候比较均衡，没有剧烈的冷热变动，因而不会产生心灵上的震动和剧烈的生理变化。"在这里，你把欧罗巴人的民族和部落性格的刚强和冲动归因于气候与地理的多变，你还说欧洲一些高山游牧民族，他们的性格之所以独立不羁，也是由他们所处的独特的地理位置所决定的。我想你这些是不是有点环境决定论的味道？

**希波克拉底：**

绝对没有。我的分析是多方面的，在这个地方我强调的是自然环境，自然无非更多地是谈论这个问题。你要理解这一段的意思，也必须结合其他几个段落来进行，只有这样才能准确把握我的思想。

## 五 政治体制与民族性格

**记者：**

你的文章，并不仅仅是谈医学，有很多是谈政治。不知道你这是出于什么考虑？

**希波克拉底：**

每个人都属于某一个种族，种族的性格与种族的心理与政治休戚相关。而这一点，对于我们从事医学的人，也是必须搞清楚的事情。

**记者：**

你在你的一些文章里，多次把欧洲人和亚洲人做了比较。似乎政治体制对其所属人民的性格的影响还不小呢？

**希波克拉底：**

没错。亚洲，也就是你们这些亚细亚人，性格比较孱弱。

**记者：**

这与制度有关系吗？

**人性的曙光：对话前苏格拉底思想家**

希波克拉底：

当然有。在你们这些地方，大多数是由君主来统治的。制度仅仅是辅助性的，有的时候起作用，有的时候根本不起作用。

记者：

是吗？

希波克拉底：

当然是的。在你们亚洲的很多地方，人们不是他们自己的主人，没有什么独立性可言。他们的财产、生命都是被专制的君主所控制，因而，除非万不得已，你们东方人是不喜欢战争，不喜欢打仗的。

记者：

背后的原因是什么呢？

希波克拉底：

道理很简单，你们东方的国家都是君主的：江山是君主的，臣民是君主的，国家的利益与人民无关。在这种情况下，臣民往往是被迫从事兵役或者是劳役，经常被折磨致死。为了君主的利益，很多人不得不同自己的妻儿老小分离。他们干出所谓的惊天动地的事情，也无非是为了抬高君主的地位，扩大君主的势力。他们所得到的除了死亡、危险以及随时被杀戮外，一无所有。

记者：

你说的还真有一些影子，哎！

希波克拉底：

肯定是这种情况。在你们东方，即使是一些性格勇敢的人，在君主专制的统治下，也会变得唯唯诺诺而失去仅有的一点阳刚之气。

记者：

那你们欧洲人会怎么样呢？

希波克拉底：

根据我的研究，在欧洲地区，或者说靠近欧洲的一些亚洲、非洲地区，在我们这里，虽然名义上叫君主，但他们的地位和你们东方专制的君主，完全不一样。相对来说，我们这里的君主的统治力量相对比较弱小。在很长一段时间里，搞的是民主政治，没有什么君主专制。在这种制度下，人民独立自主，他们只是为了自己的利益而战争,而劳动。在这种情况下,他们的性格必然是显得无所畏惧、勇猛无比。

**记者:**

我终于明白你文章中那句话的含义了。

**希波克拉底:**

哪句话?

**记者:**

你说:"哪里有君主,哪里必定是最怯懦的,因为人们的灵魂被奴役了。"

**希波克拉底:**

你的理解与我刚才所说的有些道理是合拍的。

## 六 论"神病"

**记者:**

我看你的文集,其中有一章专门是研究神赐疾病(the Sacred Disease)的。我想了解一下,你所谓的"神赐疾病",是一种什么样的病?

**希波克拉底:**

这种所谓的"神赐疾病",其实并不存在。

**记者:**

那你还一本正经地论来论去干什么?

**希波克拉底:**

我是有感而发。

**记者:**

愿闻其详。

**希波克拉底:**

在我们周围,经常有人会得一些怪病,一旦发病,就会出现各种与众不同的怪异行为。

**记者:**

怪异行为?

## 人性的曙光：对话前苏格拉底思想家

**希波克拉底：**

手舞足蹈，东奔西跑，也有人胡言乱语或沉默无语……

**记者：**

就现代医学水平看，这些人可能是得了癫痫、中风、脑瘫等病。

**希波克拉底：**

应该是这样。我曾经观察过很多疯子，当他们入睡时，很多人发出呻吟或者尖叫，有的人也会出现长时间不喘气症状，也有的人半夜突然爬起来到处乱跑，或者大喊大叫。

**记者：**

你说的这些，在我们现在都是常见的毛病，医治到位会好起来的。

**希波克拉底：**

在我们那个时候，一些江湖骗子和庸医哄骗乡亲说，这种怪病与神有关，病人之所以如此，背后是神灵在操纵，因此，这些病是神圣的东西，不能当作一般的病去治疗，否则会得罪上帝。

**记者：**

真是胡说八道。

**希波克拉底：**

这些人不懂得用自然的原因去解释。他们之所以把这种病称为"神病"，实际上就是想通过这种说法，为他们不能治疗这种病找到借口。这些人假装很虔诚，假装特别有智慧，实际上，他们根本不知道这些病是什么原因引起来的。于是，他们就把病因推到神的身上去。他们为治疗这些病所提供的治疗方法，也是五花八门。如他们禁止病人洗澡，不让患者吃一些所谓不利的食物，禁止病人穿一些特殊颜色如黑色的衣服，等等。其实是非常荒唐的。这些人的病态如果好了，这些庸医就会借此机会把自己吹得神乎其神，而万一病人病情恶化，或者死掉，他们就说是神灵召唤了这些人，说这些人得到了神的特殊眷顾。

**记者：**

好荒唐。

**希波克拉底：**

但很有市场啊。

## 第十四章　西医之魂——对话希波克拉底

**记者：**

那你是如何解释这些疾病的呢？

**希波克拉底：**

我的观点很简单：这些病是因为大脑里面产生了黏汁堵塞了血管所致。如果人们疏通了血管，就能够治好。而不是采用巫术，或者采用各种神神叨叨的治疗方法，就能够解决的。

**记者：**

我知道你总是喜欢用自然的方法来解释一些神神叨叨的疾病。

**希波克拉底：**

正是。

## 七　体液学说

**记者：**

体液学说是你对人类医学做出的最大贡献。我想了解一下，你是怎么提出这一理论的？

**希波克拉底：**

在我们那个时代，希腊有很多哲学家，他们总是喜欢用某种元素来解释世界的构成。有的人说，风是世界的构成元素，有人说是火，有人说是土，有人说是气。其实这些观念我都不赞同。

**记者：**

那你的观点是什么？

**希波克拉底：**

我的观点，你应该明白。我认为决定人体的有这样四种要素，也就是有四种体液。

**记者：**

何谓"体液"？

**希波克拉底：**

所谓"体液"，也就是人体内储存和流动的各种液体。它们是由各种不同的

**人性的曙光：对话前苏格拉底思想家**

要素构成，担负着维系生命力的不同功能。

**记者：**

你的意思是说，人体有各种各样的液体，是这些液体维持着生命的存在？

**希波克拉底：**

是的。具体说来，包括如下四种体液，即：血液、黏液、黄胆汁、黑胆汁。它们就是构成人体和使之病痛和健康的东西。当这些东西的成分相互间在数量和强度上拥有正确的比例，并且和谐地混合在一起的时候，人就呈现健康的状态。反之，当一种物质或缺乏或过剩，或者在人体内被分离，或者不能与其他物质混合的时候，就会产生病痛。

**记者：**

这背后的原理又是什么呢？

**希波克拉底：**

通过研究，我发现，每一种体液都与下列基本性质中的一对相联系。

**记者：**

具体有哪些基本性质？

**希波克拉底：**

它们是：热、冷、湿、干。通过反复比较研究，我发现，在不同的季节，往往是不同的体液占据着不同的主导地位。例如黏液，它属于性寒冷型，冬天时，它的量就会增加。因此，在冬天由黏液引起的疾病就会增加。春天，血液占主导，在这个时候，由血液引起的疾病就会多。夏天是黄胆汁占主导地位，秋天是黑胆汁占主导地位，相应的疾病就会增加。

**记者：**

你说得如此直白？

**希波克拉底：**

当然，导致人产生疾病的原因并不仅仅是季节因素，水、食物、空气以及是否锻炼身体，也是影响人身体健康的因素。

**记者：**

那根据你的体液论，如果得了相应的疾病，如何采取治疗措施？

## 第十四章　西医之魂——对话希波克拉底

**希波克拉底：**

如果疾病是因我所讲的体液的失衡造成的，那么针对疾病的治疗措施，必须着力于平衡的恢复，主要有两种方法，一种是节食，一种是锻炼，这两种是最普遍的治疗方法。此外，清泻身体，也是恢复体液平衡的方法。

**记者：**

何谓清泄身体？

**希波克拉底：**

方法很多，如放血、催吐剂、清泻剂、利尿剂和灌肠等。这些都是恢复体液平衡的方法。除此以外，在不同的季节，对病人采取不同的细心的关怀，也有利于促进人体内部体液的平衡。

**记者：**

与那些注重巫术方法的医生相比，我看你确确实实是采取自然的方法来治疗疾病。这个在几千年前的你们那个时代，确实是非常了不起啊。

**希波克拉底：**

医生最基本的任务就是，要借助大自然本身所拥有的治病能力，来促进人体内部各种体液的平衡。作为一个医生，不能等到病人需要治疗的时候，你再采取措施。你应该提前建议人们如何调节饮食、锻炼、沐浴、性生活等，预则立，不预则废。只有这样，才能让人们保持健康的状态。

# 希波克拉底简传

希波克拉底（Hippocrates）出生在东方伊奥利亚的科斯岛（Cos），大约生活在公元前460年—前379年期间。他的鼎盛时期是在公元前431年左右。希波克拉底是公元5世纪后半叶希腊的科斯医学学派的领袖，后被称为西方临床医学之父。他在生理解剖、病理以及临床诊断、医疗等方面，都做出过创造性的贡献。这位古希腊最伟大的医学大师在色萨利去世，享寿90余载。他的思想集中反映在《希波克拉底文集》之中。

# 第十五章
# 万物的本原:"原子"和"虚空"
## ——对话德谟克利特

## 引 子

伯特兰·罗素说德谟克利特的原子论,比古代所曾提出过的任何其他理论,都更接近于近代科学理论。但量子力学创始人普朗克则批评德谟克利特的原子论"只是一种理智的构造,在一定意义上说,它是任意的",原子是"一种人为的产物"。当代著名理论物理学家、哥本哈根学派的代表人物海森堡则批评原子等基本粒子都不过是"数学形式",并公开宣布原子论与现代物理学背道而驰的。

不管别人如何评价德谟克利特,但在笔者看来,在所有哲学理论中,德谟克利特所提出的原子论是最具科学形态的哲学理论。没有德谟克利特,就没有现代科学。

## 一 家乡人的骄傲

**记者:**
据说你出生在一个非常富裕的家庭?

**德谟克利特:**
我的故乡阿布德拉,是希腊北端爱琴海沿岸色雷斯地区的一个工商业城市,当时属于希腊人的一个殖民城邦。我的父母非常富裕,堪称贵族之家。

**记者:**
据说你继承了巨额遗产?

## 第十五章 万物的本原:"原子"和"虚空"——对话德谟克利特

**德谟克利特:**

是的。不过我把那些钱全部用于科学研究了。

**记者:**

具体你用这些钱干什么了?

**德谟克利特:**

我用这些钱到处进行考察,我的足迹遍布埃及、巴比伦、波斯和雅典等地,我的目的是科学,而不是别的。为此,我几乎耗尽了万贯家财。

**记者:**

根据你们家乡的法律,一个人如果将祖上财产耗尽而不事生产,应被驱逐出境的,是吗?

**德谟克利特:**

我的家乡人民是很伟大的,当我当着乡亲们的面朗读了我所创作的《宇宙大系统》,他们就决定不再追究我的责任了,不仅如此,他们还给我募集了一笔钱,为我竖立雕像,继续支持我进行研究,我死时,他们还为我举行隆重的葬礼。一个民族的优秀由此可见一斑。

## 二 柏拉图"焚书"为哪桩?

**记者:**

根据第欧根尼·拉尔修的考证,柏拉图曾经说要把能搜集到的你的著作全部予以烧掉,只是因为有人劝告才改变主意,是否确有此事?

**德谟克利特:**

我看过拉尔修的著作,关于柏拉图要烧我书的事情,不是出于第欧根尼·拉尔修的考证,而是来自阿里斯多克森《历史回忆录》里面的记载,具体有没有这件事,确实很难说得清,但根据我的感觉,柏拉图会做出这种事来的。

**记者:**

何以见得?

**德谟克利特:**

天下没有无缘无故的爱,也没有无缘无故的恨,但柏拉图对我的憎恨,完全

**人性的曙光：对话前苏格拉底思想家**

是因为学术上的原因，与私人情感无关。

**记者：**

你是说你们在思想层面存在某种冲突和分歧？

**德谟克利特：**

是的。

**记者：**

具体体现在什么地方？据说柏拉图的学生亚里士多德对你可是情有独钟啊。

**德谟克利特：**

是的，亚里士多德在他的著作《论生成和消灭》中是这样说的："在我们的先驱者中，除了德谟克利特是唯一例外，可以说，没有一个人曾经深入事物的表面或透彻地考察过这些问题。只有德谟克利特，看来不仅细致地思考所有这些问题，而且从开始起就以他的方法表现卓越。"

**记者：**

看来，亚里士多德对你是非常赞赏的。那我不明白，为什么柏拉图对你那么不友好呢？

**德谟克利特：**

我与柏拉图之间的冲突与矛盾，也就是柏拉图与亚里士多德之间的矛盾与冲突。柏拉图的哲学体系是建立在抽象思辨的基础上，他是抛弃和否定感觉经验的。而我与亚里士多德一样，我们是诉诸历史和经验的。道不同，不足与谋。所以柏拉图要烧毁我的书。

**记者：**

即便如此，我想柏拉图也不应该如此行事，学术研究，当允许百花齐放、百家争鸣，怎么能因为观点不同就要烧人家的书呢！我估计这里面有些误会。

**德谟克利特：**

但愿如此，希腊具有多元和民主的传统，柏拉图又是哲学家中的哲学家，不是一般人，他向来仇视灭杀言论自由的政府，我想他不会做出烧书这样的事情来。关于这事，建议到此为止，说点别的事情吧。

## 三 留基伯是否确有其人?

**记者:**

人们一提到原子论,就会想到你,似乎你就是原子论的第一创始人。

**德谟克利特:**

原子论的第一创始人不是我,而是留基伯(Leucippus)。

**记者:**

但人们为什么总想到你,而想不到留基伯呢?

**德谟克利特:**

留基伯的名气没有我大,人们连留基伯的名字都不知道,还怎么可能把他与原子论联系在一起呢?

**记者:**

言之有理,还有别的理由吗?

**德谟克利特:**

有的。在我们那个年代,国家与国家之间发生战争,简直就是家常便饭。一会儿是希波战争,一会儿是伯罗奔尼撒战争,总之战争不断,炮火纷飞。好大一个希腊半岛,兵荒马乱,狼烟四起,普天之下找不到安放一张平静书桌的地方。可怜的学者们,整天为一日三餐发愁,根本没有时间与财力去守护自己的研究成果,至于别的人就更加不会关注这些事情了。留基伯是我的老师,但他所处的时代要比我所处的时代差多了,他的书一本也没有保留下来,而我的书多多少少还有一些幸免于难。这样一来,人们自然就不知道留基伯是谁而只知道我了。

**记者:**

关于留基伯,你是他的学生,或许应该会比别人能给我提供更多的情况吧?

**德谟克利特:**

兵荒马乱的,我也只能提供一些支离破碎的信息供你参考。我的印象中,留基伯大致与阿那克萨戈拉和恩培多克勒是同时代人,也就是生卒大约在公元前500年到公元前440年;有人说他出生在米利都,也有人说他出生在阿布德拉,准不准,你自己把握。

## 四　原子论：与爱利亚学派渐行渐远

**记者：**

好多人说，你和你的老师留基伯创立的原子论，其学说渊源是爱利亚学派，巴门尼德就是你们的祖师爷。你同意这个看法吗？

**德谟克利特：**

这个看法没有什么原则性错误，但是我们理论的核心之处，或者说最终归宿是不一样的。亚里士多德的说法似乎更为客观。

**记者：**

亚里士多德是怎么看的呢？

**德谟克利特：**

如果你认真研究亚里士多德的著作，你就会发现，亚里士多德每到说起我们原子论的时候，他总是把我们的原子论哲学与恩培多克勒、阿那克萨戈拉等人的哲学放到一起进行研究，也就是说亚里士多德把我们的原子论看成是伊奥尼亚学派的一个分支。而好多人则用"唯物主义"来为这个学派命名。最早的代表人物是泰勒斯、阿那克西曼德、阿那克西美尼等人。最早的发源地可以追溯到米利都。

**记者：**

你同意亚里士多德的意见吗？

**德谟克利特：**

同意。

**记者：**

为什么？

**德谟克利特：**

我的老师在爱利亚生活过，他是巴门尼德的学生，他也听过芝诺等人的演讲，因此，他的原子论不可能不受到这些人的影响；而没有留基伯的理论，我也就不可能提出系统的原子论。因此，我们不得不承认，原子论最早发源地还是巴门尼德人等人创立的爱利亚学派。但是……

# 第十五章 万物的本原:"原子"和"虚空"——对话德谟克利特

**记者:**

但是什么?

**德谟克利特:**

不过,我们的原子论哲学与爱利亚学派的理论还是不同的,可以说是渐行渐远,越来越不同。

**记者:**

愿闻其详。

**德谟克利特:**

爱利亚学派的祖师爷巴门尼德,将整体看作是一,是不动的,是非创造性的和有限的,并且不准去研究非存在。但是我的老师留基伯则看到了原子是处于无限运动中的,并且主张它们形状的种类是无限的。因为没有理由说为什么原子的形状只有一种形式而不能有另外的一种。我的老师还观察到这世界上生存和变化是永无休止的。而且,他还主张非存在和存在一样,也是一种存在;而且,二者同等的是事物生存的原因。留基伯还设定原子的本质是坚固和充实的,这就是存在,它在虚空中运动,它把虚空叫作非存在,并且主张它并不比存在更少存在。

**记者:**

如此说来,你们的原子论还真是与爱利亚学派不同。

**德谟克利特:**

用俗话说,我们的理论是产生于唯心主义的学派,但最终落脚点则是唯物主义的。

## 五 原子:构成万物的基本单元

**记者:**

你们希腊的哲学家,从来就是抓住自然和万物的本原问题不放,不依不饶,反复研究。听说你把宇宙的本原规定为原子和虚空,是吗?

**德谟克利特:**

是的。

## 人性的曙光：对话前苏格拉底思想家

**记者：**

那我问你，什么是原子？什么又是虚空呢？

**德谟克利特：**

在我的老师留基伯和我看来，原子和虚空是万物的本原，这一点是我们反复坚持的。

**记者：**

原子到底是一种什么样的东西？也就是说，原子本身有什么内在的性质？

**德谟克利特：**

原子是这样一种东西，它们具有如下几个特征，其一，原子非常微小，内部绝对充实，也没有空隙。因此，原子是坚不可入、不可分割的粒子。

**记者：**

人们能看得见原子吗？

**德谟克利特：**

原子是看不见、不可感知的，数量上是无限多的。

**记者：**

原子还具有什么特征呢？

**德谟克利特：**

其二，原子都是同质的，因此，它们没有性质上的不同，只有形状、大小和排列方式上的差异。原子形状、大小是多种多样的，因而它们可以造成不同的性质，比如，火的原子细小、圆形、光滑，因而，它的性质活泼、易动、明亮；而土的原子较大而粗糙，所以，它的性质厚实、灰暗。

**记者：**

我明白了。那还有第三点吗？

**德谟克利特：**

当然有了。在我们的原子论中，原子内部是充实的，没有虚空，所以它们的内部无法改变。但是，每个原子作为整体，又是能动的，它们在虚空中结合和分离，造成自然界具体事物的生成和消亡，原子处于永恒的运动状态。

**记者：**

明白。

# 第十五章 万物的本原:"原子"和"虚空"——对话德谟克利特

**德谟克利特:**

关于原子的运动,首先,原子不能从原子中产生,也不能互相转化;其次,原子是同质的,同质的原子也不能互相产生和互相转化。简言之,存在不能从非存在中产生,也不能变成非存在。原子是充实的,它们只能在虚空中运动。

**记者:**

那到底什么是运动呢?

**德谟克利特:**

原子运动包括原子的结合,也包括原子的分离。原子的结合就是事物的生成,它们的分离就是事物的消灭。

**记者:**

你的意思是说,原子的运动包括结合和分离两种形态,而正是这两种形态导致万事万物的出现?

**德谟克利特:**

正是如此!原子相互运动、相互碰击,并且互相紧密地连接在一起。原子所以在某些情况下处于结合状态,是由于它们能互相吻合、互相捕捉住。它们中有些是有角的,有些是带钩的,有些是凸出的,有些是凹陷的,还有无数别的差别,所以它们能够勾住,结合起来,直到周围有更强的必然性来撼动它们,将它们分离开来。也正是这种结合,产生了植物,产生了动物,产生了世界上一切可知的事物。

**记者:**

根据你讲的,我感觉你的意思是不是说,这些原子在无限的虚空中运动,彼此分离。在形状、大小、位置和排列上不同,它们冲撞时,互相捕捉,有些在偶然的方向上分开了,另一些则彼此连接起来聚集在一起,就产生了复合的物体,就产生了万物?

**德谟克利特:**

正是这个意思。

## 六　虚空：也是一种存在

**记者：**

留基伯和你都把虚空是看成构成万物的另一个本原，我想了解，到底什么是虚空？这个概念到底是什么意思？

**德谟克利特：**

从宇宙中，抽掉了原子，剩下的就是虚空。

**记者：**

不好理解。

**德谟克利特：**

在我们原子论哲学提出"虚空"之前，毕达哥拉斯学派也提到过"虚空"，不过他们所说的"虚空"是指空气。恩培多克勒说，物体内部有元素结构的孔道，但这还不是自然界的"虚空"。爱利亚学派认为只有存在，非存在是不存在的，因此，就没有"虚空"。也有一些学者认为，存在是充实的，它所以不能运动，是因为它没有"虚空"；因为，如果有"虚空"，它就可以向空中移动了；既然没有"虚空"，也就没有可让其移动的空间了。

**记者：**

你说得太啰嗦了，能不能简单地说一下？

**德谟克利特：**

在我们的理论中，原子是实在的存在，"虚空"是非存在；但非存在不等于不实在。作为非存在的"虚空"，它和原子一起构成自然万物的两大本原，离开了"虚空"，也就没有了原子；当然，离开了原子，也就没有"虚空"。

**记者：**

原子与"虚空"有什么共同性呢？

**德谟克利特：**

它们之间的共同性是：客观存在，不可见，无法感知。

**记者：**

那你把"虚空"叫作"非存在"，非就是不的意思，"非存在"不就是不存在吗？怎么你还说它们依然是存在呢？

**德谟克利特：**

你的问题问得好！在我看来，所谓"非存在"，并不是不存在，只是说这种存在缺乏存在所具有的"充实性"。存在并不比非存在更多存在，正如坚实充满并不比虚空更多存在一样。

## 七　宇宙是无限的

**记者：**

你刚才说过，原子无须外力的推动，自己就可以运动。

**德谟克利特：**

是的，一个个满天飞舞的精灵！因其能够自行运动，因而也能够自行结合和分离，也因而能够构成万物，宇宙乃因此而来。

**记者：**

你是说这些无数的原子，宛如一个个可以随意组合的男男女女，或情投意合缠绵媾和，或反目成仇彼此分离，也正是由于这种结合和分离，才造就了千姿百态、无限妖娆的生命世界。

**德谟克利特：**

是的。其过程大致可以这样描述：具有各种形状、大小不等的无限数量的原子，在广袤无垠的虚空中四面八方、上下左右急剧而凌乱地发生着运动……

**记者：**

或如我们目光所能看到的阳光下的尘埃？

**德谟克利特：**

委实如此。这些原子彼此相互碰撞，扭缠在一起，因而形成一些涡旋。由于不同的原子具有不同的形状，有凹有凸，有钩有槽，加之其体积也有大有小，运动中这些原子于是发生了不同形式的排列组合，也因此构成了具有不同性质的事物，我再说一遍，事物的不同性质是由原子的不同组合而形成的。

**记者：**

知道。

**德谟克利特：**

因此，宇宙万物的千差万别是由于它们本身的构造的不同所决定的，也就是说，是由于原子的形状、大小、排列顺序、相互位置的不同所造成的。具体说来，事物的性质如冷暖、颜色、声音、味道等的差别，都归因于原子的不同，如：黑色对应于比较粗糙、不那么精致的原子；而白色则对应于那些比较光滑的原子。原子结构的变化，导致事物的形状也相应发生变化，日月星辰、天地万物的变化，无不都是由于原子的结合或分离而造就的。宇宙虚空无限广阔，原子的运动自然也是无休无止、变幻莫测，这种情况下，因原子运动造就的宇宙自然也是无限的，每时每刻都有"新"的世界在诞生，每时每刻都有"老"的世界在毁灭……生生死死，永不停息。

**记者：**

因此，我们的宇宙是无限的，我们的世界是无限的，无论是你的世界，还是我的世界，都不过是无限世界中的一个。也无论是过去的世界，还是现在的世界，抑或是将来的世界，都不过是历史长河中的一个瞬间而已。

**德谟克利特：**

是的。

## 八　灵魂也会死的

**记者：**

泰勒斯似乎是个泛神论主义者。

**德谟克利特：**

是的，他说过磁石有灵魂，所以能够吸引铁。

**记者：**

你同意他的说法吗？

**德谟克利特：**

一家之言，不过我的看法与他的看法则完全不同。

**记者：**

你的看法是……

## 第十五章 万物的本原:"原子"和"虚空"——对话德谟克利特

**德谟克利特:**

我的看法是:磁石和铁都是由相似的原子构成的,但构成磁石的原子更精细一些,原子之间的虚空也更多一些,原子运动的能力也因而比较强一些,于是这些原子也就特别容易向铁移动,特别容易钻进铁的微粒中去,并使这些微粒运动起来。而构成铁的原子,彼此之间的空隙比较小,组织结构比较紧,因此铁的原子也就向外扩散流向磁石,铁因而被拖向磁石。磁铁相互吸引的情况因而产生。

**记者:**

你的说法有点意思。不过,泰勒斯说磁石有灵魂,这种说法是不是也没错吧?

**德谟克利特:**

撇开他的观点对不对不说,在我看来,灵魂同样也是由原子构成的。

**记者:**

灵魂也是由原子构成的?这个观点很新鲜嘛,具体说说。

**德谟克利特:**

灵魂也是由原子所构成的,这类原子与那些构成火的原子一样。

**记者:**

什么样子呢?

**德谟克利特:**

圆形的,光光滑滑的,非常精致,运动速度极快,也最生动活泼。

**记者:**

是这样的?

**德谟克利特:**

这类原子聚合时,就形成了灵魂,散布于全身。而当这些原子各奔东西分散各处时,灵魂就会死亡,生命也就完结。一个人就是一个小宇宙,都是由这些特殊的原子构成,一旦这些原子各奔东西,人这个小宇宙也就不复存在了。

## 九 "卑鄙的心灵"与"不可靠的感觉"

**记者:**

作为一个人,存在于这个世界上,总得去认识和把握这个世界,在我看来,

## 人性的曙光：对话前苏格拉底思想家

你我面对的这个世界，太过玄奥，太过艰深，太过多变，而唯有心灵才能把握这个世界的真面目。

**德谟克利特：**

应该是这样。

**记者：**

但你有著作残篇，对心灵的作用不以为然。

**德谟克利特：**

哪一个残篇？

**记者：**

你说，"卑鄙的心灵啊，在从我这里获取了你的证据之后你便抛弃了我们吗？抛弃我们于你是一次失败"，你为何要用如此不雅的语言攻击心灵呢？离开了心灵，我们如何来认识世界，离开了心灵，我们如何来把握这个世界呢？

**德谟克利特：**

请你也不要过分在乎我的片言只语。关于人类如何去认识这个世界，我的观点依然是：感觉是不可靠的，而唯有心灵才是我们认识世界、认识宇宙的最重要的路径，也可以说是不二路径。

**记者：**

为什么呢？

**德谟克利特：**

我们原子论者是这样来解释人类感觉的由来的：所有的事物都是由原子构成的，这些物体不断向四面八方释放出原子流，那些击中我们感官的原子流便可以同我们的感官相互作用，就促使我们产生了某种感觉。一定大小和形状的原子会作用于我们的眼睛、鼻子，视觉、嗅觉、梦境等由此而产生。这就是感觉的由来。有的人眼睛不好，有的人听力不好，有的人鼻子不好，因而就是同样一个事物对不同的人而言，感觉也是千差万别的。所以我说这种来自于感觉的认识是"不合法的"。

**记者：**

"不合法的"？

**德谟克利特：**

也就是不可靠的，容易变动的，所以我说是"不合法"的。要真正把握世界，

## 第十五章　万物的本原："原子"和"虚空"——对话德谟克利特

关键是心灵，关键是发自内心深处的那种理性，所以你不要以为我重感觉而轻心灵。

## 十　原子等于精神吗？

**记者：**

德谟克利特先生，在古今中外的哲学家中，人们普遍把你视为唯物主义的杰出代表，但是，通过看你的书，我也发现，你在表述原子这类东西的时候，也经常把你理论中的原子和精神性的理念混为一谈。我甚至怀疑，你的原子并非一种物质性的东西，而是某种精神性的东西。

**德谟克利特：**

你的这种解释和我的想法可能不一致吧。

**记者：**

其实跟我想法一样的，不止我一个人。古代哲学家、数学家辛普里丘在注释你的著作的时候，在谈到原子的形状、形式时，也就是原子的外部形式时，他就用"idea"这个词，"idea"就是理念。另外，我看过一本书，叫《西英大词典》，在解释"idea"就是理念这个词的过程中，就说，这个词也包括有你德谟克利特所提到的原子的形式，也就是说，在《西英大词典》中，这些作家们是把原子的形式也看成是精神性的东西。也有说柏拉图的"理念"、亚里士多德的"形式"和你说的"原子的形式"就是一回事。还有人说，你德谟克利特写过的一本书《论形式》中，"形式"这个词就是"idea"。

**德谟克利特：**

这个问题，我没有进行深入的研究。但是，我也认可"万物都具有灵魂"这个观点。至于原子的形式是不是精神，我确确实实没有进行过深入的研究，这个问题留给你们这些后来人去研究吧。

## 十一　拐点

**记者：**

我研究古希腊的哲学已经有好长时间了。

人性的曙光：对话前苏格拉底思想家

**德谟克利特：**

这个你不用强调，我关心的是，你有什么发现或者感想，说出来大家分享一下嘛。

**记者：**

可以。其中，有一个最大的感觉，不知对不对？

**德谟克利特：**

你先说，别考虑对不对。

**记者：**

我感觉在你之前，几乎是所有的古希腊哲学家都把研究自然界的本质和构成作为研究重点。

**德谟克利特：**

是这样，你说的没错。

**记者：**

但是，从你之后，这种情况似乎发生了根本性的改变。

**德谟克利特：**

是的。

**记者：**

你的著作残篇，至今剩下来的大约200多条，每一条都与社会和伦理道德有关。

**德谟克利特：**

你的意思是说除了社会与伦理道德研究外，其他的东西全遗失不见了。

**记者：**

是的。

**德谟克利特：**

遗憾至极。

**记者：**

我感觉你就是一个拐点，这个拐点之前，哲学家们关心的问题，都是与自然有关系，而从你这个拐点之后，哲学家们则把研究的重点放到人类社会和伦理道德方面来啦。

**德谟克利特：**

是的，我说过，你的感觉没错。

**记者：**

我所关心的问题是：你也是一个自然哲学家，你为什么把人类社会和伦理道德纳入你的研究视野啊？这背后有什么背景呢？

**德谟克利特：**

其实，也没有什么。无论是宇宙还是人，都是由原子构成的。宏观世界，也就是你我所能看到的自然界，就是大宇宙，就是由原子所构成的大宇宙。当然了，作为人是个小宇宙，也同样是由原子所构成的。我们既然用心研究自然界，那我们就必然要研究太阳、宇宙、星星以及宇宙万物；那么，我们同样也必须研究我们人自身。这就是我把研究人类社会和伦理道德放到与研究宇宙的本质和结构等量齐观上来的原因。

## 十二　史前生活

**记者：**

在你所生活的那个时代，人类普遍对其自身的历史缺乏了解，你们希腊传统的宗教，将社会起源与人间生活说成都是受神支配的。我想，你可否结合你的原子论，讲一讲关于人类社会和起源方面的问题？

**德谟克利特：**

关于这个问题我确实研究过，我对这方面的研究没有什么新的观点。在公元前5世纪中叶，一些思想家如希波克拉底、普罗泰戈那，诗人和著作家埃斯库罗斯、欧里庇得斯，历史学家希罗多德、狄奥多罗等人，他们都对人类社会的起源问题进行了认真的研究。

**记者：**

那这些人是如何看待人类社会和文明的起源问题呢？

**德谟克利特：**

他们认为，远古的人类普遍像野兽那样孤独地生活着，饥寒交迫，茹毛饮血，没有衣服，没有房屋，没有农业，没有家畜，也没有技术；人类不过就是野兽的食物或者疾病的牺牲品。后来，为了生存，人类结合在一起生活。狂野和自私的本性，经常让人类之间发生勾心斗角的矛盾，结果是屡遭挫折。于是乎，在总结各种经验的基础上，人类逐渐确立了稳定的社会生活。因而，城邦、文明便建立起来了。这就是他们的观点。

**记者：**

你的观点是什么？

**德谟克利特：**

我的观点和他们的观点大同小异，也就是说人类社会是在人类内在需求的推动下，一天天进化起来的。

## 十三　人是自然的产物

**记者：**

听说，你是一个无神论者。你的著作到处都否定神，否定神创造社会，否定神主宰社会，是这样吗？

**德谟克利特：**

在我看来，人是自然的产物，文明是人自己创造出来的。

**记者：**

请你讲得详细点。

**德谟克利特：**

远古的人类，就跟动物一样，吃不饱、穿不暖。我们人类是依靠自己的双手和智慧才逐步从蒙昧状态走向文明状态。因此，这些记忆和文化，不是神所赐予的，而是经验的结晶。

**记者：**

我记得你还说过，我们人类是动物的学生。这个观点很有意思，你说过这话吗？

**德谟克利特：**

是的，我说过。我是这么说的：在许多重要的事情上，我们人类是动物的学生。向蜘蛛学习纺织和缝纫，向燕子学习造房子，向天鹅和夜莺等学习说话和唱歌。总体来讲，我们人类的文化艺术是随着人类物质生活的改善而逐步发展起来的。当然，有些新东西，是后来发展的。

**记者：**

哪一种呢？

**德谟克利特：**

例如，音乐就是如此。音乐就是非常年轻的艺术，在人类很穷的情况下，是不需要音乐的。人类富裕以后，需要享受，需要娱乐，于是，就出现了音乐。

## 十四　语言是一种约定俗成

**记者：**

看你的书，你多次提过，语言是约定俗成的产物。这个观点如何理解？

**德谟克利特：**

关于语言的起源，我们那个时候流行两种对立的观点：一种认为，语言与它们所代表的某种事物有天然的联系，苏格拉底干脆说，语言来自神。另一种见解认为语言是人们决定的，它们是人们由于需要交流思想感情而产生的，同它们所表示的事物只有通过声音才发生人为的相互对应的关系。

**记者：**

你自己如何看待语言起源这个问题的？

**德谟克利特：**

远古时代，人们聚集在一起，是为了防止野兽的袭击；他们起初只发出紊乱而没有意义的声音，然后逐渐形成清晰的语言。他们约定的各种声音，分别表示各种对象。因此，所有不同的人群便有了不同的声音，而每一个人群都凭借机缘构成自己的词。这就是世界上各地的语言如此不同的原因。

**记者：**

听你如此讲，看来，你是赞成语言是约定俗成的产物的啦？

**德谟克利特：**

你的感觉是对的。我还曾从四个方面进行了论证。

人性的曙光：对话前苏格拉底思想家

**记者：**

愿闻其详。

**德谟克利特：**

一、不同的事物不能用同一个名字称呼。二、不同的名词，有时可以称呼同一个事物。三、一件事物或一个人的名字，有时可以随便地改变。四、两个平行的观念，一个可以用词表达，另一个却没有词表示。所以，基于这个原因，我认为语言是约定俗成的产物。

# 十五　统治权天然属于强者

**记者：**

在你的书中，我发现政治问题是你关心的最重要的问题之一，作为一个政治家，你是如何看待政治的呢？

**德谟克利特：**

你错了。我是一个科学家，我是一个哲学家，但从来就不是什么政治家。为了搞清楚人间的真理，你就是给我一个国王当我也不会去干的。

**记者：**

谈到政治问题，就不能不谈到奴隶和奴隶主的关系问题。我记得后来有一位哲学家亚里士多德曾经说过，奴隶是具有生命的工具。在他眼中，奴隶仅仅是工具，仅仅是奴隶主阶级实现其利益的手段。你的看法是什么？

**德谟克利特：**

在对待奴隶的看法上，我的看法和你讲的亚里士多德没有什么不同。奴隶就是具有生命的工具，我们应该像使用我们自己身体的一个部分那样使用奴隶，让每一个奴隶去完成他的任务。

**记者：**

竟然如此的无情？

**德谟克利特：**

统治天然是属于强者的，天经地义，毋庸置疑。这个道理同样也适用于男人和女人的关系问题上。

## 十六　变质的民主

**记者：**

有很多资料说，你是古希腊民主制的拥护者，一些人甚至说你是"古代民主政体的代表"。但是，我发现……

**德谟克利特：**

你发现了什么？神叨叨的。

**记者：**

在你生活的时代，人们普遍对民主制度是非常喜欢的。伟大的民主派政治家伯里克利先生，更是在他那篇为纪念著名的阵亡将士的葬礼上发表的演说中，满怀豪情地讴歌了雅典民主政治，称它是模范的政治、公正的法律、华丽的城邦、强大的军事、充裕的财富、真挚的友谊、英雄的气概……一句话，民主就是一切，一切都是民主。

**德谟克利特：**

是的。在民主制度下贫穷，总比在专制制度下享受所谓的幸福好得多。正如自由永远要比奴役好。

**记者：**

但是，我在你的书中，很少看到你去赞美民主制度，这是什么原因呢？

**德谟克利特：**

你的嗅觉很灵敏。在我生活的年代，雅典的民主已经开始走向堕落，政治走向堕落，法律走向堕落。民主已经成为表象，已经成为奴隶主们互相勾心斗角的一种手段，它已经和真正的民主背道而驰了。

## 十七　快乐：源自精致原子的柔和运动

**记者：**

请细细说说人的快乐与宇宙的关系到底是什么？

## 人性的曙光：对话前苏格拉底思想家

**德谟克利特：**

原子是构成万物的基本元素，宇宙如此，地球如此，植物如此，动物也如此，快乐也是如此。

**记者：**

你是说快乐也是由原子所构成？你应当知道，人类特有的快乐有的是感官性的快乐，有的属于心灵的快乐，有的快乐很适度合理，有的快乐充满着肉欲和疯狂，难道这些完全不同的快乐，都是由同样的原子所构成？

**德谟克利特：**

原子不分彼此，但是原子的运动形式则是彼此有所不同。适度的也就是我欣赏的那种理性的快乐，是由精致原子的柔和运动所产生的，而那种充满着疯狂物欲的快乐，则是由原子的猛烈运动所产生的。因此，原子的运动方式决定着快乐性质的不同。

**记者：**

你对快乐的定义似乎显示了你的价值取向？

**德谟克利特：**

是的。我的那些著作残篇都能反映这一点。我曾经说过："不应当追求一切种类的快乐，应该只追求高尚的快乐"；我曾经说过："使人幸福的并不是占有畜群，也不在于占有黄金，它的居处是在我们的灵魂之中"；我曾经说过："使人幸福的并不是体力和金钱，而是正直和公允"；我曾经说过："人们通过享乐的节制和生活的协调，才得到灵魂的安宁"；我曾经说过："丝毫不做不适当的事"，"恰当的比例是对一切事物都好的"；我还说过："坚定不移的智慧是最宝贵的东西，胜过其余的一切"；我还说过："单单一个有智慧的人的友谊，要比所有愚蠢的人的友谊还更有价值"；我还说过："人们比留意身体更多地留意他们的灵魂，是适宜的，因为完善的灵魂可以改善坏的身体，至于身强力壮而不伴随着理性，则丝毫不能改善灵魂"，"对善的无知，是犯错误的原因"；我还说……

**记者：**

你不厌其烦地说这么多，嫌不嫌累啊？

**德谟克利特：**

我之所以要详细列举这些话，就是要让人们知道我们这些"前苏格拉底哲学家"也是高度重视人间问题研究的。

**记者：**

明白。还有什么话尽管说吧。

**德谟克利特：**

我还说过："性格决定命运。"

**记者：**

这话是你说的？

**德谟克利特：**

当然，难道是你说的？

**记者：**

我不是这个意思，这句话我经常听到别人引用，不知道是你说的。看来你确实是关心人间问题的。柏拉图说你们这些"前苏格拉底哲学家"不关心人间问题显然是不客观的。

**德谟克利特：**

你还真理解我。谢谢啦！

## 十八　豪富赤贫都不好

**记者：**

我们中国文化强调中庸，凡事不求极端。看你的书，我感觉你的很多主张也弥漫着中庸之气。

**德谟克利特：**

在任何情况下，极端总是不好的，落实到政治上，也是如此。

**记者：**

是吗？你说要让中产阶级来统治国家，是不是就是这个意思？

**德谟克利特：**

你说的没错。我既反对太过富有的人当政，也不喜欢一无所有的人当政。

**记者：**

为什么呢？

人性的曙光：对话前苏格拉底思想家

**德谟克利特：**

当时我们希腊社会由强大转向衰败，究其原因，就是贫富两极太过分化。

**记者：**

贫富分化有什么不好呢？

**德谟克利特：**

你让我慢慢说，赤贫和豪富动辄变换位置是造成人类心理、灵魂巨大困扰的原因。灵魂一旦被大的分歧所震动，就是不稳定的，就是不愉快的。因此，我反对财富兼并。有些人聚敛太多的财富，就是为了满足他们自己的贪欲。你要知道，贪得无厌的人，最终使他们自己一无所有，其悲惨下场不会比《伊索寓言》的那条狗好。

**记者：**

《伊索寓言》我看过，但你所说的那条狗，是什么样的狗啊？

**德谟克利特：**

看来，你没有认真看过《伊索寓言》，《伊索寓言》中有这样一段话说：一只狗，衔着一块肉渡河时，看着水里面自己的影子，它就以为是另一只狗衔着更大的一块肉，想去抢它。于是就把它衔着的那块肉放下，冲了过去，结果，将自己衔的肉也丢掉了。因此，侵占别人的财产，是最坏的占有，就像毒瘤是最坏的疾病一样。我也反复强调，守财奴们那些没有教养的子女们，就像在刀尖上跳来跳去的人那样。如果他们落下来的时候，没有把脚落在该落的地方，他们就彻底完蛋了。

**记者：**

我知道你的意思。你认为社会分成赤贫和巨富阶层是一种不幸。那如何才能解决这些问题呢？

**德谟克利特：**

那就是应当限制财富的积累和兼并，防止财富过度分化。一切事物中，均等是最好的，过分和不足是不好的。我曾经对破产和贫困的自由民说：在民主制度下贫穷总要比专制制度下受奴役要好一些；另一方面，我又劝那些富人：你们多想一想生活在贫困中的人们的痛苦，我建议你们有钱人多借钱给穷人，给他们帮助，给他们利益，免得他们陷于贫困。这样一来，就会有同情、友爱、互助、公民间的和谐以及许许多多的好处。如此一来，社会就会稳定、发展，就不会陷于混乱和衰败之中。当然，人太穷也是不好的，要想保持心灵的安宁，必须保持中等的财富。

## 十九　政治的堕落

**记者：**

你生活在古希腊的黄金时代，但是我总觉得你丝毫也不觉得快乐。

**德谟克利特：**

我活着的时代，已经算不上什么黄金时代。事实上雅典已经开始衰败了。

**记者：**

什么情况？

**德谟克利特：**

我们的政治制度已经在衰变，现行的规章制度已经没有办法防止官吏做坏事，即使他们本来是好的。这些官员完全是为自己而不是为别人而当官。当时在衰变中的民主制的一些法律，实际上只是使那些拥有权力的人可以为所欲为，而好的官吏不能得到任何保护。

**记者：**

你提出什么好的建议？

**德谟克利特：**

我提出了这样的几个建议，我呼吁应该将国家或城邦的事务摆在最重要的位置上，要好好管理，人们不应该为公道的事争执不休，也不应该获得违反公共利益的权力。

**记者：**

嗯。

**德谟克利特：**

治理好的国家是最大的庇护所，可以包容一切。国家安全了，一切都安全了，国家毁灭了，一切也都毁灭了。

**记者：**

还有呢？

人性的曙光：对话前苏格拉底思想家

**德谟克利特：**

当时的雅典内战频仍，内战对两派都是有害的，它使征服者和被征服者同样都遭到毁灭。面对外来的强敌——斯巴达同盟，只有团结一致，才能把伟大的事业包括城邦间的战争好好进行下去，没有别的办法。

**记者：**

还有吗？

**德谟克利特：**

我还提出，一是要有一个好的法律，法律意在使人民生活有利，它应该能够做到这一点。因为人民自己希望获得好处，这表现于那些服从法律，并以之作为特有的美德的人。二是要做正义的人。

**记者：**

何谓正义？

**德谟克利特：**

正义就是去做他应该做的事，不正义就是没有去做他应该做的事。正义就是善，不正义就是恶。

# 德谟克利特简传

德谟克利特（Democritus，约公元前460年—前370年），出生于色雷斯海滨的阿布德拉，古希腊唯物主义哲学家，原子唯物论学说的创始人之一。留基伯是他的导师。德谟克利特一生勤奋钻研学问，知识渊博，在哲学、逻辑学、物理、数学、天文、动植物、医学、心理学、伦理学、教育学、修辞学、军事、艺术等方面都有所建树。马克思和恩格斯赞美德谟克利特是古希腊人中"第一个百科全书式的学者"。德谟克利特的著作主要有：《宇宙大系统》《宇宙小系统》《论荷马》《节奏与和谐》《论音乐》《论诗的美》《论绘画》等。

# 第十六章 "努斯"：并非第一推动力
## ——对话阿凯劳斯

## 引子

从思想的原创性来看，我们的主人公阿凯劳斯，与我们已经对话过的许多大家比起来，可能要差得多。但是，笔者之所以要坚持与阿凯劳斯进行对话，自有一些不能不与之对话的道理。阿凯劳斯的身份比较特殊，他是阿拉克萨戈拉的学生，同样是苏格拉底的老师。就其在西方思想史上的作用来说，阿凯劳斯协助他的老师阿那克萨戈拉把自然哲学从伊奥尼亚带到希腊本土，并把伦理学引入哲学。而苏格拉底正是接过了阿凯劳斯传来的接力棒，把伦理学发展到顶峰，并因而被认为是伦理学的创始人。

## 一　苏格拉底的老师

**记者：**

你是桃李满天下，你最得意的学生应该是谁？

**阿凯劳斯：**

你这是明知故问。有的人因父辈而尊贵，有的人因子女而荣光，而我则将因我的学生而在历史上留下一笔。如果不是苏格拉底，可能也就没有人知道我阿凯劳斯了。或许你也不会来采访我了。

**记者：**

你这是太谦虚了，你也是一位哲学家。你是苏格拉底的老师，我想问一下，苏格拉底年轻的时候，给你什么印象？

## 人性的曙光：对话前苏格拉底思想家

**阿凯劳斯：**

苏格拉底是一个具有强烈社会感的人，作为苏格拉底的老师，我经常带他到萨摩斯去。

**记者：**

到萨摩斯去干什么？

**阿凯劳斯：**

这点你可能不知道。当时，我们希腊地区可以说是战火纷飞，我带苏格拉底到萨摩斯去是参加雅典军队，与波斯人打仗。有意思的是，领导波斯人与我们打仗的，也是一位哲学家。

**记者：**

谁？有机会一定去采访他。

**阿凯劳斯：**

麦里梭，哲学上很有造诣。

**记者：**

有意思，战争结果如何？

**阿凯劳斯：**

有胜有负。

**记者：**

一个愿意把自己的一生都献给伟大的街头演讲事业的人也会打仗吗？

**阿凯劳斯：**

在战争中，苏格拉底还是比较勇敢的。他的勇敢，给很多人留下了很不错的印象。历史上也有翔实的记载。当然，我和苏格拉底的交往更多的还是在思想层面的交流。

**记者：**

这个我知道。苏格拉底是一位哲学家、一位伦理学家，他的很多思想，是受到你影响的。

**阿凯劳斯：**

这一点也倒是实事求是。我经常给苏格拉底介绍阿那克萨戈拉的思想，苏格拉底对阿那克萨戈拉的思想非常感兴趣。

## 第十六章 "努斯":并非第一推动力——对话阿凯劳斯

**记者:**

没错。苏格拉底被雅典的民主派判处死刑,在被用毒药毒死之前,躺在床上临终前看的书,就是阿那克萨戈拉的书。如果他不是特别地喜欢,在那个特别的时刻,苏格拉底是不可能看阿那克萨戈拉的书的。

**阿凯劳斯:**

没错。

## 二 苏格拉底:并非伦理学创始人

**记者:**

在你们西方的哲学史上,苏格拉底因为研究伦理学,并将伦理学引入哲学而名垂千古,他被公认为伦理学研究第一人,你功不可没呀。

**阿凯劳斯:**

我的学生取得如此大的成就,我没有理由不感到高兴。但是,好多事情也必须实事求是,不能捕风捉影,不能张冠李戴。

**记者:**

你是什么意思呢?难道我说的不对?

**阿凯劳斯:**

没错。关于伦理学,好多人将伦理学引入哲学说成是苏格拉底的功劳,这个说法是有问题的。我本人就非常注重伦理学的研究,法律问题、伦理问题、艺术问题还有道德问题,我早就著书立说进行研究了。

**记者:**

我是个喜欢收集哲学著作的人,但我并没有看到你相关的著作呀!

**阿凯劳斯:**

你没看过我的著作不等于说我就没有著作,这个问题迟早你会弄清楚的。因此,如果硬要问谁是伦理学的创始人,我也应该算一个。

**记者:**

除你还有别人吗?

人性的曙光：对话前苏格拉底思想家

阿凯劳斯：

当然有了。其实在我之前，在我们希腊就有很多哲学家对伦理问题做过专门研究。如果说谁是伦理学真正的创始人，那些说不出名字来的许多哲学家才是真正的创始人。我们不能因为谁胆子大、敢于自我标榜就把美名套在他头上。

## 三 气：是万物的本原

记者：

在关于世界的本原问题上，你的观点似乎与阿那克萨戈拉差不多？

阿凯劳斯：

是的，在这点上，我确实是继承了我老师的理论。气是万物的本原，气凝聚起来就是土，而一旦稀散开来，就是火了。

记者：

既然气是万物的本原，是不是宇宙万物都是从气演化而来的？

阿凯劳斯：

当然是。气造就宇宙万物，其功能相当于无所不能的神。

## 四 冷是土地的"镣铐"

记者：

你与阿那克萨戈拉一样都非常看重"努斯"在运动中的作用，但是我感觉你没有坚持始终。

阿凯劳斯：

你为什么这么说？

记者：

你原则上承认"努斯"是运动的起源，但是我感觉你在具体谈宇宙的演化过程时，你又把冷和热看成是运动和静止的根本原因。

阿凯劳斯：

这点你说的也没错，在我看来，宇宙的原始混合物是阴暗的雾气，这种东西

## 第十六章 "努斯"：并非第一推动力——对话阿凯劳斯

由于凝聚和稀散促使热和冷首先分离开来，从而采取了火与水两种形式。

**记者：**

接着讲。

**阿凯劳斯：**

水由于热而液化，从而流向宇宙的中央，冷却后凝聚为土，也就是大地，从某种意义上讲，土就是冷却了的水，因而我说冷是土的"镣铐"。当然，这些气燃烧后就会成为火，从而形成广阔无垠的宇宙中灿烂的日月星辰。

**记者：**

我明白你的意思，你的意思是说土是气冷化后的产物，而火则是气的另一种形态。宇宙万物、日月星辰是大气燃烧的结果，而冷却的大地在冷的"镣铐"的主宰下只能静止躺在宇宙的中央，默默地存在着。

**阿凯劳斯：**

是这样。

**记者：**

不知我的理解对不对。经过你这么一分析，阿那克萨戈拉笔下那个主宰一切、推动一切的"努斯"，它的作用被你讲的冷和热的物理作用所替代。你实际上已经否定了"努斯"作为第一推动力的价值。

**阿凯劳斯：**

我没有明确这么说，但你这么理解我感觉也没有什么错。

**记者：**

你降低"努斯"的作用，我感觉是不是与你对"努斯"的理解有很大的关系。

**阿凯劳斯：**

关于"努斯"，我的理解本来就与阿那克萨戈拉有些不同。阿那克萨戈拉把"努斯"提升到神一样的地位，似乎离开"努斯"万物就不能运动似的。而在我看来，所谓"努斯"不过是一种生命力，一种人类认识世界的能力而已。一切动物都使用"努斯"，有的使用多些、敏感些，有的使用少些、迟钝些。

## 五　正确与是非均是约定俗成

记者：

听说你写过一本书，名字是《生理学》，你在这本书里提出什么新观点？

阿凯劳斯：

写这本书是为了研究人的认识的。在我看来，人的认识无所谓对与错……

记者：

什么意思？

阿凯劳斯：

一切知识都是相对的，无所谓对与错，都是约定俗成的结果。

记者：

你不承认真理的确定性？

阿凯劳斯：

可以这么说吧。

## 六　动植物并非来自外太空

记者：

关于动植物生命的由来，你的老师阿那克萨戈拉提出过一个很有趣的观点。

阿凯劳斯：

什么观点？

记者：

一些资料说你的老师阿那克萨戈拉认为，动植物生命的种子在宇宙中早就存在，雨水将这些种子冲到地面，于是就产生出各种各样的生物。

阿凯劳斯：

这个说法是错误的，我不同意。

记者：

那你认为各种动物和人是怎么产生的呢？

## 第十六章 "努斯"：并非第一推动力——对话阿凯劳斯

**阿凯劳斯：**

恩培多克勒的观点我是赞同的，各种动物和人都是在冷热混合的沼泽中产生的。

**记者：**

怎么解释？

**阿凯劳斯：**

在我看来，产生生命需要有两个东西，一个是气，一个是热。潮湿的土壤为最早的生命提供了养料，这些土壤是浓稠状、黏糊糊的，看起来和牛奶的形状相似，无非是颜色不一样而已。恰恰是这些东西为未来的生命提供了养料，久而久之就产生了无机物，慢慢就过渡到有机物，有机物慢慢发展最终产生了我们这些人。

**记者：**

你的看法看来和恩培多克勒的看法确确实实差不多，相比你老师的看法，或许你的看法更正确一点。

**阿凯劳斯：**

你老问我这个问题，我不知道你对这个问题是怎么看的？

**记者：**

我的任务是采访你，报道你的思想，关于这个问题，说句实话，我并不完全排斥你老师的看法，地球上的生命很有可能是从外星球因种种原因而来到地球上的，无非这方面的证据还不充足而已。

## 阿凯劳斯简传

阿凯劳斯（Archelaus of Athens）盛年大约在公元前450年。他是阿那克萨戈拉的学生、苏格拉底的老师。有资料说，他是伦理学的创始人。他还研究了医学。阿凯劳斯曾和苏格拉底一同作为士兵同爱利亚学派的麦里梭打过仗。他将阿那克萨戈拉哲学进行了发展，坚持"气"一元论，将"努斯"物质化并减少其作为动力因的重要性。

# 第十七章　论存在之无限性
## ——对话麦里梭

## 引子

很多哲学教科书不太重视这位主人公,即便提到也常常是在介绍巴门尼德、芝诺师徒的时候顺便提一下。但实际上,麦里梭关于"存在"与"一"的很多看法与巴门尼德并不一样。麦里梭关于"存在"的看法,让我们看到了一个无限广延、充满着物质内涵的宇宙图景。需要特别提一下的是,我们的哲学家还是一位率领萨摩斯人打败了雅典执政官伯里克利派来的强大舰队的将军,在哲学家和思想家群体中堪称奇葩。

## 一　将军型哲学家

**记者:**

普鲁塔克在他写的《伯里克利传》中,曾经说过你一度担任过你们萨摩斯城邦的海军总司令,并为城邦立下了赫赫战功,有这事吗?

**麦里梭:**

没错。我率领的萨摩斯城邦的舰队一度把伯里克利领导的雅典舰队打得一败涂地。

**记者:**

伯里克利是一位伟大的政治家和伟大的军事家,你能够打败他?我不信。

**麦里梭:**

如果你不相信,我建议你去看看历史学家修昔底德写的《伯罗奔尼撒战争史》,第一卷,第8章,那里写得清清楚楚,白纸黑字。

## 第十七章 论存在之无限性——对话麦里梭

**记者：**

那请你说一说，你是如何打败伯里克利的？

**麦里梭：**

大概情况是这样的：大约是在公元前440年，或者是在公元前441年，我们的城邦萨摩斯和米利都为争夺一个名字叫普里耶涅的地方发生了战争。

**记者：**

谁输谁赢呢？

**麦里梭：**

当然是我们赢了，米利都大败。

**记者：**

后来呢？

**麦里梭：**

在当时的希腊，雅典是一个"世界警察"。米利都战败以后，就到雅典控诉我们萨摩斯人欺负他们。在这种情况下，伯里克利派出了40条战船，控制了我们萨摩斯，并按照雅典的政治模式，建立了民主政治体制。但是，我们萨摩斯的贵族们和波斯总督订立同盟，通过招募雇佣军渡海杀回萨摩斯，推翻民主派，宣布独立。伯里克利恼羞成怒，他再次率领舰队，封锁萨摩斯海。此时我就是我们国家海军的总司令。

**记者：**

我关心的是，你是如何打败伯里克利的？

**麦里梭：**

情况是这样的：就在这关键时刻，伯里克利得到一个错误的情报，这个情报说腓尼基人要进攻他们。伯里克利为防止他们的老巢被腓尼基人攻下，就从包围我们城邦的舰队中抽调60艘战舰，派往考诺斯和卡西亚。我就是在利用伯里克利不在萨摩斯的时候，命令部队突袭雅典军营。我的士兵摧毁了雅典的守望战舰，击垮了伯里克利的残兵败将。

**记者：**

如此厉害。但是，修昔底德在他的书中，根本就没有提到你这位将军啊？

**麦里梭：**

修昔底德提没提到我，那是他的事情。历史的事实就是这样，是我率领我们的军队打垮了不可一世的伯里克利。

**记者：**

据说伯里克利最终还是打败了你们的国家，是不是？

**麦里梭：**

没错。就在我率领我们的军队打垮伯里克利不久，雅典的舰队又杀回头包围我们，苦战9个月，我们终于寡不敌众，不得不俯首称臣，交出所有的舰队。

**记者：**

如此悲惨。那你是不是就是在这次战争后离开了军队，才去爱利亚，才去向巴门尼德学习哲学的呢？

**麦里梭：**

是这样。但是，我从什么时候开始研究哲学，什么时候研究巴门尼德理论，我就回忆不起来了。

**记者：**

还有一种说法，不知道你听说过没有？

**麦里梭：**

什么说法呢？

**记者：**

你们西方有一个学者叫宇伯威格，他写过一本书，书的名字是《哲学史概论》。他在这本书里说，指挥萨摩斯的部队与伯里克利作战的，不是你，你只不过是和他同名而已。

**麦里梭：**

胡说八道，不值一驳。

## 二 存在是永恒的

**记者：**

你的老师曾经说过这样一句话，存在者既非过去存在，也非将来存在，而是

## 第十七章　论存在之无限性——对话麦里梭

存在于一个永恒的现在。在绝大多数人看来，巴门尼德的这个说法晦涩难懂。不知道你对这个说法是怎么解释的？

**麦里梭：**

关于这个问题，我曾经做过这样的论述，那就是："没有什么是过去永远存在、将来永远存在。因为，如果它曾经被生成，那么，必然地，在被生成之前它就是无；如果它是无，就绝不会有什么从无中被生成。"①

**记者：**

你的这些说法大概意思我明白，但总觉得不好理解。

**麦里梭：**

其实也很简单，我上面的话点出了两层意思。

**记者：**

哪两层意思？

**麦里梭：**

一层意思是，我的老师不承认有时间性存在，因而在他那里没有过去时、没有未来时，只有现在时。因此他说存在没有过去的存在、没有未来的存在，而只有现在的存在。

**记者：**

似乎你承认在存在这个问题上有一个时间上的概念。

**麦里梭：**

没错，在我看来，存在都是永恒的。在过去是永远存在，在现在是永远存在，在将来也永远存在。即没有开始，也没有终结，这就叫永恒。

**记者：**

第二层意思是什么呢？

**麦里梭：**

其实第二层意思和第一层意思有一定的关联性，说到底还是永恒性的问题。我是这么来论证这个问题的，你看对不对？

---

① G·S·基尔克、J·E·拉文、M·斯科菲尔德著：《前苏格拉底哲学家——原文精选的批评史》，上海华东师范大学出版社，2014年，第620—621页。

**记者：**

辩论嘛，你说吧。

**麦里梭：**

我们说一个东西是产生出来的，那么我问你在这个东西产生出来之前，有没有什么东西存在呢？

**记者：**

既然存在是产生出来的，那么在这个东西产生出来之前那自然不可能有什么东西存在。

**麦里梭：**

你说的是对的，我继续问你，如果没有任何东西存在，那会不会有新的东西产生出来呢？

**记者：**

无中不能生有，如果没有东西存在，自然也就不会有新的东西出现。从逻辑上讲应该如此。

**麦里梭：**

通过刚才我们的辩论，我们自然会得出这样的结论，万事万物不存在"产生出来"这个说法，它是永恒存在的，存在就是永恒存在，无论过去，无论现在，也无论未来。一句话，所有的存在都是永恒的。

## 三　存在是永恒的，因而也是无形体的

**记者：**

在巴门尼德看来，存在是球形的，因而它也是有限的。你似乎对巴门尼德的这个观点持一种完全不同的看法？

**麦里梭：**

正是，这是巴门尼德学说的致命伤。如果这个问题不处理好，巴门尼德主义就会面临祸起萧墙而全军覆没的危险。

**记者：**

有这么严重吗？

## 第十七章 论存在之无限性——对话麦里梭

**麦里梭：**

当然是。

**记者：**

请详细说说,让我感受感受这种危险性具体会到什么程度。

**麦里梭：**

在希腊传统的哲学观念中,只有球形才是最圆满的。圆满的东西则一定是有限的。因而无限的东西必然就是不确定的,也就是有缺陷的。

**记者：**

你的意思是说在希腊人看来,无限的东西往往是那种有缺陷的东西。

**麦里梭：**

是的。毕达哥拉斯曾经将有限与善画上等号,而将无限划到恶的一边。在这个问题上,巴门尼德深受这些传统思想的影响,他将存在比作球形,也认为存在是有限的。他没有想到,如果这么认为,将对他的存在理论构成致命的打击。

**记者：**

是吗?

**麦里梭：**

当然是。如果存在是球形的,那就证明这个存在是有体积的,也就是有长、有宽,也有高,因而就不能是一,而是多了。还有,如果存在是有限的,那就得承认它是有边界的,那么边界的外面就一定还有别的东西。如果有别的东西,那说明你这存在就是一个不完整的存在,如果没有别的东西,而是虚空存在,那说明你的存在同样也是有瑕疵的。如果我们从"存在是有限的"出发,就必须承认"多"和"虚空"的存在,也就等于承认"非存在"的存在。

**记者：**

经过你这么一分析,我感觉还真是有些问题。因为在巴门尼德那里,他是拒绝承认"非存在"存在的。

**麦里梭：**

你说的没错,巴门尼德一旦承认存在是球形的,那他必须得承认存在是有限的。而一旦他承认宇宙是有限的,他就必须承认"虚空"这个"非存在"的存在,进而就走到自己理论的反面去了。

人性的曙光：对话前苏格拉底思想家

**记者：**

我知道你的意思，那你从哪些角度来完善巴门尼德的理论的呢？

**麦里梭：**

如果我们把存在视为无形体的东西，并把存在看作是无限的，就可以避免巴门尼德主义陷入破产的危险境地。

**记者：**

你的目的就是要通过完善巴门尼德的哲学，来捍卫巴门尼德主义。我想了解一下，你是如何来证明存在是无限的？

**麦里梭：**

我的著作说得很清楚。

**记者：**

我能够看到的，都是你的著作残篇。你还是说一说吧。

**麦里梭：**

我的书大概是这么写的：既然存在不是产生的，它现在、过去和将来都永远存在，没有开端和终结，而是无限的。因为如果它是产生的，就会有开端（它必须在某个时候开始产生），也会有终结（既然它有开端，就会有终结）。但既然它没有开端也没有终结，一定是过去和将来永远存在，没有什么起点和终点。因为，除非它是整个地存在，它就不可能永远存在。

**记者：**

你能否将你的话简化一下说一说？

**麦里梭：**

当然可以。我的这段话包含两个推论：1. 非产生的就是永恒的；永恒的，所以没有开端和终结。2. 既然没有开端和终结，就是永恒的，因为是永恒的，所以无所谓产生。我正是通过这两个推论，从而证明存在是永恒的，是无始无终的，因而也是无限的。

**记者：**

请你接着讲，你是如何来证明存在是无限这个命题的？

**麦里梭：**

我的老师巴门尼德，是以存在是连续的、不可分为依据，从而证明存在是

## 第十七章　论存在之无限性——对话麦里梭

"一",不是"多"。这种证明方式很脆弱。

**记者:**

那你是从什么角度来证明存在是"一",不是"多"的呢?

**麦里梭:**

我是从无限和有限的角度来证明这个命题的。

**记者:**

建议你说得详细些。

**麦里梭:**

这个道理,其实也很明显:如果存在是无限的,那么,这个存在就是"一",而不可能是"二",也不可能是"多"。如果存在是"二"、是"多",那么,这个存在就不能无限,而是彼此相互牵制。只有当存在是"一",是唯一的情况下,它才可能独立地存在,而不被别的事物所限制。

**记者:**

你的这段话,从逻辑学的角度来看,都是一个假言推理套着一个假言推理,归纳起来似乎是这样的意思:只有承认存在是无限的,这个存在才可能是唯一的。反之,这个存在不是无限的,而是有限的,那么它就不可能是唯一的。不知我的归纳对不对?

**麦里梭:**

你的归纳是对的。一句话,唯一的存在只能是无限的,唯有存在是无限的,它才可能是"一",而不是"多",就是这个意思。

**记者:**

我看过你的老师巴门尼德留下的一些残篇,他认为只有有限的东西才是完美的,而无限的东西则是有瑕疵的、是有缺陷的。你对此如何评价?

**麦里梭:**

这个问题,我早就说过了。我的看法和我的老师完全相反。我认为,只有无限的东西才是完美的,只有无限才是伟大的,只有无限才没有缺陷。

## 四　只有不变的存在才是真实的

**记者：**

你时时处处都强调世界是"一",而不是"多"。但实际上,我们所看到的、听到的、闻到的,似乎并非如此。

**麦里梭：**

接着说。

**记者：**

这个世界,有的物质是由土所构成,有的是由水构成,有的是由气所构成,有的是由火所构成,有的物质是由金所构成。有的物质是鲜活无比的动物,有的是死气沉沉的枯枝烂叶,有的是黑不溜秋的石头……如果说这些东西都是存在的话,显然与你说世界是"一"的观点不相吻合。

**麦里梭：**

如果说看到的、摸到的……都是真实存在的话,那确实说明世界的本质就不是"一",而是"多"。你的这种感觉必然与我的观点相冲突。但是我要告诉你,你所感觉到的一切,都不是真的。真正的存在是你我所感觉不出来的。

**记者：**

你的意思难道是说:我们普通人平时所感觉到的冷变热、热变冷、硬变软、软变硬、大变小、小变大、死变活、活变死……都是某种假象?

**麦里梭：**

没错,真正的存在是你我这些普通的生物所感知不出来的,真正的存在是看不见的。我们所看得见、摸得着的东西,都是表象,都是主观的,都是不真实的。

**记者：**

明明我看见,你说是不存在;明明我看不见,你却说那才是真实的存在,岂不是很荒唐吗?

**麦里梭：**

一点都不荒唐,那才是世界的本来面目。如果你说荒唐,那我只能说,荒唐本是世界的真面目。

## 五　存在是最幸福的

**记者：**

看你的残篇，我时常有一种怪怪的感觉。

**麦里梭：**

什么感觉？

**记者：**

我感到，似乎在你的意识中，存在就如人、动物一样，不仅有生命，还具有感觉，乃至有喜怒哀乐。

**麦里梭：**

你能感觉出来？

**记者：**

是的。你说："它既不会消失，也不会增大或变更排列的秩序，它也不感到痛苦或悲伤。因为如果它有这些感受，它就不再是一了。"你说："它也不感到痛苦；如果它痛苦，它就不是完全的存在了；因为一个感到痛苦的东西就不能永远存在。它也没有和健康的东西同样的力量。如果它痛苦，它就不是同一的；因为它感到痛苦就是增加或减少了某些东西，从而便不再是同一了。"你说："健康的东西不会感到痛苦，因为否则健康——即存在的东西——便会消失，而非存在却会产生。"[①]你还说……

**麦里梭：**

你不用说了，我知道你想表达什么？明确告诉你，巴门尼德用的"圆满"、"完美"、"无缺陷"并不足以概括出存在的本质特性，存在并非一个如一般物质性物体的存在，而是存在着与人和其他生物一样的情感。

**记者：**

具体是一种什么样的情感呢？

---

① 转引自汪子嵩等著：《希腊哲学史》，第1卷，第628页。

**麦里梭：**

作为一种无限的存在，同样也是一种幸福的实体，对它来说，没有烦劳，没有痛苦，总之，所有的一切，尽是满满的幸福与快乐。

## 六 "存在"就是活的宇宙

**记者：**

你之前的毕达哥拉斯说数是万物的本原，他的意思是说所有事物都是由众多的数即"1"所构成，你要知道每一个"1"都是一个独立的存在，"1"与"1"之间也是彼此不同的，如果我们把这个"1"比喻成为一个乒乓球的话，不同的乒乓球之间必然存在大大小小的空隙，毕达哥拉斯把这些空隙命名为"空虚"。当我们遥望苍茫的夜空，我们也会发现天空中，除了那些闪烁其间的星星外，也存在着大片的虚空。

**麦里梭：**

你想问什么？

**记者：**

据说你断然否定"空虚"的存在，为什么？

**麦里梭：**

如果我们承认"空虚"的存在，那么存在必然往这些虚空的地方发生位移，久而久之，"空虚"就会被存在所填满。正如一滴油滴到一碗水上，时间长一些，油就会均匀地分布于水面之上。

**记者：**

从理论上似乎是这样。

**麦里梭：**

但问题是，存在是永远不移动的，因此，也就不可能有"空虚"存在的可能性。

**记者：**

那我问你，存在到底是由什么成分所组成的呢？

**麦里梭：**

其间充满着连续性的物质啊，而且是呈现无限性的扩张。

## 第十七章 论存在之无限性——对话麦里梭

**记者：**

如此说来，你说的存在就是一张呈现无限延展的物质之网，我总感觉你心目中的存在，与许多当代科学家描绘出来的宇宙大同小异。

**麦里梭：**

是吗？

**记者：**

是的。你还说，存在还具有与人一样的情感，似乎它也能感受到喜怒哀乐，莫非宇宙与我们人类一样，都是活的吗？

**麦里梭：**

或许是吧。我知道你也是持这个观点。

---

# 麦里梭简传

麦里梭（Melissus，鼎盛年约公元前442年—前440年），生于爱琴海中的萨摩斯岛。他是古希腊哲学家，属于爱利亚学派，著有《实在论》，他与芝诺一样，对老师巴门尼德的存在论进行了逻辑论证，认为感性事物的运动与众多并不会影响"存在"本身的不动不变和自身同一。在哲学上麦里梭的主要贡献是对"存在"的性质进行了正面论证，并且修改了其老师巴门尼德关于存在有限和存在有体积的观点。麦里梭的思想的另一特色是否认虚空的存在，并以此为前提证明存在的不动性。作为萨摩斯的海军司令，麦里梭曾指挥舰队粉碎雅典伯里克利率领的舰队。因此，他被称为将军型哲学家。

# 第十八章　气是物质性与精神性的统一体
## ——对话第欧根尼

## 引子

一提到第欧根尼，人们就会想到犬儒学派的那个代表人物，但笔者本次与之对话的不是此第欧根尼，而是另外一个第欧根尼。我们的主人公是血液循环理论的最早提出者，他也是最早通过观察舌苔的颜色来给病人治病的医生。当然，驱使笔者与之对话的最大动因是他在世界本原问题上所提出的独到见解。笔者在拙著《宇宙是活的》中提出了"智子假说"，其中的"智子"就是一种不仅具有物质性而且具有精神性甚至是智慧性的粒子，原本以为自己的观点是独创，但通过研究第欧根尼的著作残片，才发现自己也是炒了别人的冷饭，早在公元前好几百年，第欧根尼就提出了类似的观点。

## 一　住在木桶里的人不是我

**记者：**
一提到第欧根尼这个名字，我就会想起犬儒学派，就会想起你在其中长期居住而作为家的那个木桶。

**第欧根尼：**
我听不懂你在说什么，请你说得详细一点。

**记者：**
很多哲学史书籍都说你第欧根尼是一个哲学流派，名字叫作犬儒学派的代表性人物。这些书还说，你是一个登峰造极的禁欲主义者，主张人要像狗一样生活。

## 第十八章　气是物质性与精神性的统一体——对话第欧根尼

**第欧根尼：**

如果你说的这个人，名字也叫第欧根尼的话，那我只能告诉你那个睡在木桶里的人不是我，只是跟我同名而已。请你去认真查阅一下，我也从没有听说过这个人。像狗一样活着，那还叫作人吗？

**记者：**

奇了怪啦。一些书上说得是有鼻子有眼，说你第欧根尼大约是生活在公元前400年到公元前325年。

**第欧根尼：**

那你肯定是弄错了。我的出生年龄要早于这个时间段，我与阿那克萨戈拉是同时代人，与我的老师阿那克西美尼也是同时代人。很显然，我们这些人的出生年龄，要比你说的这个第欧根尼早几十年，甚至一百多年。

**记者：**

明白了。可能是我真的弄错了，我经常想起的那个第欧根尼，全称是锡诺帕的第欧根尼（Diogenes of Sinopeus），而你的名字的全称是"阿波罗尼亚的第欧根尼"（Diogenes of Apollonia）。完全不同的两个人。那个第欧根尼出生于锡诺帕，显然与你的祖籍地不一样。

**第欧根尼：**

我的祖籍地阿波罗尼亚，黑海边上由米利都人建立起来的一个小殖民地。我明确告诉你，那个住在木桶里的人不是我，那个人是个禁欲主义者，而我是个自然哲学家。我们的观点和主张，完全是两回事。

**记者：**

明白，我弄错了。在古希腊，名字叫第欧根尼的人很多，有一位传记作家，也叫这个名字，还有很多。

**第欧根尼：**

是的。

## 二 作为物质性与精神性统一体的气

**记者：**

通过看你的著作残篇，我有这样的感觉。

**第欧根尼：**

什么感觉？请你讲一讲。

**记者：**

我发现你在阐述世界本原的过程中，总喜欢从生命科学的角度出发来说明。似乎你所说的作为自然的本质的那个"气"，好像是一种活的东西，而且还富有智慧。不知道我的感觉对不对？

**第欧根尼：**

你的感觉是对的。关于构成世界的本原是"气"这个说法，阿凯劳斯说过，阿那克西美尼也说过。但是，对于这种"气"到底是什么？那真是公说公有理，婆说婆有理，一百人有一百种的说法。

**记者：**

愿闻其详。

**第欧根尼：**

阿那克西美尼说，"气"是一种纯粹物质性的东西，与精神无关。阿凯劳斯将"气"和"奴斯"并列起来，至于它们之间到底是一种什么关系，他也没有说清楚。

**记者：**

那你的观点是什么呢？

**第欧根尼：**

我的观点非常明确。我的观点是，作为世界本原的"气"不仅具有物质性，还具有精神性，它和人、动物同样具有灵魂和理智、智慧。

**记者：**

那根据你的解释，你所讲的"气"就和日常的生命体没有什么两样：它们不仅具有物质性的肉体，还同样具有精神性的智慧。

## 第十八章 气是物质性与精神性的统一体——对话第欧根尼

**第欧根尼：**

你说的没错。在我们周围，只要你很好地观察一下，你就会发现人是通过呼吸而得以存活下来，其他动物也是通过呼吸而得以存活下来，万事万物都是如此，离开了气，就会死亡。所以，我说构成世界的那个本原"气"本身就是活的东西，它不仅是物质性的东西，也是具有精神性的东西。

**记者：**

听到你的这个观点我觉得很亲切。

**第欧根尼：**

什么意思呢？

**记者：**

本人曾经出版过一本书，书的名字叫《宇宙是活的》。

**第欧根尼：**

你的观点是什么呢？

**记者：**

我在这本书里提出，无论是构成世界的最小的粒子，还是作为整个宇宙本身，都是一种活体，不仅具有物质性，还同时具有精神性。这些构成世界本原的东西，甚至和人一样，还具有高度发达的智慧。我把那些构成世界本原的东西，定义为"智慧之子"，简称"智子"。

**第欧根尼：**

听你这么说，感觉我们的观点非常相近。

## 三 气是万物的尺度

**记者：**

普罗泰戈拉说"人是万物的尺度"，你说"气是万物的尺度"。我想知道你提出的"气是万物的尺度"，是从什么方面来讲的呢？

**第欧根尼：**

我所讲的构成世界本质的"气"是一种永恒不变的东西，它不仅是物质的，是人和动物呼吸的气，而且还带有精神性，是人和动物的灵魂和理智，是物质性和精神性的统一。你把这个东西定义为"智慧之子",我觉得非常形象,在这一点上,我们两个人没有什么不同。我之所以指出"气是万物的尺度",主要是从这样几个方面来讲的。

**记者:**

哪几个方面?

**第欧根尼:**

每一个事物都有"气",不过,有的事物拥有"气"的程度比较高,有的比较低。这是第一层。第二层意思是,"气"作为精神性的本原,不仅是人和生物的灵魂和生命的本原,而且是智慧的本原。通俗点讲,就是说"气"是生命的本质,也是智慧的本质。也正因此,人才能运用自己的智慧,将万物区别开来,将冬天和夏天区分开来,将日和夜区分开来。

**记者:**

还有吗?

**第欧根尼:**

当然有了。我之所以说"气是万物的尺度",还包括这样一层意思,那就是,"气"支配所有万事万物,它的能力超越人,也超越万物,它以自己最好的方式,来安排天地万物。简言之,我们所讲的那个具有物质性与精神性统一体的"气",是世界的支配者,它相当于人们经常说的"神"。

## 四 感觉来源于气

**记者:**

你的观点非常明确,万物的本原是气,认知的对象是气,认知的主体是气。那我想了解一下,这些"气"是如何形成人的感觉的呢?

**第欧根尼:**

这个问题问得好。所有感觉都是由感官中的"气"和感官外的"气"相互作用、相互融合而形成的。

**记者:**

愿闻其详,这种说法我第一次听说。

## 第十八章　气是物质性与精神性的统一体——对话第欧根尼

**第欧根尼：**

人的嗅觉是从大脑周围的气中产生的。当耳朵以内的气，被外部的气推动时，人的听觉就产生了，并传到大脑。当事物在瞳孔上反应时，就产生了视觉印象，它和眼中的气结合，便产生了感觉。

**记者：**

你说这些，你做过详细的论证没有？还是凭空想象？

**第欧根尼：**

我当然有详细的论证。如果眼中的血管发炎，虽然反应还像以前一样确实存在，但因它没有和眼中的气结合，所以就没有视觉。味觉是舌头和温柔的东西结合而产生的。关于触觉，无论是它的本性，还是它的对象，都是由身体和气结合而产生的。嗅觉对于那些在大脑中含气最少的人，是最敏感的。因为它们是最快地混合起来产生的。此外，如果一个人通过一个狭而长的管道呼吸空气，他的嗅觉就会迟钝。因为，有些动物的嗅觉比人还要灵敏。但如果说到在结合中，嗅觉和气的均匀，则只有人的嗅觉是最完善的。在感知中的气，作为人的一小部分，可以用这个事实来证明：即当我们全神贯注别的事物时，我们既看不见也不听不见了。

**记者：**

你说的这些东西，看似头头是道，其实，都是你的想象，并没有什么实验性的证明。

**第欧根尼：**

如果你是这么看的，你就这么看吧。总之，在我看来，器官内外的气的结合，是各种感觉产生的根本原因。

## 五　思想与气

**记者：**

你的理论我明白了，你是想用"气"来解释万事万物。似乎人的感觉、思想、情感好像都是由"气"产生的。

**第欧根尼：**

没错。刚才我们谈的是感觉，现在我们来谈谈人的情感和人的思想。在我看来，人的很多情感，例如痛苦与快乐，都是与"气"有关。

**记者：**

从何谈起呢？

**第欧根尼：**

痛苦与快乐是这样产生的：当"气"以一定的量和血混合，使它轻松、合乎自然，贯通整个身体，就会产生快乐的情感。反之，当"气"违反自然，不同血混合，血就凝滞了，血就会变得浓稠，于是，也就会产生痛苦的情感。同样，信心、健康以及各种痛苦、烦恼的事情，也都是由"气"所产生的。

**记者：**

你刚才说人的很多理智和思想也与"气"有关？

**第欧根尼：**

当然是了。我早就说过，以前有一位医学家阿尔克迈翁说过，人的大脑是感知和思考的中枢器官，原因在于，血液在血管中运行，将"气"贯通全身，而血管都是发端于大脑。所以，在我看来，思想也就是我们储存在我们大脑中的"气"的那种功能。

**记者：**

希望你能够自圆其说。

**第欧根尼：**

当然。在人体中，大脑是最强有力的。因为，在正常的情况下，大脑是我们对于通过"气"而进来的各种事物的说明者，而且"气"产生了理智。人的眼睛、耳朵、手以及脚要做什么事情，都由大脑来决定。在整个身体中，虽然各部分都有"气"，但只有大脑那里才有理智，只有大脑才是理性的传导者。

**记者：**

原因呢？

**第欧根尼：**

原因非常明显。当人呼吸时，吸进来的"气"，最先到达大脑，然后，"气"散布到身体的其他部位。所有"气"的最精华的部分最后也都留在了大脑，从而形成理智，主导人做出各种判断。

## 第十八章　气是物质性与精神性的统一体——对话第欧根尼

**记者：**

你的这些观点,我听得很费劲。不过,你之后的很多医学家对此还是比较认同的。

**第欧根尼：**

都有谁?

**记者：**

"医学之父"希波克拉底。希波克拉底说:"我主张脑在人身体中能力最大。……因为脑,如果它是健康的,它就是从气所产生的事物的说明者,是气提供了理智。"① 希波克拉底的说法,很显然,和你的观点非常一致。由此可见,你对他思想的影响,是很巨大的。

**第欧根尼：**

不管别人怎么说,在我这里,我都能够用"气"来解释一切。思想最复杂,但在我这里,也特别能够说明。

**记者：**

希望你能够用"气"的原理,来解释思想的根源。

**第欧根尼：**

可以。在我看来,思想是由纯洁和干燥的"气"所产生的。潮湿的"气",会阻碍理智,因而,人在睡眠、醉酒、暴食暴饮的时候,大脑就会停止思考,思想就会消失。

**记者：**

你的意思是说,潮湿的气体会使理智丧失?

**第欧根尼：**

没错。很多动物的器官靠近地面太近,它们呼吸的气体都是潮湿的气体,因此,它们的智力都非常低下。很多植物根本没有孔道,不能吸气,所以完全没有理智,更谈不上思想。

**记者：**

"自以为是"就是真理,自圆其说就是体系。我虽然不同意你的很多看法,但

---

① 汪子嵩等著:《希腊哲学史》,第1卷,第817页。

是，我还是欣赏你的自圆其说。

**第欧根尼：**

谢谢！

## 六　气与自然

**记者：**

你说"气"是万物的本原，并支配万物，那说明"气"肯定也是自然的本原。

**第欧根尼：**

那还用说吗？

**记者：**

请详细说说。

**第欧根尼：**

阿那克萨戈拉说宇宙万物最初是混聚在一起的，静止不动，宇宙的运动是借助于努斯的强力推动才得以实现。

**记者：**

我印象中，阿那克萨戈拉是这么说的。

**第欧根尼：**

但是，阿那克萨戈拉的说法是不对的。

**记者：**

怎么讲？

**第欧根尼：**

我已说过，"气"本身就是能动的，无须外力推动就能运动起来。因此，在"气"的推动之下，宇宙万物处于永恒的运动之中。

**记者：**

我关心的是：大地是如何形成的？太阳是如何形成？彗星是如何形成？请你说清楚。

**第欧根尼：**

在"气"的驱动之下，宇宙全体处于不停的运动之中，在一些地方变得浓稠，

## 第十八章　气是物质性与精神性的统一体——对话第欧根尼

在一些地方变得稀薄，浓稠的地方事物逐渐聚集，越来越重，最终形成大地。而最轻的部分则位于上部，而形成太阳。其他的天体和万物都依照相似的原理得以形成。

**记者：**

那其他天体是如何形成的呢？

**第欧根尼：**

道理基本差不多。

**记者：**

怎讲呢？

**第欧根尼：**

各种天体依然是由"气"的浓缩和稀散而形成，天体就是那些燃烧的石块，通常也是宇宙和世界的通气孔。在这些天体的周围，还有众多看不到的石块，数量极大，数不胜数，以致人们至今也无法给这些石头命名。

**记者：**

今天人们把这些物质称之为"暗物质"。

**第欧根尼：**

是这样？这些天体，也就是那些燃烧的石头，经常会坠落到地上，陨石就是其残骸。

**记者：**

你的这些解释挺特别，不管对与不对，总比那些简单诉诸神灵意志的解释要进步得多。

**第欧根尼：**

谢谢你的褒奖。不管别人怎么讲，我都能自圆其说。我还曾经用我的理论对磁铁原理和海水的形成进行了解释，可惜一时想不起来了。

## 七　到底哪一性才是第一位的

**记者：**

你提出"气"是物质性和精神性的统一，你的意图很明显，你就是想调和物

## 人性的曙光：对话前苏格拉底思想家

质和意识这二者的矛盾。

**第欧根尼：**

你说的没错。

**记者：**

但是，你必须明白无论是物质性还是精神性，它都不是均衡的，它都有主有次。也就是说，在你所讲的作为物质性和精神性统一体的"气"中，到底是物质性是第一位的还是精神性的东西是第一位的呢？

**第欧根尼：**

在我回答这个问题之前我想问问你说怎么评价的，你写过相关的专著，一定有自己的看法。

**记者：**

你在论述"气"时主要还是看它的物理功能，你说"气"和理智具有许多存在的样式，在你举出来的例子中还是热一点、冷一点、湿一点、干一点、静一点、动一点，很显然这些都属于物理性的存在样式。你在谈到"气"作为万物的尺度时，你所区分的还是冬和夏、日和夜、下雨、刮风、晴天、阴天，这些也通通都是物质性的存在。还有，在你研究认识论的片段中，你认为动物和人呼出的"气"就是具有生命性的灵魂，也就是说有认知能力的理智；呼吸的"气"越纯净，认知能力也越高；而潮湿的不纯净的"气"会阻止认知能力。你还说在地面匍匐行走的动物所呼吸的"气"远不如人所呼吸的"气"那么纯净、清新，它们又吃黏湿浑浊的食物，所以认知能力比人要差得多。你还说，人的感觉能力依赖于身体中"气"的温度，有很大的相对性。身体状况不同，感觉的能力和状况也不同。很显然，在你说的"气"中，那种具有如纯净、清新、黏湿、不纯洁等的一些特征都属于物理学的特征，也就是说，通过你的这些残篇，不难看出，你还是把物质性放到决定事物本质的第一位的特征上去，这就是我的感觉。

**第欧根尼：**

说句实话，我对这个问题没有进行过认真的思考，你有你的看法，我有我的看法，我没法用简短的语言来回答你的问题。

## 八　最早的血液循环论

**记者：**

一些资料说，你是一个著名的医生，尤其是在解剖学方面，很有造诣。

**第欧根尼：**

是的。我解剖过许多动物和因各种原因而死亡的人。

**记者：**

一些资料说，你是最早的血液循环理论的提出者。

**第欧根尼：**

好多人都这么说，其实到底是不是我也不知道。

**记者：**

据说你还曾经绘制过人的血管分布图？

**第欧根尼：**

是的，通过解剖动物和人，我发现血管分布在全身，有左和右两根血管系统。我于是描绘出人的血管分布图。

**记者：**

你的解剖学研究和你的哲学研究，有没有什么联系？

**第欧根尼：**

当然有了。通过解剖学研究，我发现，血液中所含的气，通过血管流往人的各个部位，为动物和人提供生命力和理智。一旦含气的血离开了血管，动物和人也就死亡了。从而也就证明了我所讲的"气是万事万物的本原"的基本观点，跟我的哲学并不矛盾。

**记者：**

看来作为一个医生，对搞哲学研究是有帮助的。

**第欧根尼：**

当然是了。任何一个扎扎实实的科学研究，都会对哲学研究有所帮助。同样，哲学研究也倒过来帮助我们进行具体的科学研究。

人性的曙光：对话前苏格拉底思想家

**记者：**

那你在医学方面还有哪些值得一提的发现呢？

**第欧根尼：**

当然有了。在给病人看病的过程中，我发现不同病人的舌苔的颜色是不同的，因此，我们就可以通过舌苔的颜色和血液以及他的体液来诊断他的病情，并采取相应的治疗措施。我发现，这也是一个屡试不爽的办法。

## 九　让别人说去吧！

**记者：**

你认为"气"是世界的本原，对你的这个观点，有的人非常欣赏，推崇备至，但也有人不以为然。

**第欧根尼：**

你说的没错，在我们那个时候，就有很多人对我的观点予以冷嘲热讽。

**记者：**

是吗？

**第欧根尼：**

阿里斯托芬在我们那个时候，就是一位著名的戏剧作家，他创作过一部戏剧，名曰《云》。他在他的剧本里说有一位名字叫苏格拉底的人为了呼吸新鲜的空气以获得理智和灵感，就住到吊篮里升腾到高空。

**记者：**

很明显他说的是苏格拉底，他没有说你啊。

**第欧根尼：**

连三岁小孩子都知道，苏格拉底从来没有说过类似的观点，而我的观点是尽人皆知，很显然他冷嘲热讽的是我而不是苏格拉底。这是典型的指桑骂槐，最起码是含沙射影吧。

**记者：**

无独有偶，公元前4世纪另一位戏剧作家，叫菲勒门，他也在他的戏剧中公开对你进行了嘲讽。

## 第十八章　气是物质性与精神性的统一体——对话第欧根尼

**第欧根尼：**

说说看。

**记者：**

这位菲勒门先生模仿你的思想，阴阳怪气地说："我就是'气'，人们也可以将我叫作宙斯。我像神一样，无处不在——在雅典，在帕塔拉，在西西里，在所有的城邦，在所有的家庭，在你们每一个人之中。没有一个地方没有'气'。他（气）到处出现，因为在每一个地方他都必然地知道每一件东西。"[1]对这些冷嘲热讽你是如何评论的呢？

**第欧根尼：**

别人如何评论我和我的理论，这是别人的自由，我只能说：让别人说去吧！

## 阿波罗尼亚的第欧根尼简传

阿波罗尼亚的第欧根尼（Diogenes of Apollonia，活跃时期是在公元前440年—前423年），是一个土生土长的米利都殖民地阿波罗尼亚人。他是古希腊自然哲学家，与阿那克萨戈拉是同时代人，阿那克西美尼是他的老师。他相信空气是世界的本原，是一种原始的力量，所有其他的物质都是由它衍生的冷凝和稀疏。据说他相信有无限多的世界和无限的空间；空气稀薄，致密，产生不同的世界。第欧根尼的主要著作有《论自然》《气象学》《论人的本性》等。

---

[1] 汪子嵩等著：《希腊哲学史》，第1卷，第819—820页。

# 第十九章　论感觉与思想
## ——对话阿尔克迈翁

## 引子

我们的主人公阿尔克迈翁从未对"数"的问题进行过系统研究,但很多人还是把他视为毕达哥拉斯学派的成员之一。阿尔克迈翁的哲学很难形成什么体系,但其关于感觉与思想之间关系的论点,还是值得关注的。毕竟在众多的哲学家中,能够从医学的角度对人类的感觉进行临床研究的,阿尔克迈翁还是最早的一批人。

## 一　我不在乎属于什么学派

**记者:**

很多研究你的学者,说你是毕达哥拉斯的学生,说你的学说属于毕达哥拉斯学派。

**阿尔克迈翁:**

是谁说的这个话?

**记者:**

比如你以后的哲学史家第欧根尼·拉尔修在他的《名哲言行录》中就是这么说的。

**阿尔克迈翁:**

那是不是还有不同的说法呢?

**记者:**

根据我所看过的资料,说你并不属于毕达哥拉斯学派的人,倒是占多数。

## 第十九章 论感觉与思想——对话阿尔克迈翁

**阿尔克迈翁：**

谁说的呢？

**记者：**

亚里士多德在他的《形而上学》中，就说你所代表的思想与毕达哥拉斯学派属于两个不同的学派。再后来，一个叫策勒的哲学家也是这么说的。策勒在他的《苏格拉底以前的学派》中说，他翻遍了你的理论，也没有发现你对"数"有什么研究，而毕达哥拉斯的灵魂就是"数"。既然在这个核心点上你们之间没有交集，就足以说明不能把你列入毕达哥拉斯学派。

**阿尔克迈翁：**

不管他们怎么说，我与毕达哥拉斯是亲戚，我们彼此之间经常交流思想。这是一个不争的事实。至于你说我是属于毕达哥拉斯学派，还是属于其他什么别学派，我不在乎。

## 二 思想和感觉是不同的

**记者：**

有人说，在古希腊那些有文化的人中，你是最早对人的感觉器官进行解剖，并对感觉的来源以及感觉和理性认识之间关系进行研究的人。

**阿尔克迈翁：**

或许是吧。在我们之前，很少有人对人体和动物尸体进行解剖。我是个医生，所以我在这方面做的工作或许比别人早了些。

**记者：**

通过研究，你的结论是什么呢？

**阿尔克迈翁：**

通过研究，我发现人的各种感觉跟人的某些器官是挂钩的。比如说：听觉是通过耳朵实现的，在那里有空间会发生共鸣，因而产生了听觉；声音是在耳腔中发生，气发生回音；人的嗅觉是通过鼻子嗅东西来实现的，在呼吸活动中将气味吸入大脑，从而产生嗅觉；味觉是用舌头来辨别的，舌头的肉能融化对象，由于舌头多孔而敏感的结构，它接受并传递了多种的味道；眼球通过围绕它的水看东西，眼球中显然包含了火，火受冲击就闪闪发光，眼睛通过亮的和透明的元素看东西，后者能反应影像，这个元素越纯，看的事物就越清楚。

**记者：**

那这些感觉如何集中起来形成系统化的图像呢？

**阿尔克迈翁：**

所有这些感觉都以某种方式和人的大脑连接起来，进而大脑通过把这些感觉予以汇总，从而形成了人对外界事物的整体印象。如果人的大脑受到干扰或者破坏，这些感觉就传送不到大脑里面来，人就不可能对外界事物形成一个全面而正确的印象。

**记者：**

是不是所有的动物都有感觉能力？

**阿尔克迈翁：**

是的，人能感觉周边的事物，动物也能感觉周边的事物。

**记者：**

你是说人和动物在感觉周边事物方面是相同的？

**阿尔克迈翁：**

没错，但是人除了能感觉外部世界以外，还能进行思想。相反，很多动物仅仅是被动地感知外面的事物而无法形成理性的思想，这就是人和动物的区别。

## 三　灵魂是永恒运动的

**记者：**

大凡是哲学家，对灵魂问题都必须进行研究，德谟克利特如此，泰勒斯如此，赫拉克利特如此，阿那克萨戈拉也如此，我相信你也会对此进行研究的。

**阿尔克迈翁：**

没错。我想知道，你提到的这些人，他们对灵魂问题的看法是什么？你是否了解？

**记者：**

在这些哲学家看来，灵魂是不朽的，灵魂之所以不朽，是因为灵魂不停地运动着。既是不朽,因而也是神圣的,月亮、太阳、行星以及整个天体都是如此。

**阿尔克迈翁:**

你的意思是说,在这些哲学家看来,人类的灵魂,与月亮、太阳、行星以及整个天体一样,都是永恒运动的,都是不朽的。那这些人是如何区分有灵魂的事物和没有灵魂的事物的呢?

**记者:**

我的研究可能不全面。但感觉是,在这些人看来,有灵魂的物体和没有灵魂的物体的区别是,有灵魂的事物能够运动,能够感知外在的事物。而没有灵魂的物体则不能运动,不能感知外在的事物。你已经通过我了解了别人的看法,该说你的观点了。

**阿尔克迈翁:**

我没有自己的观点。你刚才所提到的,就是我的观点。

**记者:**

你的意思是说,你完全同意我刚才提到的几位哲学家关于灵魂问题的看法?

**阿尔克迈翁:**

是的。灵魂是处在永恒运动中的物体,灵魂是不朽的。它和月亮、太阳、行星以及整个天体是相同的,最起码说是相似的。

**记者:**

那在你看来,灵魂到底是属于没有形体的纯粹属于精神性的东西,还是属于具有某种物质性的东西,还是属于如赫拉克利特笔下那个精致的"原子"呢?

**阿尔克迈翁:**

这个问题,我研究不透,研究不深,你问别人去吧。

## 四　人生是循环的

**记者:**

看你的著作残篇,有一句话觉得很新鲜。

**阿尔克迈翁:**

你说的是哪一句话?

人性的曙光：对话前苏格拉底思想家

记者：

就是那句"人生是循环的"。

阿尔克迈翁：

这句话不是我讲的，这是社会上流传的一句俗语，我只是认同这个观点而已。

记者：

那你为什么同意"人生是循环的"这个说法呢？难道你的人生是循环的，我的人生也是循环的？

阿尔克迈翁：

当然是了。巴比伦的天文学家说过，天体、星球都是圆形的循环体，天上的循环是地上循环的原因。

记者：

你是说，宇宙万物、日月星辰都是循环的，因而地上万物如动物、植物也都是循环的。你于是得出一个结论，人的生命也是循环的。

阿尔克迈翁：

是的。一切生命都是循环的，死亡不过是这个循环的中断而已。

记者：

那一旦死亡出现，是不是整个万物的循环链条就彻底中断了呢？

阿尔克迈翁：

并非如此。就个体来说，它是有生有灭的。但作为一个"属"和整体而言，一个个体死亡了，又有另一个个体产生；一株植物死亡了，它的种子又会产生新的植物。因此，从总体上来说，万物继续存在。

记者：

你的意思是说，虽然因死亡经常导致循环链条的中断，但从总体上来看，它还是会继续循环下去的。

阿尔克迈翁：

正是。

# 第十九章　论感觉与思想——对话阿尔克迈翁

## 阿尔克迈翁简传

阿尔克迈翁生于克罗顿，通常被称为克罗顿的阿尔克迈翁（Alcmaeon of Croton）。其生卒年不详，大致生活在公元前4世纪，是前苏格拉底时期唯一有医学著作留传下来的医生，被部分学者誉为"解剖学之父""生理学之父""胚胎学之父""心理学之父""卫生学之父""妇科学之父"，甚至"医学之父"。古罗马时期医学家盖伦两次提到了阿尔克迈翁的著作《论自然》(On Nature)，但可惜这部著作没有能够流传下来。同毕达哥拉斯一样，阿尔克迈翁非常强调对立性，因而被认为是一个毕达哥拉斯主义者。他认为，"人体大多数事物都是成对出现的"。他第一次提出了"同律"（Isonomia）的概念，认为人体内的各种对立因素需要实现一种平衡，这样才能保持健康。当某种因素占据主导即成主宰时，就会导致各种疾病。

# 第二十章 "人是万物的尺度"
## ——对话普罗泰戈拉

## 引子

提起普罗泰戈拉这个名字，除了专事古希腊哲学研究的人外，恐怕没有几个人知道。但如果提起"人是万物的尺度"这句名言，那即便是普通的大学生也都会知道。这句名言就是普罗泰戈拉说的。

普罗泰戈拉深受哲学家赫拉克利特的影响，他相信每个人的感觉都是可靠的，人人都可以根据各自的感觉来做出各自不同的判断，"知识就是感觉"与"人是万物的尺度"便是他提出的标志性哲学命题。

## 一 或是德谟克利特的学生

**记者：**

关于你的出生，说法可谓是多种多样，五花八门。

**普罗塔戈拉：**

说来听听，我来判断一下哪种说法最靠谱。

**记者：**

一种说法是所谓的"菲洛特拉图版"。

**普罗塔戈拉：**

此人是什么人？

**记者：**

一位出身名门的哲学家，生于公元170年，卒于公元249年，他曾经担任过叙利亚王朝女皇的教师，他的家族曾经获得过元老院元老资格。

## 第二十章 "人是万物的尺度"——对话普罗泰戈拉

**普罗塔戈拉：**

此君如何介绍我的出生？

**记者：**

菲洛特拉图说你是你的家乡阿布德拉最富有的公民的儿子，他还说，约在公元前480年波斯王薛西斯（Xerxes）攻占阿布德拉时，你还是个乳臭未干的孩童，你的父亲梅昂德里奥斯殷勤接待这位外来征服者，薛西斯龙颜大悦，他命令他的占星术士教育你，你也因此早早就成了一个很有学识的人了。

**普罗塔戈拉：**

这是一个版本，还有什么版本？

**记者：**

那就是人所共知的"第欧根尼·拉尔修版"。

**普罗塔戈拉：**

说来听听。

**记者：**

此版本说你是原子论者德谟克利特的学生。

**普罗塔戈拉：**

还有什么说法？

**记者：**

哲学家伊壁鸠鲁说，德谟克利特之所以愿意接受你为学生，原因在于你是一个称职的"搬运工"，在工地上干活的时候，捆扎起木料来，你比别人要快得多。亚里士多德说你曾经发明了一种搬运工扛木头用的垫肩。也有一种说法说德谟克利特让你做他的秘书。当然也有人甚至说……

**普罗塔戈拉：**

这些人甚至说什么呢？

**记者：**

你们西方一位学者——名字叫阿波罗多鲁斯说，德谟克利特的出生时间远在你之后，你在公元前492年，而德谟克利特则在公元前460年[①]，也就是说德谟克

---

[①] [法]吉尔伯特·罗梅耶－德尔贝：《论智者》，李成季译，人民出版社，2013年，第11页。

利特竟然比你年轻三十多岁，如此一来，德谟克利特不仅不是你的老师，而是你的小晚辈。还有人……

**普罗塔戈拉：**

你不用再介绍了，这些说法都不靠谱，我没有干过"搬运工"，我只是一个哲学家，一个被好多人说成是"智者"的哲学家。我对德谟克利特的学说很熟悉，但我不是他的学生，当然更不是他的老祖宗。仅此而已。

## 二　图里乌姆宪法

**记者：**

你这人人缘很好，不管怎么说，德谟克利特也是你的朋友。据说你还是伯里克利的家中常客，伯里克利可不是一般人啦。

**普罗塔戈拉：**

伯里克利是一位了不起的政治家，我与他确实是无所不谈的朋友。

**记者：**

听说你们经常是整天整夜地讨论司法问题？

**普罗塔戈拉：**

是的。

**记者：**

据说你曾经接受伯里克利的委托，去给雅典的殖民地制定法律？

**普罗塔戈拉：**

是的。雅典在意大利建立了一个新的殖民地图里，位处意大利南部，公元前444年，我接受伯里克利的委托奔赴图里，去为那里的民主政府制定法律。

## 三　一个"Sophist"

**记者：**

据我了解，好多人并不认为你是一位哲学家。

# 第二十章 "人是万物的尺度"——对话普罗泰戈拉

**普罗泰戈拉：**

谁？

**记者：**

苏格拉底是一位，柏拉图似乎也是一位，他们认为你是一位"Sophist"？

**普罗泰戈拉：**

"Sophist"是什么意思？

**记者：**

可以翻译成为"智者"，也可以翻译成为"智术师"。

**普罗泰戈拉：**

人们套在我头上的帽子已经是好多好多了，好听一点的有"政治哲人""教育哲人""辩论之父""语法之父"，一般化的有"实证主义者""人文主义者"，还有一些如"实用主义者""怀疑论者""现象学家""经验主义者""功利主义者""相对主义者"，太多太多了。

**记者：**

真有意思！

**普罗泰戈拉：**

请你告诉我：何谓"智者"？何谓"智术师"？

**记者：**

我不知道，但柏拉图兄有说法，他在其《智者篇》里给"智者"或"智术师"下了几个定义。

**普罗泰戈拉：**

愿闻其详。

**记者：**

没一个好听的，你得有心理准备。

**普罗泰戈拉：**

说吧。

**记者：**

柏拉图的定义，一个是：所谓智者就是"榨取富豪子弟的人"；一个是：所谓智者就是"做知识生意，即把知识当作商品来制造和兜售的人"；还有一个是，

## 人性的曙光：对话前苏格拉底思想家

所谓……

**普罗泰戈拉：**

你就不要再继续"所谓"下去了，柏拉图的几个定义，集中地体现了一种偏见。

**记者：**

什么偏见？

**普罗泰戈拉：**

"苏格拉底式偏见"，持有如此偏见的人在学术上动辄把自己的学术对手定义为某种并非如此的人，然后再故作义正词严的批评，以满足自己龌龊的虚荣心。苏格拉底如此，柏拉图也是如此。

**记者：**

柏拉图在其著作中对你个人还是很尊重的。

**普罗泰戈拉：**

不管他是否尊重我，都没有什么关系。他们师徒是什么样的人，我等心知肚明。他们对所谓"前苏格拉底"哲学家的攻击，他们对我们这些"智者"的攻击，导致人们普遍认为那些哲学家，包括泰勒斯、阿那克西曼德、阿那克西美尼、毕达哥拉斯、塞诺芬尼、赫拉克利特、巴门尼德，乃至芝诺、恩培多克勒、阿那克萨戈拉、留基伯、德谟克利特等，都不过是一些一天到晚只知道研究石头、树枝、泥土结构和成分而对人间问题一窍不通的人。苏格拉底、柏拉图对我们这些"智者"的攻击，让人们普遍认为我们都是一些贩卖狗皮膏药的江湖骗子，似乎我们除了利用传授一些辩论技巧骗取钱财以外，对真理的研究和探讨毫无作为。在苏格拉底和柏拉图看来，似乎就是因为我们的存在，才导致了雅典人精神上的堕落和退化，也最终导致了雅典的败落，好像我们就是雅典的罪人似的。

**记者：**

有这么严重？那实际情况是否如柏拉图说的那样？

**普罗泰戈拉：**

如果我今天面对的是苏格拉底，或者是柏拉图，我会很好地与他理论理论的，但你毕竟不是苏格拉底，不是柏拉图。我也就只好直截了当表达我的态度了。我对苏格拉底、柏拉图们的做法感到很生气，不仅是我，其他"智者"也都

# 第二十章 "人是万物的尺度"——对话普罗泰戈拉

是极端地生气。你随便翻翻赫拉克利特的著作，你就会相信苏格拉底、柏拉图的说法是错误的，"前苏格拉底"哲学家们丝毫也不比苏格拉底柏拉图们更少关心政治、正义、家庭等这些人间问题，最起码说……

**记者：**

最起码说什么啊？哲学家西塞罗曾经如此褒扬苏格拉底："他把哲学从天上召唤下来，把它安置在城邦内，引进家家户户，使它成为探究生活和道德、善与恶所必需"。

**普罗泰戈拉：**

能够把哲学召唤下来的，也并非只有苏格拉底，可以说是那些"前苏格拉底"哲学家与苏格拉底一起成就了这样的伟大事业。这些哲学家们的真知灼见远远超过苏格拉底和柏拉图。同样，我们这些"智者"对真理的关心与研究，对人间问题的研究，也丝毫不逊色于苏格拉底和柏拉图。没有我们对人间问题的研究，也就不可能有他苏格拉底，也就不可能有他柏拉图。

**记者：**

是吗？

**普罗泰戈拉：**

你把"吗"字去掉，就是"是"。

**记者：**

接着说。

**普罗泰戈拉：**

苏格拉底对自然科学一窍不通，他根本不懂物理、化学和生命科学，正是因为他不懂，他就一天到晚攻击说物理、化学、生命科学没用，我问你物理、化学、生命科学没用吗？

**记者：**

当然有用，没有物理、化学，没有生命科学，就没有今天的科学，就没有今天的技术，可以说就没有人类的今天。苏格拉底、柏拉图说这些知识没用，似乎一天到晚纠缠于政客们之间的尔虞我诈，那倒是毫无意义的事情。

**普罗泰戈拉：**

同样的道理，我们这些人是职业学者，我们给青年人教授文化知识，提高他们的修辞辩论水平，提高他们的品行修养，同时收取一些费用，并不过分吧。我们也是人，也有一家老小，我们不能把嘴巴吊起来去喝西北风充饥吧。对任何人，如果收费，干起事情来肯定比不收费会更加认真的。我们也要训练自己，没有必要的投入和再教育，我们有什么资格去教授别人呢。

**记者：**

似乎有点道理。

## 四　没有"智者"运动则无希腊哲学

**记者：**

一提到苏格拉底，一提到柏拉图，你就气不打一处来。我想，再给你十天时间，你也不会停止对他们的口诛笔伐。

**普罗泰戈拉：**

我反感苏格拉底，只是因为他们的学术态度，而对他们的观点，我倒不是十分厌恶。

**记者：**

怎么讲？

**普罗泰戈拉：**

之前我跟你说过，在此不妨重复说一遍，西塞罗曾经说是苏格拉底："他把哲学从天上召唤下来，把它安置在城邦内，引进家家户户，使它成为探究生活和道德、善与恶所必需"。其实这句话完全适用于我们这些"智者"。真正把哲学研究从对自然科学的关注转移到社会科学这些人间问题的，首先是我们"智者"。

**记者：**

不妨细细说说，这段历史似乎没有多少人知道。

**普罗泰戈拉：**

对最早期的"前苏格拉底"哲学家们来说，他们的主要精力，确实如苏格拉底所说的那样，也就是说这些人的主要精力是在研究大自然，研究宇宙，研究万物的结构，研究万物的成分，而对社会问题也就是人间问题缺乏必要的重视。但是到了后来，这种情况则逐渐发生变化，尤其是到了塞诺芬尼和赫拉克利特时代，他们的注意力发生了变化。他们开始研究宗教问题，而赫拉克利特则不仅研究宗教问题，还系统性研究了政治、伦理、道德和语言学问题。可以说赫拉克利特对社会问题的研究，无论是就其广度，还是就其深度，都丝毫不逊色于苏格拉底和柏拉图，这一点我已经跟你说过。苏格拉底指责"前苏格拉底"哲学家只关心"天上"的事情，而不关心"人间"的问题，是不公正的。

**记者：**

这与你们"智者"有什么关系呢？

**普罗泰戈拉：**

我告诉你：真正把人间问题作为一个严肃的哲学问题来进行研究，并注重把这些研究成果应用于人类实际生活的，就是我们这些"智者"。践行"人间"问题的研究与实践，始作俑者是谁？是我们，而不是苏格拉底，不是柏拉图！

**记者：**

哦。

**普罗泰戈拉：**

如果人们硬要把苏格拉底哲学说成是希腊哲学源泉的话，那我可以说，没有我们这些"智者"，没有轰轰烈烈的"智者"运动，也就不可能有苏格拉底哲学，自然也就不可能有希腊哲学。

## 五　自然界的终结目的

**记者：**

在一般人的心目中，你们这些智者一天到晚忙于教人们如何去进行政治辩论，教人们如何舌战群儒以赢得官司，似乎根本不去关心自然界的事情。我很好奇，你们就像今天的教授一样，拎着包到处给人上课，你们到底给人家讲些什么课呢？

**普罗泰戈拉：**

我们讲课的内容涉及数学、天文学、语法学，我们还经常举办通俗科学讲座。在我们看来，科学的东西不应该仅仅被少数人所垄断，而应该"飞入寻常百姓家"，我们的讲座很受欢迎，你要知道，人们是自觉自愿来听我们讲课的。如

**人性的曙光：对话前苏格拉底思想家**

果我们讲的东西粗制滥造或者是狗皮膏药一类的话，是不会有人心甘情愿自掏腰包来捧场的。你要知道，这些费用是没有发票可以让你报销的，政府财政上也没有这类专项资金。作为一个教授，你要把课讲好，自己不去研究是不行的，为此，我就特别注意研究自然，研究物理。

**记者：**

据说你还写过一本物理学著作？什么内容啊？

**普罗泰戈拉：**

你是听谁说的？

**记者：**

柏拉图说过，希罗多德也说过。

**普罗泰戈拉：**

没错，我确实写过一本研究自然的著作，书的名字是《论人类的原始状态》，要不是感念你如此关心我们智者，我还真不告诉你呢。

**记者：**

通过这本书，你要传递什么观念呢？

**普罗泰戈拉：**

其一，人、动物，包括所有的生物，都是大自然创造出来的，毫无例外；其二，人不是从天上掉下来的，也不是从石头缝里蹦出来，而是从动物逐渐发展进化出来的；其三，人优于动物，与其说是在肉体上，还不如说是在智力上；其四，人类为了自身更好地生存下去，借助于自身得自于神赋的理性之光，创造了语言、宗教、国家。

**记者：**

这些观点没有什么错，不过也不是什么新鲜的东西，你最终想说明什么呢？

**普罗泰戈拉：**

我想说明：大自然以其创造物，尤其是人类，以显示其具有某种终结的目的性，这种目的性就是要去追求持续和更加美好地生存下去。

## 六 "对任何事情都可以有两种对立的论证"

**记者：**

我看过你写的一本书，书的名字叫作《论对立命题》，你在这本书中提出了一个奇怪的命题……

**普罗塔戈拉：**

我提出的命题可多了，不知道你具体说的是哪一个？

**记者：**

"对任何事物都可以有两种对立的论证"，就是这个命题，我想了解一下，你提出这个命题，到底想表达什么意思？

**普罗塔戈拉：**

这个命题没什么特别的，无非是说任何事物都可以从相互对立的两个方面来理解和论证。

**记者：**

任何事物，即便你从截然对立的两个方面来理解都是可以的，难道这种对立性内在于事物本身之中？

**普罗塔戈拉：**

你说的绝对没错。这种对立性，存在于希腊的文化之中，存在于希腊的多神论之中，存在于希腊人的民主政治之中。同样，这种对立性，也存在于希腊传统的自然哲学之中……

**记者：**

你说得太笼统了，最好能具体化。

**普罗塔戈拉：**

没问题。希腊文化最典型的就是其多神论文化，在这种文化下，主宰希腊人心灵世界的神灵是那些无论在本性上，还是在能力上都是存在着善与恶、相互对抗性和相互制衡性的神，在希腊不存在独霸天下、至高无上的神。分裂性、多元化是希腊文化的本质特征。这种分裂性与多元化，就是我们刚才所论及的对立性。

人性的曙光：对话前苏格拉底思想家

**记者：**

接着说。

**普罗塔戈拉：**

对立性存在于希腊人的多神论中，同样，这种对立性也存在于希腊人的政治生活之中。

**记者：**

怎么讲？

**普罗塔戈拉：**

希腊社会是一个城邦社会，每个城邦都是中心，而就希腊整体来看，则没有任何中心可言，每个城邦都是独立的存在，即便是臣服于某个邻邦，那往往也是临时性的安排。东方式的那种由某个种族或某个国家一统天下的情况，更是极少出现。具体到某个城邦……

**记者：**

情况会如何？

**普罗塔戈拉：**

雅典是希腊世界的精神领袖，在这里实行的政治制度是民主政治，民主政治的核心特征就是允许反对派，允许对立面，鼓励竞争，倡导相互批评，强调任何问题都是可以拿出来进行辩论，这就是对立性的具体体现。

**记者：**

还有什么？

**普罗塔戈拉：**

希腊人的宇宙观也是充满着对立性。赫拉克利特主张斗争与矛盾是万物之主宰，这种对立性与斗争性存在万事万物之中。赫拉克利特的哲学是希腊哲学中最有代表性的哲学，因此，我们也可以说，主张对立性也是希腊的哲学传统。离开对对立性的研究，哲学就不复存在。

## 七 "你有你的真理,我有我的真理"

**记者:**

溥天之下,大概没有人不知道你的那句名言。

**普罗泰戈拉:**

我的名言多了,到底是哪一句?

**记者:**

平心而论,你的名言并不多,简直就是寥若晨星,屈指可数的。不过有一句能流传到两千五六百多年以后,委实也该知足了。想想两千年以后,很多人的名字都不会有人记得,更何况还奢望能有一两句名言,能为人们千古传颂的。

**普罗泰戈拉:**

你到底说的是哪一句?

**记者:**

就是那句"人是万物的尺度"。作为一个人,我为你这句名言而感到欢欣鼓舞。你贬低了神,而抬升了人的价值,应该是属于典型的唯物主义观点。

**普罗泰戈拉:**

你一会儿神,一会儿人,把我也搞迷糊了。我问你:你如何理解我的这句"名言"的呀?

**记者:**

秃子头上的虱子,那不是明摆的吗。以前人们总是匍匐在上帝和各种神灵的脚下,与那些高高在上的神灵比起来,人都是毫无意义的空气震动而已。而你则大胆地挑战了这个传统,而把神下放到人的脚下,把人类抬高到高高的祭台之上。从此,是人主宰着世界,而不是神主宰着世界。

**普罗泰戈拉:**

你的理解确实是错误的,我的意思并非你说的那个意思。

**记者:**

那是什么意思?

# 人性的曙光：对话前苏格拉底思想家

**普罗泰戈拉：**

那句话的意思是很有意思的。在解释这句话的意思之前，我先跟你提一个人。

**记者：**

哪位大仙？

**普罗泰戈拉：**

德谟克利特，知道吗？

**记者：**

当然知道！原子论的创始人之一，在他的眼中，一切都是表象，一切都是约定俗成，唯有原子与虚空是真实的存在。

**普罗泰戈拉：**

你说的没错。在德谟克利特看来，人类无法通过自己的感官去把握世界，人的感官不可能给人类提供任何独立实在的真理性知识。

**记者：**

好多人都是这么看的。不对吗？

**普罗泰戈拉：**

当然不对，世界是什么样子？世界就是你我感觉出来的世界，离开感觉，人类就不可能获得任何关于宇宙世界的知识。但是，不同的人对同样一个事物的感觉是不一样的，例如，天热不热，不同的人感觉就不一样；一个东西甜不甜，不同人的感觉也不一样；对于同样一个商品，到底贵还是不贵，贱还是不贱，都是因人而异的。可以说，这个世界的一切方面，对于不同的人，其感觉都是不一样的。因此，在这个世界上，不存在永恒不变的共性化的真理，因人的感官不同，你的真理与我的真理不一样，我的真理与你的真理不一样。也就是说，人人都是真理，你有你的真理，我有我的真理。人的感官状况与感觉能力，决定着万物的存在状况。因此之故，须臾也离不开感官去把握世界的人，自然就成为万物的尺度了。

**记者：**

非常高深。

**普罗塔戈拉：**

关于我刚才说的这个道理，你可以结合我在《论对立命题》所提到的关于一

## 第二十章 "人是万物的尺度"——对话普罗泰戈拉

个人死亡原因之探讨来进行理解。

**记者：**

谁的死？

**普罗塔戈拉：**

法萨卢的埃皮蒂莫斯（Epitimus the Pharsalian）之死。

**记者：**

埃皮蒂莫斯何许人也？

**普罗塔戈拉：**

一次运动会中，此人被人无意中用标枪击中而死。

**记者：**

你想表达什么？

**普罗塔戈拉：**

大政治家伯里克利曾经召集会议研究到底谁应该对埃皮蒂莫斯之死负责。

**记者：**

结论是？

**普罗塔戈拉：**

在医生看来，是标枪导致埃皮蒂莫斯的死亡。在法官看来，投掷标枪的人才是罪魁祸首。在政府机关看来，运动会的主办方才是责任的承担者。

**记者：**

到底是谁之过？

**普罗塔戈拉：**

谁都是，谁都不是。

**记者：**

怎么讲？

**普罗塔戈拉：**

我刚才已经说过，天下没有绝对的正确，人人都是真理，你有你的真理，我有我的真理。

## 八　真理的力量源自"普遍同意"

**记者：**

你说，人是万物的尺度，也就是说你是万物的尺度，我是万物的尺度，人人都是万物的尺度。如果真的是这样，那么每个人的意见和观点都是极端主观而毫无力量了。

**普罗塔戈拉：**

从理论上是如此，但同样是作为一个意见，一个观点，却存在着"弱论述"与"强论述"的分野。

**记者：**

何谓"弱论述"？何谓"强论述"？

**普罗塔戈拉：**

孤家寡人无人喝彩之论述，为"弱论述"；赢得别人喝彩与鼓掌之论述，为"强论述"。如果说前者仅仅是某某一己之"意见"，而后者则可以称之为"真理"。

**记者：**

柏拉图说只有极少数人物才具有政治能力，其言外之意就是说大多数人都是缺乏政治能力和政治道德的，如此一来，任何人就不可能让自己的观点和意见成为社会普遍接受的"强论述"。你对此如何评价？

**普罗塔戈拉：**

我的观点与柏拉图不一样。

**记者：**

你的观点是？

**普罗塔戈拉：**

我的观点是：人人都有政治能力，人人都有政治道德。政治绝对不应该是少数人的事情。作为城邦的公民，完全可以就某些事情达成普遍的共识。某种意见和观点，一旦成为社会的共识，就会拥有强大的力量。

**记者：**

你的意思是说，一种思想一旦获得公民们的普遍认同，就具有强大的力量，就会成为真理？

**普罗塔戈拉：**

正是。最明智的政府就是那些能够汇聚公民共识，并将这些共识付之于实施的政府。

## 九　人的本质是"公民"

**记者：**

你说过这样的一句话，不知道是什么意思？

**普罗塔戈拉：**

哪一句？

**记者：**

你说：民主宪法"就像一件杂色的大衣"，什么意思？怪怪的比喻。

**普罗塔戈拉：**

"杂色"，就说明不是某一种颜色，就是一种多元化的存在。在民主宪法体制下，任何人都是统治者，任何人都是被统治者。所有人都分成不同的党派。每个党派都具有平等的执政权。轮流执政，是实现这种政治目标的最佳选择。

## 十　殉难，与神无关！

**记者：**

希腊是一个迷信神的民族，任何人一旦对神表现出哪怕一丝丝的不尊重，都可能遭受灭顶之灾。

**普罗泰戈拉：**

希腊人都知道。

**记者：**

既然你知道，那你为什么还要亵渎神灵呢？鸡蛋不知趣，愣往石头上碰，后果如何，你是大智者，应该比任何人都明白吧。说好听点，你是愣头青，不成熟；说得不好听，你是咎由自取，自作自受。

人性的曙光：对话前苏格拉底思想家

**普罗泰戈拉：**

真是千古奇冤，我是满身是嘴也无法昭雪自己了。

**记者：**

你似乎有满腹冤屈，不妨说给我听听，我来帮你化解化解，最起码，可以给你些许安慰的。雅典的民主政府为什么要把你打进大牢？

**普罗泰戈拉：**

一场荒谬绝伦的文字狱！

**记者：**

说来听听。

**普罗泰戈拉：**

想当年，你是知道的，我曾经写过一本书，该书开头部分有一句话，乃是："至于神，我没有把握说他们存在或者不存在，也不敢说他们是什么样子；因为有许多事物妨碍了我们确切的知识，例如问题的晦涩与人生的短促"。

**记者：**

明白人一眼就看出你的真实用心，明摆着，不就是对神的存在表示深深的怀疑吗？

**普罗泰戈拉：**

不管你信不信，我不是说神不存在，也没有亵渎神什么。我的意思无外乎两点：第一点，人只能用自己的感觉去把握存在，离开感觉，人就是盲人，就是瞎子，就是一块肥瘦搭配在一起的肉块而已。而面对神圣之神，人的感觉就无用武之地了，因此，神存在或者不存在，是人这种仅仅依靠感觉才能活着的动物所无法把握的。

**记者：**

你对人类如此悲观？

**普罗泰戈拉：**

理由我已说过，不再重复，去翻你的笔记吧。第二点，人的感觉虽然是无法把握神圣之神的，但是如果人的寿命能更长一点的话，人的感觉能力就会得到很大程度的提高，人对神的感知或许比以前会更好些。总之，神存在，或者不存在，人类无法感知，但是我没有否定神的存在。

**记者：**

在希腊，好像有好多人都是因为神的事，而被处以死刑或者被流放到荒郊野岭的，或客死他乡的。

**普罗泰戈拉：**

神啊，神！因您的因素，不知道有多少伤天害理之事，得以在光天化日之下大行其道！

**记者：**

不过，到法庭起诉你的人并非一个普通的公民，而是某个寡头集团的成员，可以说是他说服法庭判决把你驱逐出境，判决在雅典的公共广场上焚烧你的著作，背后隐含着某些政治上的阴谋。

**普罗塔戈拉：**

也可以这么说，或许关于神的那些事，都是一些借口而已。

## 普罗泰戈拉简传

普罗泰戈拉（Protagoras，约公元前490或480年—前420或410年），出生于希腊阿布德拉城，多次来到当时希腊民主制的中心雅典，与民主派政治家伯里克利结为挚友，曾为意大利南部的雅典殖民地图里乌姆城制定过法典。

普罗泰戈拉接受了赫拉克利特关于万物流变的思想，认为变动不居的感觉现象是真实的，万物是在不断地运动变化的。他断言每个人的感觉都是可靠的，人们对一切事物都根据各自的感觉作出不同的判断，无所谓真假是非之分。因此他提出一个著名的命题："人是万物的尺度"，认为事物的存在是相对于人的感觉而言的，人的感觉怎样，事物就是怎样。由此他又断定"知识就是感觉"，主张只要借助感觉即可获得知识。他根据这种观点，对传统宗教神学提出了怀疑。

普罗泰戈拉的著作有《论神》《论真理》和《论相反论证》等。据说他晚年因"不敬神灵"被判驱逐出境，《论神》被焚，在渡海去西西里的途中去世。

# 第二十一章 天下无真理

## ——对话高尔吉亚

## 引子

柏拉图把自己最重要的对话篇献给了一个人,他就是高尔吉亚。公元前427年,高尔吉亚以自己城邦代表身份出访雅典,纵横捭阖,意图说服雅典助其城邦对抗叙拉古,此行外交目的是否如愿不得而知。但有一点则是肯定的,那就是高尔吉亚在雅典国王的宫殿里活动了很长时间,他到过奥林匹亚,到过德尔菲,所到之处,高尔吉亚的周边都会聚集一群弟子,也正是利用这一绝佳机会,他向他们传播自己的伟大发现:天下无真理,具体言之,就是——自以为是就是真理,自圆其说就是体系,说服就是一切,雄辩就是一切。

## 一　曾是一个纵横家

记者:

在我们中国的春秋战国时期,有这么一类人,他们接受国家的指派,周游列国……

高尔吉亚:

关键是他们去干什么?

记者:

他们要凭借其三寸不烂之舌,纵横捭阖,去说服盟友,孤立敌人。

高尔吉亚:

你提这些人干吗?

## 第二十一章　天下无真理——对话高尔吉亚

**记者：**

因为我看过一些资料说你也曾经是这样的一个人，是吗？

**高尔吉亚：**

如果不是你的提醒，我恐怕还真把这段经历给忘了。

**记者：**

说来听听。

**高尔吉亚：**

公元前431年，雅典、斯巴达两个城邦国家各自拉起一批盟国，彼此拳脚相加，一路开打起来，这就是著名的伯罗奔尼撒战争。

**记者：**

这个我知道，你不用细说。

**高尔吉亚：**

我的国家是西西里的林地尼，我们国家与邻国叙拉古人也发生了战争。我们的盟军包括卡马林那人的城邦和卡尔西斯人的城邦，自然我们的同族——利吉姆人站在我们一边。

**记者：**

有如此多的邻邦支持你们，战争的主动权一定掌握在你们手里，是不是？

**高尔吉亚：**

但问题是，我们的敌人更加强大，他们得到希腊霸主之一的斯巴达的支持。

**记者：**

原来是这样。

**高尔吉亚：**

我们的敌人叙拉古有多利亚人的支持，有意大利罗吉里人的支持，再加上斯巴达的支持，他们是志在必得，气焰特别嚣张。如果没有更加强大国家的支持，我们的祖国凶多吉少，危如累卵。

**记者：**

所以你接受国家的指派出访雅典，寻求雅典的支持。

**高尔吉亚：**

派我出去的不是我的国家，而是我们国家的同盟国。不管怎么说，我作为代表团的团长，到了雅典。

**记者：**

心想事成了吧？

**高尔吉亚：**

你是知道的，雅典是一个民主国家，要想说服雅典派兵，就必须说服雅典的公民们，于是我到处发表关于阵亡将士的演讲，澄清利害，终于让雅典派出了20艘战舰支持我们与叙拉古作战，最终扭转颓势。

**记者：**

你们认为雅典是你们的朋友？

**高尔吉亚：**

当然是，如果不是雅典及时派兵支持，我们的城邦肯定保不住。

**记者：**

不过根据我的考证，雅典派出战舰支持你们，其实并非为了你们，而是有着自己的打算，他们担心一旦你们国家被斯巴达攫取，谷物就会从西方被运到伯罗奔尼撒去，对他们极为不利。还有他们也想通过参战，看看能不能借机占领西西里。

**高尔吉亚：**

你听谁说的？

**记者：**

修昔底德在他的《伯罗奔尼撒战争》第三卷第六节中说的。

**高尔吉亚：**

我相信修昔底德的话，他是雅典的将军，他不会无端往自己国家的身上泼脏水。不过这也是可以理解的。天下没有永恒的朋友，只有永恒的利益。

## 二　苏格拉底是我的粉丝

**记者：**

一些资料说你从未结婚，无妻无儿无女。可另一些资料说你结过婚，也有孩子，但是你与她们是水火不容。到底是哪种说法更符合实际？

## 第二十一章　天下无真理——对话高尔吉亚

高尔吉亚：

后一种说法更符合实际。

记者：

一个连家里几口人关系都搞不好的人，还能担任首席代表去呼吁希腊人要真诚合作，并奇迹般玉成此事，诀窍在哪里？

高尔吉亚：

仰仗修辞学的帮忙。

记者：

此话怎讲？

高尔吉亚：

我长期潜心研究修辞之学，修辞学就是辩论之学，就是演讲之学，如果你能拥有一种高超的修辞学本领，你就会用你魅力无限的演讲之术，去打动千万听众的心，让人们如痴如醉地跟着你转，他们也会自然按照你的意见去投票，即便是那些政治小丑们想孤立你也很难。

记者：

你的修辞学最大特征是什么？

高尔吉亚：

我的修辞学将教给人们如何用气势磅礴、毫无畏惧的风格去回答人们的提问，我深知人们提问的各种方式，我敢于回答任何人提出的任何问题。

记者：

据说苏格拉底曾经听过你的演讲？

高尔吉亚：

何止是听过！苏格拉底是我铁杆粉丝，只要有我的演讲，他一般都会到场捧场的。大演说家伊索克拉底也是我的粉丝，伯里克利的情人阿丝帕希娅也是我的粉丝。

记者：

听你的演讲需要付费吗？

高尔吉亚：

听演讲就如同到一些小公园散步，是不需要付费的，但是如果你想请我一对

人性的曙光：对话前苏格拉底思想家

一教授修辞学，那就必须付费。

**记者：**

贵吗？

**高尔吉亚：**

如果你希望通过学习修辞学来实现自己的政治理想，你就不会觉得很贵。

## 三　似乎是这样

**记者：**

亚里士多德说过："吾爱吾师，但吾更爱真理。"

**高尔吉亚：**

亚里士多德是谁，我不知道。不过这句话的意思是不是说：此人虽然敬重他的老师，但一旦他发现他的老师偏离真理的轨道，他就会背叛他的老师，是这个意思吗？

**记者：**

背叛谈不上，只是说他不会像以前那样，再去迷信他的老师了。也就是说他对真理的追求超过一切。你们希腊人都如亚里士多德一样，对真理有一种鬼迷心窍般的执着。有的人一天到晚琢磨宇宙的形状是什么样，有的人一天到晚去琢磨物质的结构是什么，有的人一天到晚去琢磨人是一种什么东西，有的人一天到晚去琢磨什么样的国家是最好的国家，总之这些人一天到晚不闲着，一天到晚去研究真理，尤其是……

**高尔吉亚：**

尤其是什么？

**记者：**

古希腊的学者们，每个人都要绞尽脑汁地建立自己独一无二的体系。百花齐放，百家争鸣，真好！这种对真理的执着，我最欣赏。另外，听说你本身就喜欢研究真理，好像喜欢研究什么天体仪，还写过光学著作，是吗？

**高尔吉亚：**

是这样。不过自从我看了芝诺的辩证法书籍以后，我就不把这些当回事了。

**记者：**

为什么呢？

**高尔吉亚：**

因为天下本来就没有真理。

## 四　无物存在

**记者：**

你说天下没有真理，什么意思？

**高尔吉亚：**

不懂，你就看书吧，我的书名字是《论非存在或论自然》，你们后人中，有一位名字叫塞克斯都·恩披里柯的，也在他的《反数学家》里系统介绍了我的理论，大同小异，基本差不多的。我的观点很简单，就是屈指可数的三句话。

**记者：**

哪三句？

**高尔吉亚：**

第一句就是"无物存在"。

**记者：**

怎讲？

**高尔吉亚：**

我先用专业性的修辞与逻辑语言来给你解释如何？

**记者：**

好啊。你慢慢说吧，再专业我也能听得懂。

**高尔吉亚：**

你听着，我问你一个问题，如果我们说有物质存在的话，你能告诉我这是什么意思？

**记者：**

你说呢？

人性的曙光：对话前苏格拉底思想家

**高尔吉亚：**

如果我们说有物质存在的话，这就意味着物质要么是永恒存在的，要么是产生出来的。

**记者：**

两种情况中你认为哪种情况是比较现实的？

**高尔吉亚：**

哪种情况都不现实。

**记者：**

为什么？

**高尔吉亚：**

任何事物都不可能是产生出来的，因为没有东西能从"存在"中产生出来，也没有任何东西能从"非存在"中产生。

**记者：**

你的意思是说没有事物会是生产出来，那只剩下一种可能了，也就是物质是永恒的了？

**高尔吉亚：**

是的，只有一种可能，也就是我们说物质存在，就意味着物质是永恒的。但事实上这是不可能的，因为根本就不存在什么永恒的东西。

**记者：**

又为什么呢？

**高尔吉亚：**

让我慢慢说。

**记者：**

我不急，我想知道你是如何一步步论证你的观点的。

**高尔吉亚：**

一个物质，如果是永恒的话，那必然是无限的，一个有限的事物是不可能永恒的。

**记者：**

未必吧？永恒未必无限，无限未必永恒吧？

## 第二十一章　天下无真理——对话高尔吉亚

**高尔吉亚：**

一个有限的事物，不变大就会变小，因而就不可能是永恒的了。

**记者：**

听你的，继续说。

**高尔吉亚：**

我问你：一个无限的事物能在什么地方存在呢？

**记者：**

你说呢？

**高尔吉亚：**

很显然，一个无限的事物，就不可能存在于一个与其自身不同的地方，也不可能存在于自身之中。

**记者：**

为什么？

**高尔吉亚：**

如果存在着一个与无限不同的地方的话，那就说明无限不是无限，因为既然物质是无限的，就不可能存在一个能够包容无限的地方，那样一来，无限就成为有限的了。

**记者：**

可以这么说。既然事物无限，就不可能存在一个比无限更大的地方。

**高尔吉亚：**

那就又剩下一种可能性了，也就是无限只能存在于与其自身一样大小的地方了，而物质自身是不存在的，因为既然是无限，就不可能是一个固定的"自身"，一旦"自身"，就是有限的了。

**记者：**

听起来似乎如此。

**高尔吉亚：**

这么一来，一个无限的事物，既不能在比它大的地方存在，也不能在自身中存在，当然也不可能在一个比它更小的地方存在，你说这个无限的事物还能存在吗？

人性的曙光：对话前苏格拉底思想家

**记者：**

这么一说，这个所谓无限的事物就真的不存在了。

**高尔吉亚：**

所以我说：无物存在。

## 五　即使有物存在，也不可知

**记者：**

我明白你的意思，普天之下，茫茫宇宙中，什么都没有，一切都是虚幻的想象，包括宇宙，包括大地，包括此时此刻的你，包括此时此刻的我，包括……

**高尔吉亚：**

是的，无物存在，无你无我，无天无地，一切都是假设……

**记者：**

真是一个彻底的虚无主义者。其实你存在，我存在，天存在，地也存在，你这不是睁眼说瞎话吗？

**高尔吉亚：**

你说的那些全是海市蜃楼一样的东西，我已经反复说过了，一切都是假设！退一万步讲，即便万物存在，也是不可知的。

**记者：**

怎讲？

**高尔吉亚：**

即便天存在，即便地存在，即便你存在，即便我存在，即便……，总之，即便万物存在，也都是不可能被人所认识的事情。

**记者：**

那是何故呢？

**高尔吉亚：**

是这样的，我问你，如果宇宙或者说万物是存在，而且又是可知的话，那说明什么呢？

**记者：**

你说呢？

**高尔吉亚：**

那只能说明：能够被我们思想的东西，就必定是真实存在的东西；或者倒过来说，那些真实存在的东西，必定是能够被思想的东西。再进一步讲，那些不存在的东西是不能够被思想的东西，或者说不能够被思想的东西，必定不可能存在。

**记者：**

可以这么说。

**高尔吉亚：**

而实际情况是这样吗？

**记者：**

你说呢？

**高尔吉亚：**

事实上不是如此，因为我们的大脑经常会思想许多不真实，乃至荒谬不堪的东西，同样很多真实的东西我们却思想不起来。因此，我们必然得出这样的结论，那就是即使有物存在，也是不可知的。

## 六　即使物存在又可知，也不能彼此传授此类知识

**记者：**

你的观点我明白了，也就是说即使有物存在，也是不可知的。

**高尔吉亚：**

是的。

**记者：**

而事实情况与你说的不一样，有很多东西，他们不仅存在，而且也是可知的。例如说你是存在的，也是能够被我所认识的，当然你也是能够认识你自己的。对我，也是如此，我认识我自己，你也可以认识我。

**高尔吉亚：**

你研究哲学，不应该用这些普通人的思维来说话。

**记者：**

什么意思？

**高尔吉亚：**

我问你："高尔吉亚"四个字是什么意思？

**记者：**

是你的名字。

**高尔吉亚：**

不完全正确，正确的说法应该是："高尔吉亚"四个字是一个语言符号。

**记者：**

你说的没错。

**高尔吉亚：**

一切语言符号都不具有固定的含义，而人是一种典型的语言动物，离开语言寸步难行，这样一来，人们虽然煞有介事地进行交流，其实完全是在自说自话。除了语言外，人类的一切感觉语言，如肢体动作都是符号，这些符号其意义都是不一样的，无论人们以什么样的方式进行交流，都是在自以为是地自说自话。

**记者：**

所以你说，即使人们面对面，眼睁睁地看着一个事物，也是无法传递关于这个事物的任何真正的信息。

**高尔吉亚：**

就是如此。

## 七　人间问题最好不谈

**记者：**

依照你的理论，宇宙世界不存在什么规律，不存在什么真理，那在社会领域和伦理范围内，也不存在什么真理吗？

**高尔吉亚：**

没错啊。对于什么是道德，什么是法律，什么是正义啊，不同的人有不同的看法。

**记者：**

没这么复杂吧！

**高尔吉亚：**

绝对不夸张！有的人认为，道德和法律是大多数弱者所制定出来的规则，其目的就是要用这些法律和道德来驯化强者的本性，这些强者如同食肉动物凶残无比，同时这些弱者还要将这些道理告诉年幼者，要他们记住这些道理，识破那些虚伪的正义之类的概念。当那些强者识破了弱者们的这些诡计后，则采取一切可以采取的办法去冲破这些束缚，而使自己成为人间的主宰。

**记者：**

嗯。

**高尔吉亚：**

这仅仅是一些人的看法，有的人则不以为然。

**记者：**

他们怎么看？

**高尔吉亚：**

有的人的看法完全相反，在这些人看来，法律与道德是强者和富人制定出来的一种工具，他们要利用这种工具去驯化弱者们内在的兽性。关于宗教也是如此，有的人认为宗教是抚慰人类心灵的工具，有的人则认为宗教不过是某些人发明出来用以慑服人们，让人们听命于强者的工具。你说这些看法如此泾渭分明，天下哪有什么真理可言啊。

**记者：**

或许是吧。

## 八　自由心证即可

**高尔吉亚：**

我再次明确告诉你，天下不存在什么所谓的真理，无论是在大自然中，还是在社会领域，概莫能外。何谓真理？你自以为是就是真理。何谓体系？你自圆其说就是体系。人间的一切理论都是为了彼此说服，你能用你的逻辑，用你的

**人性的曙光：对话前苏格拉底思想家**

文字能力，用你的理论，去说服人，人能够相信你所说的，你就是对的，也就是说……

**记者：**

说服就是一切，是不是诡辩都无所谓。

**高尔吉亚：**

是的。

**记者：**

不可救药的怀疑主义者！

**高尔吉亚：**

随便你如何评价，悉听尊便，早晚你会相信我的话。

# 高尔吉亚简传

高尔吉亚（Gorgias，约公元前483年—前375年），古希腊哲学家和修辞学家，著名的智者。他是西西里岛雷昂底恩城人。早年随恩培多克勒学习修辞、论辩、自然哲学和医学。其思想受到过芝诺的影响，但主要来源于普罗泰戈拉。公元前427年为请求联合反对叙拉古而出使雅典。高尔吉亚继承了恩培多克勒的学说，认为感觉是由自然物发出的流溢物进入人的感官孔道而产生的。他的哲学思想集中反映在他对"非存在"的论证之中。

# 第二十二章　法律是对自然的破坏
## ——对话安提丰

## 引子

在被柏拉图猛烈批判的智者中，安提丰可能是最为出众的一个人。他的影响或许超过了普罗泰戈拉，也或许超过了高尔吉亚。通过研究安提丰的著作残篇，我们发现安提丰的思想有着深刻的系统性。在最早期的学者中，我们的主人公最早感受到那种万物背后生命冲动的神奇力量的存在。在安提丰看来，大自然存在物拥有不可缺少的外形，这些形式千方百计要固化种种原初的混沌形态，但是原始的、自然的生命促使其外形不断地发生变化。人为的法律试图限制自然的运动，但是自然的运动不断地推翻法律。人类的语言试图宣布词语所规定的东西，但是，外部的世界却不断突破这些语言的狭隘框架，不断获得自己越来越丰富的表达形式，这同样也是生命的冲动。

## 一　我只是一介书生

**记者：**
研究你的哲学，和研究别人的哲学还真是不一样。

**安提丰：**
你是什么意思？

**记者：**
我研究泰勒斯只要看他的著作就可以了，研究恩培多克勒我只要研究他的著作也就可以了，但研究你就不一样了。

# 人性的曙光：对话前苏格拉底思想家

**安提丰：**

不一样体现在什么地方呢？

**记者：**

为了研究你的哲学，我首先得必须把你这个安提丰和另外几个安提丰区别开来，才知道到底哪一个安提丰是你。

**安提丰：**

那根据你掌握的资料，能有几个安提丰呢？

**记者：**

根据我所掌握的资料有好几个安提丰。一个安提丰是公元前4世纪前半叶的一位悲剧作家，他也当过演员。这个安提丰在希腊住过，还同叙拉古僭主狄奥尼修斯合作写过一部悲剧，并死在叙拉古。

**安提丰：**

很显然，这个安提丰与我无关，我没有和什么僭主合作写过什么悲剧，我也没有当过什么演员，因此你说的这个安提丰与我无关。

**记者：**

第二个就是历史学家修昔底德在《伯罗奔尼撒战争史》中说的那个安提丰。

**安提丰：**

那修昔底德笔下的安提丰是个什么样子的呢？

**记者：**

为了让你好好地辨别一下，我把修昔底德在《伯罗奔尼撒战争史》中有关安提丰的文字读给你听听，你看看这个人是不是你？

**安提丰：**

好啊，你读一读。

**记者：**

修昔底德在《伯罗奔尼撒战争史》中讲到，在公元前411年雅典推翻民主制成立400人议事会时，提出这个建议的是皮山大，他是最公开表示要废除民主制的，但是计划全部阴谋使之达到这个地步以及对此考虑最多的是安提丰，他是当时最能干的雅典人之一。他有最聪明的头脑，有最能表达自己思想的辩才；非到万不得已时他绝对不在民众会议上演说，或在其他场所和别人竞争。他以狡猾出

## 第二十二章 法律是对自然的破坏——对话安提丰

名,一般民众不信任他;但是当别人从事诉讼或要在公民大会上说明事情的时候,他能给那些向他请教的人提供最好和最有益的意见。后来400人议事会被推翻,民主制恢复并设立法庭审判400人的行为,这时安提丰被控犯有帮助这个政府的行为受到审判。他的答辩词是自古以来直到我这个时代的最好的一篇答辩词。

**安提丰:**

就这些?

**记者:**

是的,修昔底德还介绍说在公元前411年,安提丰被判处死刑,我不知道修昔底德说的这个安提丰是不是你?

**安提丰:**

这个就更不是我了,我不是政治家,我也不阴险,也不狡猾。你说说还有没有别的版本的安提丰?

**记者:**

还有两个版本,这两个版本似乎说的是同一个人。一个版本是塞诺芬尼在《回忆录》中提到一位叫"智者安提丰"的人,他说这个安提丰曾经和苏格拉底有过三次对话:第一次讥笑苏格拉底不计报酬;第二次说苏格拉底不收费也许是正义的,但确是不明智的;第三次是责问苏格拉底为什么教导别人从政而自己却不参与政事。

**安提丰:**

这个版本所说的安提丰跟我有点靠近了,你再说说还有哪个版本?

**记者:**

大约在公元150年左右一位假冒普鲁塔克的作家编写了一本书,这个书的名字是《十大演说家传》。在这本书中,他将安提丰列在首位,并说安提丰生于希波战争之间,比高尔吉亚年轻些,出生于法姆努,是雅典有名的演说家,有15篇演说词,又说他激烈反对苏格拉底,还说他写过悲剧,而且还发明了一种解除痛苦的治病的技术,他在科林斯市场附近购置了一个房间,贴出布告说他能用语言治病。他的办法是,询问病因,然后用语言安慰病者。

**安提丰:**

你不用说了,我明确告诉你,我不是政治家,我也不是演员,你所讲的塞诺芬尼版本中提到的安提丰加上所谓普鲁塔克所讲的安提丰综合在一起或许就是我吧。别的我不敢说，最起码我是个靠宣传自己的知识来养活自己的智者，我只是一介书生而已。

## 二 名词解释："外形"与"基质"

**记者：**

研究你的著作，经常会碰到两个词，一个是"外形"，一个是"基质"，希望你解释一下。

**安提丰：**

当然可以。如果我们把一张床埋到地下，腐烂之后会出现什么？

**记者：**

不知道。你说呢？总不至于再冒出一张床吧。

**安提丰：**

没错。床腐烂后会滋生出新芽，新芽茁壮成长后会成为参天大树，由此可见床的"基质"是木头。再问你，一座雕像被砸烂后会变成什么？

**记者：**

如果这座雕像原来是青铜做的，它就会变成青铜。如果这座雕像原来是不锈钢做的，它就会变成钢材。

**安提丰：**

没错，雕像的"基质"就是钢或青铜。

**记者：**

依照你的说法，所谓"基质"，就是指事物的基本性质，或者说就是本质。

**安提丰：**

没错。一个事物在最自然状态存在的状态，就是它的本质，就是它的"基质"，"基质"是自在之物，没有具体的结构，是纯粹本真的存在。

**记者：**

那你说的"外形"是什么意思？

**安提丰：**

就青铜器来说，它可以雕像的形式出现，也可以酒杯的形式出现，当然，如果你用青铜制造武器，武器也就成为青铜的"外形"了。

**记者：**

事物在特定时空状态下存在的外部形式，就是你说的"外形"。

**安提丰：**

错，这种形式既包括外部形式，也包括内部结构。

## 三 "基质"才是第一决定性的力量

**记者：**

经过你的解释我终于明白你所讲的"外形"，就是亚里士多德笔下的"形式"，而你所说的"基质"就是亚里士多德笔下的"质量"。

**安提丰：**

基本差不多，也可以这么说。

**记者：**

亚里士多德在他的《物理学》第二卷中说任何事物都是由"质量"和"形式"复合而成的，在这种复合中"形式"充当本质性的角色，因为"本质"是形式提供的。

**安提丰：**

你的意思是说在亚里士多德的理论中，"形式"的作用是第一位的，而"质量"则无足轻重？

**记者：**

是的。不知道你是怎么看待这个问题的？

**安提丰：**

我的观点与亚里士多德的观点完全相反。在我看来，构成一个事物的"基质"是核心，是第一位的。而那些在特定时空状态下存在的"外形"都是转瞬即逝的，随着时间的流逝，这些"外形"都会烟消云散，不复存在，而"基质"则是永恒的，它将摧毁一切特定状态下的结构和形式，而回到其最本真的存在，这就是大自然的本质。

## 四　个体的命运是悲惨的

**记者：**

你反复强调"基质"在事物形成中的作用，似乎任何个体存在的特殊形式都是短暂的，都是靠不住的。

**安提丰：**

是的，"基质"就是一股强大的力量，它最终将摧毁任何个体存在的特殊形式，而使之回到自在之存状态，这一点同样适用于我们人。

**记者：**

怎么讲？

**安提丰：**

人的"基质"是生命，但作为你我这样个体的人都不过是一些具体的"形式"，这种"形式"是短暂的，它的命运是悲惨的，随时随地都会灭亡。

**记者：**

生命如此凄惨，我印象中亚里士多德提出过生命是可以轮回的。

**安提丰：**

没错，在亚里士多德那里，父亲死了可以通过儿子得到永恒的轮回，其实这是一个幻觉。儿子是儿子，父亲是父亲，它并非原来的存在，而是一次彻底的否定。

**记者：**

你是拒绝生命轮回这种说法？

**安提丰：**

是的，生命永远不会重复，只有当下的生命才是现实的。人不应该把自己的希望寄托在未来生命的轮回上，而应该寄希望于当下的生活。一旦今天过去了，就永远不会再回来的。

**记者：**

真是一种悲观主义的哲学。

**安提丰：**

我不管是什么主义，总之在我看来，生命就像是一天的岗位，生命的长度也只有一天，抬眼看看时光，然后交接给后来者。生命不可能像掷骰子一样重来一次，它永远是指向一个方向，一旦成为现在，必将永不会再来的。

## 五　法律与自然

**记者：**

普通人都知道，生在一个政治社会，都应该服从国家的法律。违背法律，就是对人类共同体利益的违背。但是，通过看你的书，感觉你似乎对此不以为然？

**安提丰：**

是的。在我看来，法律代表着一种伪善和虚伪。遵守法律，就是对恶的纵容，而违反法律，就是对"自然"的遵守。

**记者：**

你的这个看法，很另类。为什么对法律这么反感呢？

**安提丰：**

"自然"代表着真实、深刻，法律代表着肤浅和表象。"自然"代表着必然性和真理，法律代表着偶然性和虚伪，代表着人和人之间短暂的约定。

**记者：**

你的观点很明确，就是你认为法律就是对"自然"的反动。我想请你说具体一点。

**安提丰：**

当然可以。以我们人类来说，我们眼睛的"自然"就是看东西，耳朵的"自然"就是听东西，嘴巴的"自然"就是为了说话，手的"自然"就是为了想干什么就干什么。但是，人们为眼睛立法，规定什么可以看，什么不可以看。为耳朵立法，规定什么可以听，什么不可以听。人们为口舌立法，规定什么可以说，什么不可以说。人们还为手立法，规定什么可以做，什么不可以做。人们还为脚立法，规定哪里可以去，哪里不可以去。更荒唐的是，人们还为精神立法，规定什么可以思考，什么不可以思考。这不是十分荒唐的吗？

**记者：**

那按照你所理解的，人们应该如何对待法律呢？

**人性的曙光：对话前苏格拉底思想家**

安提丰：

在这个问题上，我们必须看到，"自然"的地位是第一位的，法律如果与"自然"的规定相一致，也并不是说就一定要违法。相反，一个行为即使不符合法律的规定，但是和"自然"的规定相一致，那么这种行为，就应该得到鼓励和支持。这就是我关于"自然"和法律关系的理解。赞成不赞成，你自己看着办吧。

## 六　自然追求和谐

记者：

你以一种接近极端的语言歌颂大自然。我想知道，你所谓的"大自然"，到底是什么东西？

安提丰：

这个名词，实际上是一个简单的名词。难道还要我一个字一个字地给你讲？

记者：

事情好像没有你想象的那样简单。关于"自然"，不同的人有不同的想法。

安提丰：

你给我讲一讲，我看看别人能把我讲的"自然"歪曲到什么程度。

记者：

柏拉图在他的《高尔吉亚篇》中，认为你笔下的"自然"，在某种程度上就是自我中心主义与暴力主义的代名词。

安提丰：

无知之人柏拉图！他怎么能够把我讲的"自然"歪曲到这样的程度呢？

记者：

那你说说看，你的"自然"到底是什么？

安提丰：

我已经说过，"自然"是一种必然性的代名词，是一种必然性的领域。

记者：

在涉及人与人的关系上，何谓"自然"？

## 第二十二章　法律是对自然的破坏——对话安提丰

**安提丰：**

这一点，我说的也很清楚。

**记者：**

你还是继续讲一讲。

**安提丰：**

在我看来，朋友之间的爱，也是一种必然性，也是一种"自然"。对老人的友爱，更是如此。

**记者：**

那这种"自然"通过什么来实现呢？

**安提丰：**

人与人之间的相互模仿，就能够促进人和人之间的和谐。

**记者：**

这一点，我相信。人跟人之间相处久了，相互模仿，性格上就会相似，相处起来，就会和谐。

**安提丰：**

你说的没错。人们如果对很多事物的理解出现偏差，就会导致人跟人之间的相互矛盾，强化人和人之间的斗争，而人和人之间的传播知识，相互模仿，相互学习，人和人之间就能够和谐相处。这样，就实现了人跟人之间的"自然"。

## 七　人生而平等

**记者：**

根据你的解释，人和人之间通过相互学习和相互模仿，就能够消弭彼此之间的争斗。但是，人跟人之间毕竟是不一样的呀，这种斗争会是永恒的。

**安提丰：**

错。因为，人是生而平等的。在我们现实的世界中，很多人长着一对势利眼，对那些名门之后，就给予无限荣耀，而对于那些非名门出生的人，他们既不给予荣耀也不给予尊敬。还有，好多人把自己视为文明的民族，而把与自己对立的一方视为野蛮的民族，高高在上，这也是错的。人跟人之间都是平等的，文明与文明之间也是平等的。我们每个人都要靠口和鼻来呼吸新鲜空气，要靠双手来吃饭，能有什么不同呢？

# 八 "驱除悲伤的艺术"

**记者：**

在你的著作中，你多次说，要发明一种"驱除悲伤的艺术"。我想了解一下，这种艺术到底是什么？

**安提丰：**

这种艺术就是精神上的平衡。

**记者：**

此话比较含糊，希望你讲得详细一些。

**安提丰：**

与其他动物相比，人存在情感，这是人类和动物的不同。

**记者：**

这一点，我同意。

**安提丰：**

对人类精神的压抑，来自多方面，有精神上、文化上的，最显而易见的则是来自法律上的压制。

**记者：**

应该是这样。

**安提丰：**

法律上的压制经常导致人类精神与自身产生分裂，疾病由此而来。

**记者：**

既然疾病来自于人的精神同自身的分裂，那么，驱除疾病的方法，就在于精神同自身的统一与和谐，是不是？

**安提丰：**

自然是这样。人体内存在着各种对抗的力量，当这种对抗的力量失去平衡的时候，人的健康就会遭到破坏，疾病就应运而生。于是，要想治疗这些疾病，人类就应该通过精神的力量，来平衡这些相互对立的东西，一旦实现了平衡，让人的精神同自身实现了统一，人的疾病就会得到彻底的治疗。

## 九　最早的释梦者

**记者：**

我经常看心理学家弗洛伊德的书，尤其是他那本《梦的解析》，我觉得非常好玩。我也按照他书里提出的很多理论试着给一些人解梦，觉得挺有意思。

**安提丰：**

解梦是一门科学，绝不是仅仅用好玩两个字就能够予以评价的。

**记者：**

我也看过一些资料，似乎你对梦的解析也是非常专业，很了不起，在公元前好几百年你就能对梦这个东西进行解析，确实了不得。

**安提丰：**

你们现代人总是用一种所谓进化论的眼光来看待历史的发展，似乎后来者总比我们这些前人要先进得多，其实并非如此。在很多方面，我们古人的智慧要远远超过你们这些现代人。在梦的解析问题上，我认为我们这些古人所做的好多事情，要远远超过你们这些现代人做的好多事情。

**记者：**

我不想和你去评论到底是古代人厉害还是现代人厉害，还是请你谈谈你是如何解梦的吧。

**安提丰：**

在我们古希腊，解梦和占卜术是密不可分的，就占卜术来说，占卜一般分为两类，一类叫自然占卜，一类叫人为占卜。

**记者：**

如何解释这两种占卜的方法呢？

**安提丰：**

第一种叫自然占卜术，这种方法说到底就是顺乎自然，如果梦到幸福的事情，就会被认为这是由神送来的有好运的征兆。反之，如果梦到不好的事情，自

**人性的曙光：对话前苏格拉底思想家**

然占卜就会认为是坏运的征兆。

**记者：**

那你对梦的解析采用的是不是和自然占卜的方法差不多呢？

**安提丰：**

并非如此，与自然占卜术相对应的是人为占卜术，就是运用一定技巧来进行占卜。如果运用你们现代人的词语可以叫"科学的占卜方法"，这种方法和自然占卜法完全反过来，它可以把对灾难的梦解释为好的征兆，同样把对幸福的梦解释为坏的征兆。

**记者：**

你可否举一些事例来解释一下？

**安提丰：**

当然可以。一个人准备参加奥林匹亚赛会的二轮马车赛，他梦中梦到自己驾驶着四轮马车。如果是一位自然占卜者，会断言他将取胜，因为他驾驶着四轮马车意味着马到成功。但是用我的方法来解释则未必。

**记者：**

那你是如何解析这个现象的呢？

**安提丰：**

在我看来，这是个失败的征兆。

**记者：**

原因何在？凭据何在？

**安提丰：**

在这个人的梦中，明明有四匹马跑在他的前头，这暗示着有四个人跑在他的前头，那他怎么可能是一个好梦呢？明显是一个不好的征兆嘛！

**记者：**

原来你是这么解释的，还有例子吗？

**安提丰：**

当然有了。另一个参赛者梦见自己变成雄鹰，自然占卜者告诉他这是个好梦，是他必然获得胜利的好征兆。

## 第二十二章　法律是对自然的破坏——对话安提丰

**记者：**

那你是如何解析这个梦的呢？

**安提丰：**

在我看来这依然不是一个好梦，因为雄鹰永远在追踪并追捕其他的鸟，而且不可能跑到其他鸟的前面。如此一来你永远不可能是冠军吧，因为你鹰永远是在别的鸟的后面，意味着你最多是一个亚军，甚至更加落后。

**记者：**

你的解析确确实实和别人不一样。不管你的解析是对是错，但你能在那么早的年代就尝试着对梦进行解析，我认为了不起。

**安提丰：**

谢谢你的鼓励。

## 安提丰简传

安提丰（Antiphon，约公元前426年—前373年），柏拉图同母兄弟，古希腊智者的代表人物，在哲学和数学领域都有突出贡献。安提丰出生于法姆努，幼年时研习演讲术，长大后周游列国遍访名师，他流传下来的作品，除了有十余篇演说词，还有三部悲剧作品。关于他的生平事迹，史书记述不多，而且颇多有争议。《释梦》《论和谐》《论政治家》和《论真理》是他的著作，但留传至今只有《论真理》的残篇两段。安提丰认为自然法就是平等。根据自然法，人类在各方面都是平等的。

# 第二十三章 正义就是强者的利益
## ——对话塞拉西马柯

## 引子

根据柏拉图《理想国》的记载，我们的主人公塞拉西马柯曾经与苏格拉底严肃地探讨过正义问题，但他对正义的看法，与柏拉图的看法可谓是大相径庭。从塞拉西马柯的身上，笔者的眼前经常晃动着的是那个写作《君主论》的马基雅维利的影子，而马基雅维利则以最大胆的语言宣布"强权就是正义"。当然，也有一些西方学者认为，与马基雅维利一样主张"强权就是正义"的塞拉西马柯，并非本次记者与之对话的塞拉西马柯。

## 一 "求知乃是我的职业"

**记者：**
一些资料说，在你们那个时代，智者似乎是一个不怎么光彩的职业？

**塞拉西马柯：**
谁告诉你的？

**记者：**
看柏拉图的书，就会有这种感觉。一些人甚至说你自缢身亡也与此有关。

**塞拉西马柯：**
纯属胡说八道。搞政治的人，可以因做几件事飞黄腾达，商人可以因搞几个好项目大发横财，为什么我们就不能靠传授我们的知识来赚钱，来养家糊口呢？我从来不认为做一名智者有什么不好，相反，我为此而感到很荣幸。

**记者：**

你的心态真不错。好多人都有意无意回避这个称谓。

**塞拉西马柯：**

我曾经嘱咐后人在我的墓碑上写上这样几个字："求知乃是我的职业"。我再次强调，我们以学习知识为乐趣，以传授知识为职业，我从来就不认为智者这个职业有什么不好。

## 二　不得不参政的理由

**记者：**

听说你虽然长期待在雅典，但是人们从未在人民大会上看到你发言，这是什么原因呢？

**塞拉西马柯：**

我的出生地不在雅典，我不是雅典公民，因此，无权参加他们的公民大会。

**记者：**

柏拉图、亚里士多德在他们的作品中，说你曾经参与了雅典的司法审判活动，这是怎么回事呢？

**塞拉西马柯：**

我口才好，是律师，我是以律师的身份参加司法活动的。我不可能去审判谁。

**记者：**

雅典是一个民主之邦，对雅典的民主制度，你怎么看？

**塞拉西马柯：**

不好，不好。

**记者：**

何以见得？

**塞拉西马柯：**

雅典人把太多的时间和精力浪费到无聊的争论上去了，做什么事，都是优柔寡断，议而不决。如此下去，国将不国。

人性的曙光：对话前苏格拉底思想家

**记者：**

你是如此看待雅典的民主制度的？

**塞拉西马柯：**

是的。雅典处于致命的冲突之中：对外穷兵黩武，与周围的邻国关系如同水火。内部也是如此，寡头派与民主派一天到晚为一些鸡毛蒜皮的事情打得不可开交。

**记者：**

依照你的意思，该怎么办呢？

**塞拉西马柯：**

我的观点非常明确，那就是恢复祖辈的宪法。

**记者：**

一种什么样的宪法？

**塞拉西马柯：**

雅典祖辈的宪法，是建立在和谐的基础之上，人们依照这些宪法行事，不仅在思想上不会出现巨大的冲突，在行动上更是和谐一致。因此，雅典就不会陷入没完没了的冲突之中。

**记者：**

雅典的那些宪法，我略知一二，但这些宪法是不适用于民主制社会的。

**塞拉西马柯：**

并非如此，建立在和谐基础上的雅典祖辈宪法，可以适用于一切政治体制。因为，这些宪法追求的都是人类共同的善，而不是某个党派的私利和狭隘的个人利益。

## 三　论正义

**记者：**

据说苏格拉底曾经与你见过面？

**塞拉西马柯：**

是的。你问这干吗？

## 第二十三章 正义就是强者的利益——对话塞拉西马柯

**记者：**

苏格拉底是一个大名鼎鼎的思想家，你能和他进行交流，足以证明你也很了不起嘛。你们谈论什么问题呢？

**塞拉西马柯：**

苏格拉底跟我探讨的问题就是什么叫正义。

**记者：**

苏格拉底与你探讨这个问题，足以说明他很看重你的思想。在了解你的思想之前，我想了解一下你的生平，你是什么地方人？

**塞拉西马柯：**

我的家乡在卡尔西冬。

**记者：**

这在什么地方？

**塞拉西马柯：**

雅典附近有个麦加拉，你知道吧？

**记者：**

这个我知道。

**塞拉西马柯：**

你知道麦加拉，就好办了，卡尔西冬是麦加拉的一个殖民地，具体我出生在卡尔西冬的比提尼亚。

**记者：**

你记得你的出生时间吗？

**塞拉西马柯：**

大概是在公元前549年吧。

**记者：**

如果我没记错的话，你是在雅典与苏格拉底见面的，没错吧？

**塞拉西马柯：**

是的，没错。

**记者：**

一些资料说你是自缢身亡，遇到什么样的事使你做出这样的决定呢？

## 人性的曙光：对话前苏格拉底思想家

**塞拉西马柯：**

往事不堪回首。这个你就不要讲了，你还是说正题吧。

**记者：**

好啊。柏拉图既然和你谈什么是正义问题，那我想了解一下在你看来什么是正义？

**塞拉西马柯：**

要想知道正义是什么，就必须同时知道不正义是什么。

**记者：**

在普通人看来，那些拥有不正义理念的人都是在性格上存在严重缺陷的人。

**塞拉西马柯：**

我并不是这样看的。

**记者：**

你是如何看待那些不正义的人的呢？

**塞拉西马柯：**

不正义并非是一种性格上的缺陷，恰恰相反，那些不正义的人往往是在性格上和智力上占有更大优势的人。环顾你的周围，好人往往得不到好报，而那些恃强凌弱的人往往能得到最大的好处。

**记者：**

也倒是，这种现象在我们的周围确确实实很普遍。

**塞拉西马柯：**

根据拥有不正义理念和信念的人的主体的不同，我们可以把这种人分为两种，一种是小打小闹型的不正义。这些人无非是小偷小摸，你别看他们名声不好，但是生活得很潇洒，做什么事都是左右逢源，风生水起，且有利可图，从来不赔本。

**记者：**

那还有什么人呢？

**塞拉西马柯：**

还有就是那些贵为天子的人，在政治家中，往往是那些将不正义推到登峰造极之境地的人，才有可能成为城邦和国家的首领。坏人当道是个普遍的现象。

**记者：**

真可怕。

**塞拉西马柯：**

也无所谓可怕不可怕，只有傻子才会追求正义，正义只能导致软弱。

## 四　法律与正义无关

**记者：**

如今的社会是法治社会，法律向来是追求正义的。

**塞拉西马柯：**

你这是想当然。法律是谁制定的？法律是统治集团制定的，统治集团认为什么是正确的，认为什么是错误的，他们都会用法律定下来。可以说，法律反映的是权力集团的利益，法律从来不去考虑弱者的利益。

**记者：**

你的观点我知道，你就是强调有利即有理，强权就是正义。你这种观点是赤裸裸的痞子理论。

**塞拉西马柯：**

不管你如何评论我的观点，在我看来天下无正义。如果有正义，这个正义就是权力集团的利益，希腊是如此，全世界是如此，我想你所待的那个地方、所处的那个时代也是如此。

**记者：**

你们西方后来出现了一位思想家叫马基雅维利，他在他的《君主论》中就多次提出，正义就是强者的利益，并认为强者只要为了自己的利益，就可以随心所欲地采用他认为合适的手段。他认为，作为一个政治家既要有狮子般的野心、野蛮和血腥气，同时还要拥有狐狸般的狡猾。原来我认为马基雅维利是这些思想的首创者，如今看来真正的鼻祖是你呀。

**塞拉西马柯：**

是就是呗。

# 塞拉西马柯简传

塞拉西马柯（Thrasymachus，约公元前459年—前400年），生于卡尔西冬（今属土耳其），智者派主要代表。塞拉西马柯断言不正义的生活比正义的生活更可取。他并不把不正义看成性格的缺陷，相反，他把不正义的人看作是在性格和智力上更优越的人。他说，事实上，不正义不只是在小偷这种可怜的水平上令人"获利"，而且尤其对那些将不正义推行到登峰造极之境的人有利，并使他们成为城邦或国家的首领。塞拉西马柯主张，只有傻子才追求正义，正义只能导致软弱。人应该以一种事实上是毫无顾忌地自作主张的方式去肆意追求他们自己的利益。

# 第二十四章 自由的胜利
## ——对话希罗多德

## 引　子

希罗多德被认为是人类古代世界最伟大的旅行家之一，他著《历史》并非仅仅为了再现战争的悲壮，而是为了忠实地记录当时他所能看到的世界。2500多年之前，没有任何图书资料可资借鉴，没有多少专家学者可以请教，希罗多德只能靠自己的两条腿跑遍欧亚非三大洲20多个国家，一边看一边记而终于推出皇皇巨著。我们感激希罗多德，是因为希罗多德为我们留下了对当时世界最权威的记载。如果不是希罗多德，或许那段历史至今对我们还是一片空白。

关于希腊与波斯之间的战争，我们的主人公的看法也很独特的，在他看来，希腊之所以能够以弱胜强，原因在于希腊人是为自由而战。而波斯之所以虽然强兵在手但却惨败无比，原因在于它是一个专制国家，身为奴隶的人民都不愿意为暴君卖命。

## 一　私家修史的由来

**记者：**
你是古希腊最伟大的历史学家，我想了解一下你对历史学这门科学的想法。

**希罗多德：**
你这个问题太大太空，可否说得具体一点？

**记者：**
当然可以。在我们东方，打个比方说，在我们中国，对历史的解释大多是与官府联系在一起的。

## 人性的曙光：对话前苏格拉底思想家

**希罗多德：**

与官府联系在一起是什么意思呢？

**记者：**

当我们翻开《汉英大词典》，对历史的"史"字的解释是："按古文字，史、事、吏本为一字，后分化。"

**希罗多德：**

我对你们古汉语不了解，你还是解释一下为好。

**记者：**

这句话的意思是说，从词源学的角度来看，历史的史、记事的事、官吏的吏本来就是一个字，是后来才一分为三的。

**希罗多德：**

什么意思？

**记者：**

它的意思是说，在我们东方的中国，历史的记载从来都是官员们干的事，都是政府的工作。历史的记载是以统治者的一言一行为中心，其宗旨是为了垂范后世，而从事这些记录的人是史官，是一个"官"，而不是"民"。

**希罗多德：**

在我们希腊，完全不一样。

**记者：**

怎样个不一样法呢？

**希罗多德：**

在我们西方，史学都是民间性的，自始至终都是如此。我就是一位民间的历史学家，还有很多很多撰写历史的人都是民间人士。我们这些人要么完全是非官方的民间人士，要么是虽然早年当过官、当过兵，但是撰写历史的时候已经是一介平民了，或者说即便是与一些政府的要员关系紧密，但是身份依然是独立的，人格依然是独立的。

**记者：**

你的意思是说，在你们西方，撰修历史纯属个人行为，没有官方背景？

**希罗多德：**

是的。西方撰写历史的传统就是私家修史。

## 二 贵族之子

**记者：**

你是一位了不起的大作家，罗马政治家和大学者西塞罗曾经称你为"历史之父"。

**希罗多德：**

感谢西塞罗先生给我这么高的评价。我也提醒你，据我所知，后来也有很多人对我和我的作品不屑一顾，他们称我为"谎言之父"。

**记者：**

称你为"谎言之父"的那个人，是后来也颇有名气的普鲁塔克先生，他是在他的一篇文章即《论希罗多德的阴险》中说你是"谎言之父"的。但不管是哪种说法，足见你在历史学的历史上具有举足轻重的影响力。

**希罗多德：**

或许是吧，在我们那个时代，有点能力的人不是去经商，就是去从政，像我这样到处乱跑、编撰史书的人少之又少，所以，从这些有限的人里面胜出，相对来说要容易许多。因此不管人们如何评价我，我想都没有什么值得我自己太看重的。

**记者：**

你的学术态度很严谨，值得后人学习。你对当时历史的记载非常翔实，但关于你个人的资料却非常稀少，很多人不知道你是一个什么样的人。

**希罗多德：**

在当时我也算不上个什么名人，没有人收集我的资料。大概情况是，我的祖籍是小亚细亚南部多利斯人的城邦哈利卡纳苏斯（现土耳其西南部的博德鲁姆——作者注）。就我的家庭来看，我的家庭算得上一个贵族之家。我的父亲叫吕克瑟司，他属于名门之后，我的母亲也是当地卡里亚人，名字叫德律欧。总体讲，我的父母所来自的家庭都属于小康之家。

人性的曙光：对话前苏格拉底思想家

**记者：**

在你所说的家庭里面谁对你影响最大？

**希罗多德：**

我叔父帕尼阿西斯对我影响最大。

**记者：**

帕尼阿西斯是一个什么样的人呢？

**希罗多德：**

我的叔父是个诗人，也是个历史学家，写过不少东西，小时候我正是通过看我叔父写的一些东西而了解世界的。我的这位叔叔把我引上了历史学之路。

## 三　"历史"是用脚写出来的

**记者：**

你的《历史》很好看，简直就是一部大百科全书。我想了解一下，你写这本书大概用了多长时间？

**希罗多德：**

你是想让我说真话，还是说假话？

**记者：**

当然是真话了，你是什么意思呢？

**希罗多德：**

说句心里话，这本书，我具体用了多少时间，我也不知道。

**记者：**

为什么呢？

**希罗多德：**

因为这本书不是用笔写出来的，而是用脚写出来的。

**记者：**

真假？

**希罗多德：**

在我们那个时代，没有人坐在家里，去整理故纸堆，去著书立说。

## 第二十四章 自由的胜利——对话希罗多德

**记者：**

那你的书是怎么来的呢？

**希罗多德：**

我喜欢周游列国，一边游玩考察，一边把这些见闻记载下来。我旅游到哪里，我的书就写到哪里。我用多长时间去旅行，我的书就写了多长时间。

**记者：**

是这么回事。那你具体旅行到哪些地方呢？

**希罗多德：**

大约从30岁开始，我就进行了一次范围非常广泛的旅行，那年是公元前454年。

**记者：**

广泛到什么程度呢？还请说得具体一些，例如东到哪儿、南到哪儿、西到哪儿、北到哪儿？

**希罗多德：**

我自然会说的。我旅游的足迹，东至两河流域，南达埃及最南端，西至意大利半岛和西西里岛，北临黑海沿岸。

**记者：**

你们那个时代，路也不好走，船也不大，做长途旅行是相当之艰难。按照你所讲的，我感觉南北之间的距离足有2000英里左右。

**希罗多德：**

东西和南北的距离都差不多，大概有1700英里。

**记者：**

你的足迹横跨欧亚非三大洲啊，难怪好多人在称你为"历史之父"的同时，也把你说成是西方有史可考的"最早的旅行家"。

**希罗多德：**

是不是最早我不敢说，但是，是个旅行家，我绝对没有问题。当然，我的旅行和一般人是不一样的。一般人的旅行所记载的只是山山水水，而我所记载的要远远比这些东西广泛得多。如果不是用脚去旅行，我就不可能知道地中海周边一些居住在河边的人是怎样防止他们的孩子落水的；多瑙河岛上的居民为什么一闻到某些味道，就会醉倒在地而不省人事；波斯国王旅行的时候为什么只喝开水；自然，埃及的蚊帐是什么样子，塞西亚人怎样给他们的母马挤奶，阿拉伯人如何理发，巴比伦街道是什么样子，如何分布，等等，我也都不可能知道得那么清清楚楚。

**记者：**

看你的著作《历史》，我还真的相信，一部真正伟大的作品绝对不是关在象牙塔里就能够编出来的，必须要行万里路，唯有行万里路，才能真正写出有价值的东西。

**希罗多德：**

是的。当然，足够量的文献研究也是必不可少的。

**记者：**

我也关心你喜欢阅读哪些人的著作。

**希罗多德：**

赫西俄德、梭伦……你应该知道吧？

**记者：**

当然。

**希罗多德：**

他们的著作，我耳熟能详。还有你可能不知道的学者，如赫卡泰欧斯、萨福等人的著作，我也非常熟悉。没有这些人著作作为底子，我也写不出《历史》。

## 四 《历史》的由来

**记者：**

作为一个诗人，作为一个历史学家，你原本有很多东西可以写的，而你却倾注了一辈子的精力用来写作你的《历史》，我想了解一下，这是出于一种什么样的考虑？

**希罗多德：**

在回答你的问题之前，我问你，你知不知道公元前449年发生了什么事情？

## 第二十四章　自由的胜利——对话希罗多德

**记者：**

你这个问题问得很唐突，我怎么能知道你们希腊在公元前449年到底发生了什么事情呢？

**希罗多德：**

你不知道，我可以告诉你。公元前449年希腊的盟军在塞浦路斯岛的萨拉米斯城附近打败了波斯大军，迫使波斯签订了《卡里阿斯和约》，从而宣告了伟大的希波战争以希腊取得胜利而结束。

**记者：**

这段历史我是懂的，我不了解当时你多大年纪。

**希罗多德：**

当时我正当青壮年。

**记者：**

希波战争持续近半个世纪，战争结束的时候你是正当壮年。那就是说，你从童年时代开始，一直到青壮年时期都身处希波战争之中。

**希罗多德：**

没错，你的推理能力还是很强的。身处这样伟大的战争之中，我不可能不去关心它。当时很多的历史学家、诗人，都以这场战争作为他们创作的题材。希波战争自然也会成为我关注的焦点。还有一点，可能比较特殊。

**记者：**

说来听听，你跟这场战争有什么特殊的关系呢？

**希罗多德：**

我刚才跟你说过，我的出生地是哈利卡纳苏斯，这个地方是古希腊人早年向海外开拓殖民地时建立起来的一座殖民城市。

**记者：**

这座城市与希波战争有多大的关联度呢？

**希罗多德：**

你问得好。波斯大军势如破竹，它们最先攻破的地方就包括我的家乡哈利卡纳苏斯城，迫于波斯人的淫威，哈利卡纳苏斯人不得不臣服于波斯人。当时，哈利卡纳苏斯人被裹挟进波斯的入侵大军。

人性的曙光：对话前苏格拉底思想家

**记者：**

你的意思是说，你家乡的人民参与了波斯人入侵希腊人的战争？

**希罗多德：**

是的，正是这个特殊的情景，促使了我关注这场伟大的战争。

**记者：**

看来你把希波战争作为思考和创作的对象，确实有一些堪称必然性的原因，除此以外还有别的原因吗？

**希罗多德：**

当然有了。这个原因就是我后来离开了我的故乡去了雅典，当时的雅典是一个人文荟萃之地，那个地方真是物华天宝、人杰地灵的一个好地方。在这个地方，我与很多的文人墨客成为朋友，他们的思想深深地感染了我，也正是他们的劝说促进了我对希波战争的深入思考。我之所以能够写出《历史》，确确实实与伯里克利等这些伟大人物的鼓励和支持是分不开的。

## 五　背井离乡为了啥

**记者：**

一些资料说，你去世以后，既不是安葬在你最喜欢的城市——雅典，也不是安葬在你的出生地哈利卡纳苏斯，而是安葬在意大利的什么图里伊，这背后有什么故事吗？

**希罗多德：**

我没有考虑过把自己的遗体安葬在雅典，而是希望自己能叶落归根，能回到故乡去，但我知道这个愿望是不可能实现了。

**记者：**

什么原因呢？

**希罗多德：**

我非常喜欢我的故乡，我也是积极参与当地的政治，希望把自己的学识贡献给家乡人民。但是僭主吕格达米斯不答应，他千方百计要置我于死地，没办法，我只好流浪他乡。

记者：

后来情况如何？

希罗多德：

故乡的民主派们推翻了吕格达米斯。

记者：

你就可以名正言顺地荣归故里了？

希罗多德：

我是回到了故乡，但是我的敌人给我释放的流言蜚语依然在，压力奇大无比，我没办法，只好再次出走，至死也没有回到故乡。

## 六 "历史"面前人人平等

记者：

历史学家在编撰历史的过程中，总会被一种本能所驱动着。

希罗多德：

什么本能？

记者：

那就是时时处处都以自我为中心，似乎它所在的国家、所在的民族，就是宇宙的中心，而别人都不过是毫无意义的陪衬而已。

希罗多德：

躲在象牙塔里编撰史书，必然如此。但是如果你用眼睛去看，用脚去走，你就不会犯这种错误。

记者：

似乎你就是如此？

希罗多德：

当然。通过实际考察，我发现周边以前被我们认为是野蛮人的一些民族，其实他们有很多东西是值得我们学习的。例如波斯人，有时蛮不讲理，但是，他们做事勇敢，做人非常侠义、诚实。还有，我到了埃及，发现埃及人的科学水平比我们的要高，他们的太阳历比我们的历法要准确得多。

人性的曙光：对话前苏格拉底思想家

**记者：**

是吗？

**希罗多德：**

是的，还有腓尼基人的文化水平也很高，我们的希腊字母就是从腓尼基人那里学来的。还有，我到了巴比伦，发现巴比伦人也很厉害，我们使用的日晷最早也是从巴比伦人那里学来的。你想想，既然世界上很多国家的人民拥有和我们相同的文化背景，甚至是比我们技高一筹，我们有什么理由歧视人家呢？因此，我们要尊重每一个民族，学习他们的历史，学习他们的文化，这就是我的态度，我并不是刻意所为，而是必须如此。

**记者：**

我记得你同时代的大诗人品达说过"习俗高于一切"，似乎他也是强调要尊重那些与自己不一样民族的历史与文化，你们之间观点很一致。

**希罗多德：**

没错的。我们在记录历史的时候，更多的是强调不同文化之间的区别，而不应纠缠于区别谁水平高谁水平低。

## 七　神谕的作用及因果报应法则

**记者：**

有人把你的著作和古希腊其他人的著作进行了比较，有一个重大的发现。

**希罗多德：**

他们发现了什么呢？

**记者：**

这个发现就是你非常注重神谕的作用。有人统计过，在你的书中，有关神谕的记载有上百次之多。遍及各个章节，几乎在每一个重大的历史事件中你都会涉及神谕。我想了解一下什么叫神谕，你为什么那么重视神谕的作用？

**希罗多德：**

这个问题好多人也问过我，关于这个问题，我们希腊人从来都认为，世间万事万物的成败不是由个人的意志所决定的，而是由神的意志所决定的。

## 第二十四章 自由的胜利——对话希罗多德

**记者：**

人的事情怎么能由神来决定呢？

**希罗多德：**

不管你们现代人怎么理解，当时我们希腊人就是这么认为的。一个城邦或者一个民族将要遇到重大灾难时，上天总会呈现某种征兆以警示世人，这些神谕虽然是由祭司来传达给普通人的，但是这些神谕确实是代表神的旨意，这些神的旨意是不能违背的，你违背它将遭受惩罚。

**记者：**

我也看到过被记载下来的很多神谕，感觉到很多的神谕语言非常空泛，意思比较模糊，不同的人有不同的理解。这样一个连自身内容都不明确的神谕，人们怎么来按照这神谕来办事呢？

**希罗多德：**

你的感觉还是灵敏的，很多神谕确确实实说得不太明朗，这就需要人们去正确理解这些神谕。

**记者：**

你既然数百次地提到神谕，不知道你掌握了什么样的方法来理解这些神谕呢？

**希罗多德：**

有些基本的原则是不能违背的，这些原则就是因果报应。人来到这个世界上就应该行善，不应该作恶。如果一个人拥有权势但为所欲为，神就会把这样的人降为平民百姓。相反，一个地位卑贱的人如果积善成德，神明也会让这样的人予以升迁。为富不仁的人，神明会让他失去所有的财富，温顺谦和的人则能得到神明的佑护从而获得成功。这就叫因果报应，这个原则不仅适用于人和人之间，国家与国家之间、民族与民族之间也同样适用这个原则。只要你理解了这个原则，你就能把很多神谕的意思正确地揭示出来，并用来指导你的行为。你就无往而不胜。

**记者：**

好像也并不尽然吧，你的书中提有一个吕底亚的国王叫克洛伊索斯这个人，他经常是按照神谕来办事，但到底他还是遭遇亡国的境地，这是什么原因呢？

**希罗多德：**

如果自己心术不正，或者被私欲所主宰，你就不可能正确理解这些神谕。而一旦你错误地理解了这些神谕，你就背离了神的旨意，就不可能取得你想得到的东西，而恰恰因为你错误理解神谕就得罪了神明，必然遭到惩罚。

**记者：**

是吗？

**希罗多德：**

当然是。你刚才所提到的那个什么吕底亚的国王所遭受的命运就是如此。这个人为富不仁，有一点点财富就自认为是世界上最幸福的人，对这样的人神灵不可能给他一个好的归宿。你要知道，任何人都不能逃脱他的宿命，神也不例外。克洛伊索斯他五代以前的祖先犯了很多重罪，神一直在寻找机会惩罚他们。作为后代的克洛伊索斯必然会遭受惩罚，他是逃脱不了这个命运的。

## 八　个人成见必须服从于真理

**记者：**

你对神的指示，毫无疑问是非常尊重的。

**希罗多德：**

荷马如此，赫西俄德如此，我没有理由不如此。

**记者：**

但是，我觉得你对神的尊重也是有条件的，而不是始终不渝的。

**希罗多德：**

你这句话是什么意思呢？

**记者：**

我曾经看过你发表的一篇声明。

**希罗多德：**

是哪一篇声明？我发表的声明多了去了。难道我在声明中说了什么对神大不敬的话了吗？

## 第二十四章　自由的胜利——对话希罗多德

**记者：**

那倒也不是。你在这篇声明中，爆料了这样一件事，你说，德尔斐的女祭司在处理纠纷的时候，曾经不止一次地收受别人的贿赂，吃人的嘴软，拿人的手短，这些接受别人贿赂的女祭司经常传递一些偏袒一方的神谕。你要知道，女祭司在你们当时是属于希腊社会的最高神职人员，德高望重，你说这些人收受贿赂，这可不是一件小的事情啊。以我们今天的事情来比较，你说女祭司受贿，就好像有些人弹劾国家领导人，说国家领导人收取贿赂一样。

**希罗多德：**

你说的没错。关于这个问题，我必须表明我的态度，我对德尔斐的神谕非常尊重，这也是我解释世间万物的依据。但是，我并不是在任何情况下都相信神谕。

**记者：**

什么情况下你不相信神谕呢？

**希罗多德：**

作为一个历史学家，必须对历史事实负责。当我们在判断一个历史事实是真是假的时候，要依据它本来的样子进行调查和确认。而不能某个神谕说是什么就轻易地相信。

**记者：**

我理解你的意思。如果说神谕代表着一种权威，你的意思是说：当这种权威与事实发生冲突的时候，你选择的是尊重事实，而不去理会这个权威在传统上是多么的神圣不可侵犯。

**希罗多德：**

没错。在我们古希腊，有一种尊重先哲古训的传统，这个传统，我不反对。如果先哲的古训正确，符合历史事实，我尊重它。但是，当这些东西和事实本身发生冲突，我们就应该以事实为第一选择。一句话，个人的倾向、个人的成见，必须让位于历史，必须服从于真理。

## 九 人力胜于神力

**记者：**

很显然，你是非常看重命运与神力的作用，似乎违背了命运与神力，就必然会招致灭亡。

**希罗多德：**

并不尽然。主宰人类进步的力量无非命运、神力与人力三种，我早已说过，命运之力量至高无上，面对命运之神，即便是那些貌似万能的神灵也不能违抗，很多神灵就是因为违背命运之主宰而踏入毁灭之路。命运的力量不能挑战。

**记者：**

神力呢？

**希罗多德：**

神力对人的影响也是无处不在，无时不用的，人不能违背神的意志，但是人对神意的遵守也不是无条件的。

**记者：**

是吗？

**希罗多德：**

很多情况下，神的力量被夸张到一种无以复加的程度。我们北希腊帖萨利地区有道峡谷，河流从中穿过，一些人神乎其神地说这是"神的事业"，有鼻子有眼地说这是海神波塞冬鬼斧神工所为。其实这是胡说八道，明明是地震造成的，偏偏被说成神灵们干的事情。波斯海军在远征希腊的途中遭遇风暴，随军僧侣接连向神灵诵念镇风的咒语，风暴在第四天停息，波斯人胡吹说是神灵的功劳。其实，暴风雨明明是自己停止下来的，你什么东西也不要给神灵，大风还会停息下来的。

**记者：**

你对神灵的力量是这么看的？

**希罗多德：**

在专制君主的统治之下，人力萎缩，虚弱不堪，但一旦摆脱这些无耻君主的主宰，就会焕发青春，无往而不胜的。这点在希腊人打败波斯的决战中，体现得最为明显。

## 十　战争：源于波斯人的野心

**记者：**

你是一位比较公正的人。我想问一下，希腊与波斯发生战争，就战争的原因，不知道你是如何看的？

**希罗多德：**

关于希波战争的起源，历代学者众说纷纭，各自有各自的说法，至今也没有一个定论。

**记者：**

学者们都是怎么看的呢？

**希罗多德：**

一些波斯的知识分子们是这么说的：最初引起这场冲突的，是居住在波斯湾及其附近以经商为主的腓尼基人引诱了希腊阿尔戈斯城国王的公主，而得罪了希腊人，从而引起了冲突。

**记者：**

具体是什么情况呢？

**希罗多德：**

一部分腓尼基人迁移到地中海之后，他们满载来自埃及和亚述的货物，到许多地方去搞贸易。他们到了希腊的许多地方，也包括希腊南部的城市，叫阿尔戈斯。这些腓尼基人来到阿尔戈斯城之后，就把他们的货物陈设在海岸边，与希腊人进行交易。当腓尼基人的货物快要卖完时，又有一大批妇女来到海岸边，当时阿尔戈斯国王的女儿伊奥也在其中。这些妇女们站在商船的船尾，满心欢喜地挑选她们称心如意的物品。这个时候，腓尼基人向这些妇女们猛扑过来，他们把伊奥和其他一些妇女劫掠到埃及。后来，希腊人对埃及人和腓尼基人发起了报复，进而引起了这场战争。

人性的曙光：对话前苏格拉底思想家

**记者：**

你是说，一些腓尼基人到希腊做买卖，用暴力劫走了希腊阿尔戈斯国王的女儿，从而引起了希腊人的报复。这是引起希波战争的原因？

**希罗多德：**

是的，这是引起双方争执的开始。当然，这不是我讲的，这是一些波斯人的说法。一些波斯人还说，后来有一些希腊人，在腓尼基的提尔登陆，他们以其人之道还治其人之身，把腓尼基国王的女儿欧罗巴强行掳走。腓尼基人劫走了希腊一个国王的女儿，希腊人也劫走了腓尼基人国王的女儿，按道理说，达到了相互报复的目的。可是，另一些希腊人又乘着战船，来到了亚细亚的科尔奇斯，用暴力抢走了科尔奇斯国王的女儿美狄亚。科尔奇斯国王派遣一位使者来到希腊，要求希腊人赔偿科尔奇斯的损失，并送还公主。但希腊人认为阿尔戈斯的伊奥被腓尼基人劫走后，他们就不曾得到赔偿，因此，他们也不会给科尔奇斯人赔偿。波斯人还说，在后来，也就是下一代的时候，普里阿姆的儿子亚历山大知道了这件事，他深信既然希腊人不曾因为劫掠妇女而道歉，那么肯定也不会因此而受到谴责。因此，他又抢走了海伦。在这个情况下，希腊人要求亚历山大送还海伦。然而亚历山大提到了科尔奇斯的美狄亚被劫的事件，希腊人只是一味地指责对方所犯的过失，而对自己的错误却避而不谈。而且，也没有送还被劫的美狄亚。

**记者：**

按照你所讲的这些波斯人的说法，似乎引起希波战争的原因就是相互劫掠对方的妇女？你也相信这个说法吗？

**希罗多德：**

我刚才讲的是波斯人的说法，现在我讲的依然是波斯人的说法。在波斯人看来，引起希波战争的根本原因统统是希腊人的错误。

**记者：**

他们这么说，原因何在？

**希罗多德：**

据波斯人讲希腊人拐骗了波斯人的妇女而不道歉，希腊人为了要回他们的妇女而纠结了一支大军，从而打垮了普里阿姆王国。你要知道，普里阿姆王国是波斯人统治下的王国。你希腊人穷兵黩武，入侵小亚细亚，这就是对波斯人的侵略,因此,波斯人对希腊人发动大规模的战争,自然是天经地义的事情。

**记者:**

你是否同意波斯人的这个说法?

**希罗多德:**

这种说法我是不赞同的,这完全是欲加之罪,何患无辞。

**记者:**

那你认为其原因是什么呢?

**希罗多德:**

关于希波战争,我认为根本的原因是波斯人的野心而引起的。

**记者:**

这如何解释呢?

**希罗多德:**

希波战争发生时候的波斯已经是一个实力非常强大的帝国,强大的实力注定了波斯必然对周围领邦发动进攻。不管你面对的是哪个民族,都会与它发生冲突。至于它是因某个邻国抢劫他们的妇女而引起,还是因为某个邻国占领了他们的领土而引起了他们的进攻,这些都是他们随便可以找到的理由。

**记者:**

我明白你的意思。在你看来,引起希波战争的根本原因并非因抢劫某个妇女所致,而是因为波斯需要对外发动战争,这才是希波战争发生的根本原因。

**希罗多德:**

是的。专制主义的波斯奉行的是穷兵黩武的对外侵略扩张。希腊人援助伊奥尼亚人不过是他们寻找出来的最冠冕堂皇的理由和借口。

## 十一 波斯:专制主义的东方

**记者:**

你的《历史》主题显然是描写希腊和波斯人之间的战争,关于战争的起因,我们已经探讨过了。我想了解一下,波斯人拥有那么强大的武装,但最终却败在希腊人的手里,这背后是什么原因呢?

## 人性的曙光：对话前苏格拉底思想家

**希罗多德：**

在分析波斯人失败的原因之前，我先举几个例子，让你看看，波斯是一个什么样的国家，他们的国王是一个什么样的国王。

**记者：**

当然可以，请讲。

**希罗多德：**

第一个例子是：波斯人的领袖叫大流士，有一次，他率领他的部队向希腊进军，一个吕底亚贵族的富豪，不但用盛宴款待了他和他的群臣，还有他的大队人马。在招待完大流士和他的群臣、喽啰们之后，这个贵族向大流士请求说，他的五个儿子都在军中服役，他希望留一个在他的身边。

**记者：**

这个请求合情合理嘛。

**希罗多德：**

那是你这么想的，但大流士不这么认为。

**记者：**

大流士怎么处理这件事的呢？

**希罗多德：**

大流士对这位贵族说："你敢提出这样的请求？你是我的奴仆，你应该把你的一切都献给我，甚至是你的妻子。"

**记者：**

真是一个暴君。

**希罗多德：**

是的。波斯是一个专制主义的国家，他们的君主都是专制主义的暴君。大流士下令把这位富豪的大儿子腰斩，然后把尸体放在他的大军路过的道路的两旁。这是一个例子。

**记者：**

你还有什么故事可讲呢？

**希罗多德：**

多得很。另外一个故事就是：一个享受皇恩多年，而后失宠的大臣，有一次

## 第二十四章 自由的胜利——对话希罗多德

去赴宴,他吃完了摆在他面前的肉,然后有人将一个盖着盖子的篮子放在他的面前,他揭开盖子一看,是他的独生子的头颅和双手双足。国王愉快地问他,"你现在知道你刚才吃的是什么东西的肉了吗?"这位大臣深知作为一个奴隶要学会控制自己,于是他坦然地说:"是的,我知道了。只要陛下感到高兴,我就高兴"。这是第二个例子。

**记者:**

还有别的例子吗?

**希罗多德:**

这样的例子举不胜举。

**记者:**

你想说明什么问题?

**希罗多德:**

波斯是一个典型的东方国家,东方国家都是独裁主义的国家。在这样的国家,无论你是王公大臣,还是普通百姓,每个人都是奴隶,没有任何自由和权利可言。君主一声令下,一切都会化为泡影。

**记者:**

你的意思是说,作为和希腊对立面的波斯国,是一个独裁主义的国家。

**希罗多德:**

没错。这个国家有很多罪恶的习惯,例如,有一次大流士的儿媳妇竟然下令,将出身于波斯名门望族的14个儿童活生生地予以埋掉。波斯的将军们也经常命令,将在与战争中失败的俘虏们予以活埋。

**记者:**

你讲了这么多的故事,与我所问的波斯失败的原因有什么关联呢?

**希罗多德:**

当然有关联。在专制主义的国家,每个人都是毫无意义的空气震动,都是奴隶,他们都是为了那些暴君而打仗,没有任何国家、民族的概念。他们所追求的都是个人的利益。例如,当波斯的士兵听说奥林匹克冠军的奖品是一顶野橄榄枝编织的花冠的时候,他们觉得又可笑、又吃惊。他们每到一处,除了抢劫还是抢劫。一个暴君率领这样一支为个人利益而战的部队,是不可能不失败的。

## 十二　希腊人向神说"NO"

**记者：**

据说在关键的击垮波斯军队的一场战役之前,希腊人得到的神谕竟然是劝说希腊人无条件投降?

**希罗多德：**

没错,千真万确。

**记者：**

什么情况?具体些好吗?

**希罗多德：**

那是在波斯人对希腊发动第三次大规模入侵之前,雅典人曾派使者到德尔斐神庙去祈求神谕,专事传达神谕的女祭司向来使宣读的神谕是要雅典人逃离家园,逃得越远越好,最好能跑到天地的尽头。

**记者：**

神谕的原文说给我听听,可否?不保密吧。

**希罗多德：**

当年保密,如今已经解密了。

**记者：**

说来听听,早就听说有过这个神谕,但一直没看到正式文本。

**希罗多德：**

神谕是这么说的:

不幸的人,你们为何坐在这里?快逃吧,逃到地角天涯,

逃离你们的家园,离开你们那围以城墙的高高的卫城,

躯体和头颅,实际上都同样不能保全,

双手和双脚,以及中间的一切也都变得僵硬无力。

这一切都将毁灭。因为火焰和凶猛的神阿瑞斯(希腊的战神,宙斯和赫拉的孩子,凶残好战,嗜血成性——作者注),

驾驭着叙利亚战车,正快速地把这座城堡毁灭。

## 第二十四章 自由的胜利——对话希罗多德

不仅把你们的，也要把许许多多的城堡毁掉；
还要把诸神的许多神殿付之一炬。
即使在现在他们也站在那里吓得流着黑色的汗，惊恐得瑟瑟发抖；
看啊！从高高的屋顶上流下黑色的鲜血，预示着巨大的不幸正在逼近。
你们赶快离开这里，拿出勇气，忍受你们的悲苦吧。①

**记者：**

神谕如此直截了当，傻蛋也明白是怎么回事，明白是要雅典人放下武器，逃之夭夭吗？

**希罗多德：**

是的。不过雅典人不死心，他们继续央求祭司们给他们一个好一些的神谕。

**记者：**

结果呢？

**希罗多德：**

女祭司皮西亚给出的第二道神谕，内容依然不乐观，具体内容是：
帕拉斯终不能使奥林波斯的宙斯息怒，
虽然他常常恳求他，并且机智地劝说他，
但我仍要再给你们一则金玉良言。
当敌人在凯克罗普斯的境域掠走那里的一切，
并把神圣的基赛隆谷地洗劫一空的时候，
富有远见的宙斯终会给雅典娜神的这些祈求者一堵木墙，
作为保全你们以及你们子孙的屏障。
切莫死守来自大地那边的骑兵和步兵践踏过的地方，
而应当及时撤退，背向敌人；
不过终有一天你会和他在战场上相见的。
神圣的萨拉米斯啊！在人们播种或收获的时候，
你会把妇女们所生的孩子全部毁灭。②

---

① [古希腊]希罗多德：《历史》，徐松岩译注，第509页。
② 同上，第510页。

**记者：**

意思虽然比第一个有点不明朗，但最后两句话说得再清楚不过了，就是不能抵抗，否则会输得一败涂地。雅典人的反应是？

**希罗多德：**

希腊人没有理会这道神谕，而是通过"曲解"的方法使之成为向波斯人宣战的号令。

**记者：**

他们是如何"曲解"这道神谕的呢？

**希罗多德：**

雅典人通过把"富有远见的宙斯终会给雅典娜神的这些祈求者一堵木墙，作为保全你们以及你们子孙的屏障"中的"木墙"解释成为"帆船"，从而让雅典人相信宙斯是支持他们与波斯人决一死战的。

## 十三 为自由而战

**记者：**

你刚才说波斯是一个东方专制主义的代表，那希腊是一个什么样的国家呢？

**希罗多德：**

与拥有巨大财富的波斯相比，希腊只不过是一个山多地少的穷国。但是我们的政治家和我们的人民崇尚热爱节约的美德，反对浮华奢侈，反对穷侈极奢，反对靡费铺张。我们的士兵投入战争，是为荣誉而战，而不是为财富而战。其次……

**记者：**

其次是什么呢？

**希罗多德：**

其次在我们希腊人看来，任何无辜的人都不应该受到牵连，每个人都有他存在的价值，不管他多么弱小，或者是如何不能自卫，他的生存权都应该得到尊重。

**记者：**

还有什么？

**希罗多德：**

再其次，那就是我们希腊的人民对自由有一种狂热的热爱。当一位波斯官员试图劝说希腊人归降波斯的时候，希腊人对他说："你很清楚做一个奴隶是什么滋味，可你还没有尝过自由的滋味，不知道自由是多么的美好。如果你知道的话，你现在就会鼓励我们拿起长矛，甚至拿起斧头，去为自由而战。"

**记者：**

听你如此盛赞希腊和希腊人民，你的意思是说，波斯与希腊之间的战争并不是简单的血肉之争，而是两种不相协调的精神力量之间的较量。

**希罗多德：**

是的。当专制之国和民主之国进行面对面战争的时候，自由之国必然胜利。面对数十倍于我们的波斯敌人，每个希腊人都想到捍卫希腊国家的自由、捍卫希腊人子女的自由、捍卫希腊人妻子的自由。为了信仰自由，为了祖先陵墓的尊严，每个希腊人都是一堵让波斯人望而却步的城墙。面对这样一个人数虽小但坚强无比的希腊民族，波斯人再强大也都不可能不大败而逃。

## 希罗多德简传

希罗多德（Herodotus，约公元前484年—前425年），古希腊历史学家，从古罗马时代开始，希罗多德就被尊称为"历史之父"，这个名称也一直沿用到今天。他还是西方文学的奠基人，人文主义的杰出代表。

希罗多德诞生在小亚细亚的哈利卡纳苏斯（Halicarnassus），那是古希腊人建立的一座殖民城市。他的父亲是一个拥有豪富的奴隶主，其叔父（一说是堂兄弟）帕尼阿西斯（Panyassis）是本地一位著名的史诗作家。公元前445年前后，希罗多德来到了希腊的政治、经济和文化中心雅典。同政治家伯里克利、悲剧家索福克勒斯等人结下了深厚的情谊。公元前443年，希罗多德前往意大利，在一个海

**人性的曙光：对话前苏格拉底思想家**

湾建立的新城图里奥伊住下来，开始写他的历史著作《历史》。《历史》叙述西亚、北非及希腊诸地区之历史、地理及民族习俗、风土人情。从第5卷第29章起，主要叙述波斯人和希腊人在公元前478年以前数十年间发生的战争。该书也称《希腊波斯战争史》。

# 参考文献

1. A·E·泰勒:《柏拉图——生平及其著作》,谢随知等译,山东人民出版社1999年版。

2. 阿诺德·汤因比:《历史研究》,刘北成译,上海人民出版社2000年版。

3. 爱德华·策勒尔:《古希腊哲学史纲》,翁绍军译,上海人民出版社2007年版。

4. 爱德华·夏帕:《普罗塔戈拉与逻各斯》,卓新贤译,吉林出版集团有限责任公司2014年版。

5. 爱德华·扬·戴克斯特豪斯:《世界图景的机械化》,张卜天译,商务印书馆2015年版。

6. 爱默顿:《思想的盛宴》,吴琼等译,贵州教育出版社2010年版。

7. 安东尼·肯尼编:《牛津西方哲学史》,韩东晖等译,中国人民大学出版社2014年版。

8. 奥特弗利德·赫费:《世界哲学简史》,张严等译,社会科学文献出版社2010年版。

9. 《柏拉图对话集》,王太庆译,商务印书馆2004年版。

10. 《柏拉图全集》,王晓朝译,人民出版社2002年版。

11. 布莱恩·麦基:《哲学的故事》,季桂保译,生活·读书·新知三联书店2015年版。

12. 戴维·林德伯格:《西方科学的起源》,刘晓峰等译,中国对外翻译出版公司2001年版。

13. 丹豪瑟:《尼采眼中的苏格拉底》,田立年译,华夏出版社2013年版。

14. 邓晓芒、赵林:《西方哲学史》,高等教育出版社2005年版。

15. 邓晓芒：《西方哲学探赜》，上海文艺出版社2014年版。

16. G·S·基尔克等：《前苏格拉底哲学家——原文精选的批评史》，聂敏里译，华东师范大学出版社2014年版。

17. 荷马：《荷马史诗·奥德赛》，王焕生译，人民文学出版社1997年版。

18. 黑格尔：《哲学史讲演录》，贺麟等译，商务印书馆2003年版。

19. 胡兴松编著：《西方哲学大师的命题》，中山大学出版社2015年版。

20. 皇颂杰、章雪富：《古希腊哲学》，人民出版社2009年版。

21. 基佐：《欧洲文明史》，程洪奎等译，商务印书馆2005年版。

22. 卡尔·雅斯贝尔斯：《大哲学家》，李雪涛等译，社会科学文献出版社2012年版。

23. 克里斯托弗·希尔兹主编：《古代哲学》，聂敏里译，中国人民大学出版社2009年版。

24. 莱米·布拉格：《世界的智慧》，梁卿译，上海人民出版社2008年版。

25. L·S·斯塔夫里阿诺斯：《全球通史——1500年以前的世界》，吴象婴等译，上海社会科学院出版社1992年版。

26. 李文林：《数学史教程》，高等教育出版社、施普林格出版社2000年版。

27. 刘小枫等主编：《柏拉图的真伪》，华夏出版社2007年版。

28. 刘增泉：《希腊文化史》，吉林出版集团有限责任公司2008年版。

29. 罗伯特·艾伦：《哲学的盛宴》，刘华编译，新世界出版社2013年版。

30. 罗兰·斯特龙伯格：《西方现代思想史》，刘北成译，金城出版社2012年版。

31. 罗素：《西方哲学史》，何兆武等译，商务印书馆1963年版。

32. 吕世伦主编：《西方法律思想史论》，商务印书馆2006年版。

33. 苗力田、李毓章主编：《西方哲学史新编》，人民出版社2015年版。

34. 尼采：《希腊悲剧时代的哲学》，周国平译，译林出版社2014年版。

35. 诺尔曼·李莱佳德：《伊壁鸠鲁》，王利译，中华书局2014年版。

36. 乔纳森·巴恩斯：《亚里士多德的世界》，史正永等译，译林出版社2013年版。

37. 乔斯坦·贾德：《苏菲的世界》，萧宝森译，内蒙古人民出版社1999年版。

38. 撒穆尔·伊诺克等:《西方哲学史:从苏格拉底到萨特及以后》,匡宏等译,世界图书出版公司2009年版。

39. 色诺芬:《回忆苏格拉底》,吴永泉译,商务印书馆1984年版。

40. 施莱尔马赫:《论柏拉图对话》,黄瑞成译,华夏出版社2011年版。

41. 史蒂芬·B·斯密什:《政治哲学》,贺晴川译,北京联合出版公司2015年版。

42. 宋洁人:《亚里士多德与古希腊早期自然哲学》,人民出版社1995年版。

43. T·奥伊泽尔曼:《元哲学》,高晓惠译,人民出版社2013年版。

44. 梯利:《西方哲学史》,葛力译,商务印书馆1995年版。

45. 汪子嵩等:《希腊哲学史》第1—4卷,人民出版社2014年版。

46. 维尔·杜兰特:《哲学的故事》,内蒙古出版社、远方出版社2011年版。

47. 维斯:《洞穴中的德性》,郭振华译,华东师范大学出版社2014年版。

48. 文德尔班:《哲学史教程》,罗达仁译,商务印书馆1997年版。

49. 邬焜:《哲学与哲学的转向》,人民出版社2014年版。

50. 吴晓群:《希腊思想与文化》,上海社会科学院出版社2009年版。

51. 《西方哲学原著选读》,北京大学哲学系外国哲学史教研室编译,商务印书馆2014年版。

52. 西蒙·克里切利:《哲学家死亡录》,王志超等译,商务印书馆2015年版。

53. 先刚:《柏拉图的本原学说》,生活·读书·新知三联书店2014年版。

54. 雅克琳娜·德·罗米伊:《希腊民主的问题》,高煜译,译林出版社2015年版。

55. 亚里士多德:《政治学》,张杨等译,湖南文艺出版社2011年版。

56. 苑举正:《哲学六讲》,中国人民大学出版社2015年版。

57. 张恒山:《西方法学名著精要》,人民出版社2008年版。

58. 张志伟:《西方哲学十五讲》,北京大学出版社2004年版。

59. 朱莉娅:《古典哲学的趣味》,张敏译,译林出版社2012年版。

60. 朱琦:《古希腊的教化——从荷马到亚里士多德》,西南交通大学出版社2014年版。

# 著后记：人生与思想

## 一

如果要用最短的语言来概括我的前半生，就是两个字：极端。

法国古生物学家德日进说他所感悟的是"两极之间的痛苦"，而我所感觉到的是两极之间的和谐与幸福。

我在文革开始前的1965年出生在江苏北部一个极端落后的农庄，我的家被前后左右几条河流分隔在一个极端孤僻的地方，周围的河流水很多，用几根木棍搭的桥摇摇晃晃，随时都有塌下去的危险。对于小时候的我来说，似乎出一次家门都是一件天大的事。在就读高中之前，我只到县城去过一次。至于北京、南京、上海，在我的头脑中不过就是一些名词术语而已。

不过，那时我得到了当时对很多人来说都是极端不可能得到的东西，那就是一个方方正正的收音机。白天干过农活或放学后，我便喜欢躺在院子中用几根棍子和一些绳子捆绑支起来的软床上仰望星空。至今依然记得那时的月亮是那么的干净和清澈，那时候我的眼睛也特别的好，凭借月光就可以读书。夜深人静、万籁俱寂时，我喜欢打开收音机随便乱调频道，安静地听。这台小小的收音机让我听到了一些与我生活完全不一样的东西，当时就在我的心中埋下了怀疑一切的种子。从此怀疑主义的习惯便贯穿于我的一生，任何时候、任何情况下，都没有任何改变，至今依然如此。

回顾过去的五十余年，我也在人生的两个极端之间来回爬行。到底哪端是魔鬼，哪端是天使，我确实也不知道。

就平生的活动范围来讲，出生于农村的自然安排，决定了我必然要不断回到

## 著后记：人生与思想

生我养我的江苏苏北老家。那里虽然说离周围的大中城市，如上海、南京等并不算远，但由于其地理位置实在是偏僻得很，交通极端落后，因此直到现在，依然保存着与中国几百年以前极为相似的状态。当然，自然的风光还是挺美的。古老的村落犹如坐落在一片原始森林之中，高高的白杨树到处都是。尤其是在春天，到处是各种野花，其秀丽妩媚之态丝毫也不亚于北京植物园里的景色。我总喜欢回到那个地方，父母健在是第一位的原因。到那片土地上待几天，也是一种修身养性，别样地放松一把。过去如此，将来也是如此。

作为另一个极端，阴差阳错，23岁以后，我就一直浪迹在中国最繁华的都城北京。虽然说我自1988年8月28日来到北京，在此整整生活了近30年之久，但直到今天，我也从未把自己看成是一个城市人，内心深处总觉得自己是一个"客家人"。都市的那种繁华，那种典雅，那种让人晕眩的政治气味，那种达官贵人纸醉金迷的生活，与我毫不相干。我只是喜欢这儿唾手可得的图书，以及几处难得的山水宝地。平生最大的爱好就是在周末怀揣自己喜欢看的书，到香山、八大处、北海公园、玉渊潭、陶然亭、怀柔雁栖湖畔坐上几个小时。兴致好的时候，看看书，没有兴致的时候，就在草地上躺一躺，信马由缰，海阔天空，胡思乱想一番。

一端是繁华无限的都市，另一端是偏僻至极的乡村。正是在这两端之间不断爬行，我的生命得以延续，也正是在这种延续之中，我拓展着自己对存在与生命的思考。

我生命的另一个两端，一端是居于庙堂之高的中南海，另一端是处于江湖之远的建筑工地。哲学上有一句话叫偶然决定一切，这句话套到我身上一点不错。我从来就不是一个规规矩矩学习的好学生。在南京师范大学期间，我的每门课基本上都在70分左右。80分以上的科目凤毛麟角。全班那么多人都拿过奖学金，我一次也没拿过。不仅如此，我还被当时的班主任勒令在全班同学面前做过检讨。我一直认为这次事件对我很不公平，也是我人生不大不小一个污点。原因在于与我一起做检讨的几个同学好像是因为偷同学的东西而被勒令做检讨的，与他们一起做检讨实在是一种耻辱。每每想起南京师范大学，脑海中总不免泛起这些非常不愉快的联想。但不管怎么说，南京师范大学毕竟是我人生的一个跳板，是我人生历史不可或缺的组成部分，没有它就不可能有后来的一切。

之后我又北上求学去了中国政法大学。离开中国政法大学以后，我工作的第

**人性的曙光：对话前苏格拉底思想家**

一个单位是中共中央办公厅秘书局，这个多多少少有点神秘的地方，还真让人有一种"尚书房行走"的感觉。"居庙堂之高则忧其民，处江湖之远则忧其君"，特殊的工作让我每天考虑的都是与社稷江山和天下苍生有关的问题。后来移师新华社，其感觉依然大同小异。

进入21世纪后，我也与许多不满足于机关生活的人一样投身商海，先是到几家金融公司做管理，后又到一家房地产公司寻求发展机会。干了几年，总觉得受人左右不是个滋味，也与我下海的初心背道而驰。于是后来干脆辞职，自己去寻找建筑项目。在建筑行业接触的人也与以前大不相同，这个行业真是难得见到一两个有点趣味的人。不过这也是一个不需要太多智慧的行业，倒是可以保留更多的脑力用于学术研究，这也就是我一直在两个极端间徘徊的原因。

## 二

科学与宗教也可以说是两个极端，普通的教科书可能会告诉读者，科学与宗教存在着诸多矛盾与冲突，似乎科学只有不断摆脱宗教的羁绊才能取得进步，否则将寸步难行。而在一些极端的人士看来，科学与宗教之间简直就是水火不相容的。19世纪下半叶的两位美国学者约翰·威廉·德雷珀（John William Draper）和安德鲁·迪克森·怀特（Andrew Dickson White）就是典型代表。德雷珀在其所著的《科学与宗教的冲突史》(*History of the Conflict between Religion and Science*, New York: D. Appleton, 1875)一书中，把科学的历史形容为"两种彼此敌对力量冲突的描述，其一是人类智能发展的动力，其二是由传统信仰和人类利益而来的压力"。德雷珀描绘宗教与科学的关系所用的最多的字眼就是"挣扎""仇恨"和"一种苦毒致命的仇恨"。他控诉天主教会"以火烧和刀杀的酷刑"和"沾满血的手"来"凶狠地镇压一切现代化的改进"。而怀特在其所著的《基督教世界科学与神学论战史》(*A History of the Warfare of Science with Theology in Christendom*, New York: Dover Publications, 1960)中更是把科学与宗教看成是互不相容的水火关系。在怀特看来，"在所有现代历史中，所谓以宗教利益为出发点对科学的侵扰，无论动机是如何认真，都会带给科学和宗教极端的邪恶"。即便不是把科学与宗教之间的关系看作是一场战争，也是把科学看成是与宗教和哲学没有多少关

## 著后记：人生与思想

联性的东西。

美国学者罗伯特·所罗门在其《大问题：简明哲学导论》中如此写道："哲学、宗教和科学一直都是紧密相关的。它们虽然各有侧重，但目标都是一样的，那就是强调思想和认识的重要性，强调理解我们这个世界，从某种更宏观的甚至是从宇宙的角度来审视我们生活的重要性"。对此我是同意的。在我的学术生活之中，对宗教和对科学的学习与研究处于一种等量齐观的水平。我喜欢学习科学，物理学、化学、数学、生命科学、遗传学、人类学都是我的最爱。好多东西虽然看不懂，我也喜欢看。知识就是一种感觉，看多了自然就会明白，久而久之就会悟出许多东西。到了醍醐灌顶、大彻大悟的时候，就是你构筑体系进而著书立说的时候了。

从学术研究方法论上，我也一直穿行在两大极端之间。一个极端是我一直希望在某个专业，如哲学、刑法学这个领域能悟出一些创造性的东西，另一个极端总是希望尽可能多地了解所有学科的知识，希望自己成为无所不知的所谓通才。

我也喜欢研究宗教。那些高深莫测、晦涩难懂的宗教典籍和有关的学术专著，如影随形般陪伴着我的周围。很多朋友对我说，像你这样把这些截然不同的东西放在一起看会把你逼疯的。而在我看来，完全不是这么回事。我在科学中看到宗教的影子，在宗教中寻觅到科学的痕迹。综观人类文明历史，宗教、神学、哲学与科学一直在发生互动，也正是在这种互动中解决了一个又一个世纪难题。人类所面临的若干重大问题都是在科学与哲学、与宗教的互动中得到解决的。美国科学史学家罗伯特·默顿（Robert K. Merton）在其《17世纪英格兰的科学、技术与社会》(Science, Technology and Society in 17th Century England, Bruges: St. Catherine Press, 1938) 中提出了著名的"默顿命题"，即"由清教主义促成的正统价值体系于无意之中增进了现代科学"。著名科学作家洛伦·艾斯利（Loren Eiseley）说过这样一句话："在一些历史上罕见的奇特运作中，基督教文明以清楚明确的方式孕育了实验科学的本身。"

笔者也正是在英国大气学家詹姆斯·洛夫洛克（James E. Lovelock）提出的"盖亚假说"中，找到了将科学与宗教有机结合在一起的平衡点。这个假说把宗教典籍认为的万物都有生命看成科学，把科学中的若干理论看成了必须予以信仰的宗教教条。随着对于科学与宗教的研究的不断深入，我越来越感觉到"盖亚假说"中隐含的巨大学术价值。可以说，我们人类能够观察到的和没有观察到的宇宙，本身就是一个有思想、有感情、有意识、有欲望的"活体"。这个宇宙世界之所以是一个活体，原因在于构成这个世界的基本元素是一种有生命、有意识的基本元素——"智子"。

作为一个个体的人，与拥有几乎无限长年龄的宇宙比起来，真是渺小到极端。作为几乎无限小的个体要完全把握几乎无限大的宇宙，是根本不可能的。"朝菌不知晦朔，蟪蛄不知春秋"，用庄子的这句话来形容这种情形绝不为过。但是，依赖于人类智慧的无限叠加，人类也必然会一步一步走向宇宙世界的最隐秘之处。

屈原在二千多年之前就发出了"天问"。任何文化创造，任何学术行为，无论是艺术的还是科学的，最终极的追求都是要彻底地理解宇宙的本质和人的存在这两个伟大的主题。思考宇宙和人类的本质和起源，是一个民族之所以伟大的标志；对一个人来说，也是其精神境界和情操高尚的体现。可以毫不夸张地说，在人类所有文化活动中，恐怕谁也找不出比这两个主题更伟大的主题了。唯有赋予宇宙以生命，才更有利于理解宇宙。也唯有从宇宙的角度，才更有利于理解生命本身。

假说起始于神话，成熟于宗教，系统化于哲学，实证化于科学。当然，这个过程也充满着无数的风险。稍有不慎，就有可能落入万劫不复的地狱之中。"我自己只求满足于生命永恒的奥秘，满足于觉察现存世界的神奇的结构，窥见它的一鳞半爪，并且以诚挚的努力去领悟在自然界中显示出来的那个理性的一部分，即使只是其极小的一部分，我也就心满意足了。"这是爱因斯坦的心声，自然也是我的心声。

## 三

如今呈现的"开放的思想"丛书，是我几十年思考宇宙与人类这个伟大主题的阶段性成果。物理学的测不准原理（uncertainty principle）决定了人类对世界的认识存在着一个永远都达不到的边界区域。我企图探寻人类所有的知识领域，这个极端的幻想，也注定了我对每个问题的研究必然存在各种不足与误判。我心知肚明！须臾也不敢狂妄自诩能穷尽什么人间真理。但我愿意做出承诺：我将用我的生命来继续这种思考，直到自己生命烟消云散的那一天！

## 著后记：人生与思想

最后，我必须说几句最重要的话。回顾自己的前半生，我不得不承认我是天底下最幸运的人，每当我遇到生活中令人头疼的沟沟坎坎时，总会得到贵人相助，学术活动也是如此。父母、妻子魏晓莉、女儿李瑞琪对我给予了最毫无保留的支持，没有他们的理解和支持，粗枝大叶的我生活上必然是一团糟的，想做成什么像样的事根本不可能。我小学、高中、大学、研究生期间以及工作后相识的老师、同学、同事、朋友们，对我也是有求必应，只要我提出什么需要帮助的事，总会得到他们无私而迅速的响应。我感念上苍，让我生处这样一个充满爱的环境。因此，我必须对如下尊敬的老师、同学、朋友们表达我最真诚的感谢，并祝福他们好人一生平安：

江平、曹子丹、夏锦文、何秉松、赵景文、马吉祥、姜正成、周潞嘉（老舟）、袁超、马先斌、杨明法、程合红、王清、徐建、王加栋、李家伟、许剑秋、徐耀中、陈虹伟、张德勤、陈健全、徐蕾、王辉阳、郭君正、唐旭东、张怡宁、王妍予、贾丽红、李濡歧、王华、黄姗、晋璧东、肖钢、侯正新、杨瑞勇、侯小波、周五一、朱云波、杨雪冬、楚海鹏、楚海建（排名不分先后）。

李华平

2017年11月11日于北京